2021年教育部中外人文交流中心中外人文交流特色学校建
"主题统整的小学'英语·多语种'课程综合化实施研究"（课题

语通世界
文润童心

——小学"英语·多语种"课程建设

主 编：刘 冲 文 芳 刘建彬
副主编：黄 艳 唐悦芹 李晓娇 李 颜 陈桑妮 唐 茜
编 委：（按姓氏笔画排序）
　　　　王岚婷 文思涵 卢馨怡 朱冬蕊 李心芮 杨 庆
　　　　杨明菁 肖小杰 张 琴 张薇佳 陈定江 苟媛媛
　　　　周海童 赵明明 贺泽虹 都烩灵 蒲红豆

刘冲 文芳 刘建彬 著

四川大学出版社
SICHUAN UNIVERSITY PRESS

图书在版编目（CIP）数据

语通世界　文润童心：小学"英语·多语种"课程建设 / 刘冲，文芳，刘建彬著. -- 成都：四川大学出版社，2024.11. -- ISBN 978-7-5690-7464-2

Ⅰ．G623.312

中国国家版本馆 CIP 数据核字第 20248DL763 号

| 书　　名：语通世界　文润童心——小学"英语·多语种"课程建设
Yutong Shijie Wenrun Tongxin——Xiaoxue "Yingyu·Duoyuzhong" Kecheng Jianshe
著　　者：刘　冲　文　芳　刘建彬

选题策划：梁　胜
责任编辑：陈　纯
责任校对：王　锋
装帧设计：裴菊红
责任印制：李金兰

出版发行：四川大学出版社有限责任公司
　　　　　地址：成都市一环路南一段 24 号（610065）
　　　　　电话：(028) 85408311（发行部）、85400276（总编室）
　　　　　电子邮箱：scupress@vip.163.com
　　　　　网址：https://press.scu.edu.cn
印前制作：四川胜翔数码印务设计有限公司
印刷装订：四川五洲彩印有限责任公司

成品尺寸：170mm×240mm
印　　张：15.75
字　　数：300 千字
版　　次：2024 年 11 月　第 1 版
印　　次：2024 年 11 月　第 1 次印刷
定　　价：78.00 元

本社图书如有印装质量问题，请联系发行部调换

版权所有　◆　侵权必究

扫码获取数字资源

四川大学出版社
微信公众号

目 录

引 言 ………………………………………………………………… 1

第一章　历程回顾 ………………………………………………… 4
第一节　外语特色办学的奠基期 ……………………………… 4
第二节　外语特色办学的过渡期 ……………………………… 10
第三节　外语特色办学的发展期 ……………………………… 14

第二章　建设背景 ………………………………………………… 27
第一节　外语教育政策导向 …………………………………… 27
第二节　外语教育改革的现实背景 …………………………… 36
第三节　回应学生多语种学习的需求 ………………………… 42

第三章　理论探索 ………………………………………………… 48
第一节　研究设计 ……………………………………………… 48
第二节　小学多语种外语教育的理论依据 …………………… 58

第四章　课程设计 ………………………………………………… 71
第一节　"英语·多语种"课程的基本理念 ………………… 71
第二节　"英语·多语种"课程目标体系 …………………… 80
第三节　"英语·多语种"课程的结构体系 ………………… 87
第四节　"英语·多语种"课程的评价体系 ………………… 91

第五章　教学实践 ………………………………………………… 105
第一节　主题统整的"英语·多语种"话题式教学 ………… 105
第二节　主题统整的"英语·多语种"体验式活动 ………… 123

第六章　典型案例·····137
　　第一节　话题式教学案例·····137
　　第二节　体验式活动案例·····197

第七章　实践成效·····220
　　第一节　外语课程教学质量显著提高·····220
　　第二节　提高学生外语学习和跨文化交际能力·····226
　　第三节　提高教师外语教育教学能力·····231
　　第四节　进一步丰富学校外语教育特色·····241

后　记·····245

引 言

2020年5月，为贯彻落实全国教育大会精神和《关于加强和改进中外人文交流工作的若干意见》《关于做好新时期教育对外开放工作的若干意见》等文件要求，教育部中外人文交流中心以中外人文交流教育实验区为抓手，高度重视、重点推动中外人文交流特色学校建设计划（以下简称"特校计划"）。特校计划以项目为带动，围绕国际友好学校结对子、"互联网＋人文交流"建设、多语种外语学习、国际友好学校中文教学支持、人文素养提升、国际理解教育、中外课程共建共享七大计划项目（以下简称"特色项目"）开展建设工作。在人文交流与政治互信、经贸合作构成"三轮驱动"合作架构对外关系三大支柱的今天，在世界之变、时代之变、历史之变的今天，思考特色项目建设的时代意义，挖掘特色项目建设的实践价值，对更好发挥中外人文交流育人功能具有重要而深远的意义。

加强中外人文交流是新时代党和国家对外工作的重要组成部分。近年来，中外人文交流纵深发展，特色项目的建设离不开中央和地方在中外人文交流领域的顶层设计、战略谋划和协同推进。2017年，中办、国办印发《关于加强和改进中外人文交流工作的若干意见》，全方位、跨领域、多议题设计，明确了新时代中外人文交流的未来发展路径和发展方向，为中小学校落实相关政策提供了根本遵循。教育部落实党中央、国务院决策部署，专门设立中外人文交流中心，以中外人文交流教育实验区为抓手，开展特校计划，鼓励实验区中小学校开展国际友好学校结对子、"互联网＋人文交流"建设、多语种外语学习等七类特色项目。此后，教育部出台《关于加快和扩大新时代教育对外开放的意见》，为实验区印发《中外人文交流教育实验区国际理解教育项目实施指南（试行）》。这些意见或指南对指导推动实验区中小学校特色项目建设，立体培育学校教育的中外人文交流特色，凸显中外人文交流的育人功能具有重要推动作用。

成都是教育部中外人文交流中心批准设置的首个中外人文交流教育实验区（以下简称"成都实验区"）。近年来，依托悠久厚重的人文积淀、安全可靠的

语通世界 文润童心
——小学"英语·多语种"课程建设

国际化氛围、开放良好的政策环境和现代化的城市治理水平，成都教育不断深化中外人文交流机制的探索和实践，国际人文交流覆盖规模持续扩展。成都实验区选定218所中小学校和中职学校作为第一批中外人文交流特色学校建设计划单位，鼓励和指导学校结合自身实际，深入推进人文教育、人文交流研究和实施人文交流项目。成都实验区在全国率先出台《教育国际化发展专项规划（2013—2020年）》，建立起《区域推进国际化评价指标体系》和《教育国际化窗口学校评价指标》，制定实施《关于加强中小学国际理解教育的指导意见》，出版并投入使用《国际理解教育学本》及配套教学用书、《成都市境外研学旅行学生用书（中学版、小学版）》，召开中外人文交流特色学校建设推进会。以上举措彰显出成都中外教育人文交流的特色、品质和愿景，继续向世界讲好中国故事成都篇章，为中外教育人文交流传递成都智慧，贡献成都经验。

成都市锦江区外国语小学校（以下简称"锦外"）是以外语教育为特色的公办外国语小学，建校十多年来坚持外语教育特色发展之路，是教育部中外人文交流中心首批中外人文交流特色学校建设计划项目学校。学校秉承"情系中华魂 融汇四海心"的办学理念，全力推进"融·和"教育，努力把学校建设成为高起点、高标准和高品质的现代化、国际化小学。外语教育是落实学校"融·和"教育主张的重要途径，而外语课程又是达成外语教育实效的基本载体。经过多年实践与研究，锦外制定了"3+2+X"的外语课程体系，其中的"3"指外语类国家基础课程，"2"指新维度英语、多语种项目，"X"指多语种综合实践课程。为满足学生多语种学习需求，进一步凸显学校外语教育特色，锦外确立了小学"英语·多语种"课程综合化实施为主攻方向，整体优化外语育人体系。

锦外的"英语·多语种"外语教育特色是成都实验区中外人文交流特色学校建设项目的缩影。中外人文交流特色项目在学生成长、教师发展、学校办学等方面能带来切实可见的教育成效。对学生而言，特色项目的开展，将人文交流理念融入学校教育教学和人才培养全过程，发挥人文交流育人功能，有利于扩大学生的知识范围、拓宽学生国际视野、提升学生人文素养，有助于学生成长为符合时代发展要求的、具备全球胜任力的世界公民。对教师而言，特色项目建设对教师的跨学科素养、课程设计能力和教学能力等提出了挑战，促使教师不断提高教育教学能力。在特色项目的研究和实践推进过程中，教师有了更多的主动学习和反思，教师的人文素养和人文交流能力，包括文化理解力、沟通力、思维力、领导力和课程开发、跨学科执教、课题研究等能力，都能够得到迅速提升。而这些能力都是高素质国际化教师的题中应有之义，是教师综合素养的重要组成部分。特色项目是强化办学特色和提升办学水平的重要载体。学校通过挖掘自身在人文交流领域的特色和优势，以人文交流理念促进人文交流教育，以更好地发挥学校的自主性、主动性和创造性。学校将特色项目实施与学校教育教学工作紧密结合，有机融入学校育人理念和实践体系，以人文交流教育落实立德树人根本任务，促进学校在推动中外人文交流与合作、促进民心相通等方面发挥积极作用，更有力地落实为党育人、为国育才的学校教育，引导学生成长为满怀世界胸襟、中国气质与乡土情怀的，具有国际视野的德智体美劳全面发展的时代新人。

第一章 历程回顾

随着"一带一路"倡议的深入推进,根据国家对具有全球视野、通晓国际规则、了解他国文化、熟练运用外语沟通交流的人才需要,学校构建了以国家基础课程、外语延展课程、多语种综合实践课程为主体的外语课程体系。把语言学习和实践活动结合在一起,初步形成主题统整下的"英语·多语种"课程模式,保障高质量外语教学成效。成都市锦江外国语小学外语特色办学的三个阶段分别为:奠基阶段、过渡阶段和发展阶段。

第一节 外语特色办学的奠基期

锦外外语特色办学的奠基期为 2013 年 8 月至 2014 年 8 月。2013 年成都市锦江外国语小学建校时所处的成都东村,是成都市委、市政府围绕城市建设长远目标规划确定的 13 个市级战略功能区之一。据此规划,学校置身的文化创意产业园区将逐步形成以幼儿园、小学、中学的外语教学为特色的"学校系列"。在此背景下,学校的外语特色办学之路应运而生,学校外语特色办学也就走上了蓄势待发的前进之路。

一、发展回顾

建校伊始,在锦江教育高起点的规划、高标准的建设、高品质的需求"三高"目标的指引下,成都市锦江外国语小学立足于学校第一个三年发展规划的系统思考,开始绘制未来发展的美好蓝图。作为第一所公办外国语小学,学校本着"三个一"的思路去寻求一条具有锦外特色的发展之路。"三个一"即一个学校课程方案,一个外语体验模式,一个全区教研联盟。

一个学校课程方案:学校将外语特色办学的落脚点扎根于具有学校办学特色的整体课程规划与建设。具有学校办学特色的课程规划与建设方案包括对课程设置、课程结构、教材整合、活动创新、双语教学的探究与实验等，通过学校课程建设保证办学特色的落实。

一个外语体验模式：在三课一体的实施过程中，随着学校课程和课时的校本实施改进，随之并行的学校课堂教学的模式、方式等也将进行深度的研究和变化。因此，探索具有锦外视角的学习模式，尤其是外语体验学习的实践研究势在必行。

一个全区教研联盟：为搭建师资培训的新平台，学校以自身作为龙头单位，建立全区乃至全市外国语小学的教研联盟，推进学校教师专业水平的提升，从而搭建一支稳定的、优质的、可持续发展的师资梯队，为学校成为全市知名外国语小学在师资队伍方面打下坚实的基础。

基于这样的目标定位，第一代锦外人在一方校园留下的璀璨事迹亦是历历在目：

2013年8月，学校举行开校庆典，成都市锦江区外国语小学校正式成立和招生。

2013年9月，学校引进澳洲绘本，开展英语外教教学研究与实践，丰富学生英语学习体验。形成每周3节国家英语课程和1节澳洲绘本课程的课时设置。

2013年12月，学校承办成都市外籍教师工作会，呈现外教展示课例。

2014年4月，瑞典格瑞梅斯塔学校来访，与学校数学组老师围绕"三角形"开展同课异构活动，并与格瑞梅斯塔学校缔结为友好学校。

2014年6月，成功申报为成都市国际理解教育实验研究学校。

2014年6月，排练英语短剧《三打白骨精》，参加成都市小学英语戏剧展演活动获一等奖。

二、典型事件

在教育国际化的背景下，随着对外交流活动日趋频繁，为加快学校打造国际化教育品牌的进程，我们本着"用明天的眼光办今天的学校"的思想，前瞻思考，长远规划，构建学校开展国际教育交流工作的全新平台。其中的典型事件就是引进澳洲绘本，如图1-1所示。

图1-1 澳洲绘本

学校与澳大利亚艾华出版社合作引进澳洲原版绘本课程，任课教师均为英语为母语的外籍教师，助教为本班英语老师，课程设置为每周一节外教绘本课。学生们在轻松的氛围中去感受外域文化，去体验英语语言的地道表达。学校力图通过开设英语绘本课程，促进中西文化融合，增强学生对跨文化的理解和提升学生的英语语言水平。

三、经验总结

基于学校培养兼具民族根脉与国际视野的育人目标，学校确定外语办学特色，秉持"空间即课程""生活即课程""世界即课程"的理念，构建起初步的外语课程方案。外语特色课程包括四个板块：英语专项拓展、双语主题活动、外教特色课堂和其他语种的延伸。各板块下均设置相应课程。例如，在英语专项拓展课程中，专项拓展指向英语学习的听、说、读、写等方面；双语主题活动包括文化节、学院杯和八达通；外语特色课堂包括语言实验室和特色互动区；随着课程的不断完善，学校继而开设法语、德语、日语等语种的学习。学校外语特色办学初期，外语特色主要体现在语言技能夯实、双语主题活动开展和校园文创建设方面。

（一）在国家英语课程中夯实语言技能

针对国家英语课程，学校从听、说、读、写四个维度，以不同年段划分等级指标，见表 1-1，落实英语课程学习，提升学生英语技能水平。

表 1-1 锦江外国语小学英语听说读写技能年段目标

年级	听	说	读	写
一年级	1. 能听懂简短的课堂指令并能作出相应的反应 2. 能听懂表达文具所属关系，以及询问动物名称、物品数量、物品颜色、水果名称 3. 能听懂家具和家用电器的方位、喜好和想要的玩具、形状的类型、食物和饮料的选择。能听懂日常问候用语	1. 能根据图片说出有关文具、五官、动物、数字、水果、方位、家具、家用电器、玩具、形状、食物、饮料等话题的单词 2. 能模仿录音说话，表达文具所属、指认五官、询问动物名称、询问物品数量、颜色、询问他人对水果的偏好、家具和家用电器的方位、喜好和想要的玩具、食物、饮料、询问形状的句型 3. 能根据表演猜测意思、说出词语 4. 能说唱10首左右的歌曲或歌谣 5. 能说出日常问候用语	1. 能通过图片读出单词 2. 能根据图片创设的情景读出句型 3. 能在图片的帮助下读出和理解小故事 4. 能认读字母	无
二年级	1. 能听出单词所包含的语素 2. 能听出句子的语调和语气 3. 能听懂介绍人物、来自的国家、家庭成员、所属关系、询问水果、询问蔬菜、询问颜色，以及表达自己的会做的动作的单词和涉及的句型 4. 能在图片和动作的提示下听懂简单的小故事	1. 能相互交流简单的个人信息 2. 能表达简单的情感和感觉，如喜欢和不喜欢 3. 能说出介绍人物、来自的国家、家庭成员、所属关系、询问水果、询问蔬菜、询问颜色，以及表达自己的会做的动作的单词和涉及的句型 4. 能够根据表演猜测意思、说出词语 5. 能唱书中的歌谣和歌曲	1. 能拼读单词 2. 能根据图片读出单词和句型 3. 能在图片的帮助下读懂简单的小故事	1. 能正确书写字母 2. 能正确拼写单词 3. 能模仿范例写句子

续表

年级	听	说	读	写
三年级	1. 能准确听出单词所包含的语素 2. 能听出句子的语音、语调、意群 3. 能听懂公共场所禁忌、询问价格、书房物品所属、日常动作、学科喜好等的单词和话语 4. 能听懂简单的配图小故事里的顺序、人物、环境 5. 能听懂课堂活动中简单的提问 6. 能听懂常用指令和要求并做出适当反应	1. 能在口头表达中做到发音清楚、语调基本达意 2. 能运用一些最常用的日常套语，如：问候、告别、致谢、致歉 3. 能就所熟悉的个人和家庭情况进行简短对话 4. 能相互介绍各种熟悉话题的信息，如个人需要、感觉、个人经历 5. 能说出公共场所禁忌、询问价格、书房物品所属、日常动作、学科喜好等的单词和话语 6. 能在老师的帮助下讲述简单的小故事	1. 能正确读出26个英文字母 2. 能了解简单的拼读规律，基本运用自然拼读法拼读单词 3. 能在录音或老师的帮助下朗读单词和句型 4. 能有表现力地朗读故事和短文 5. 能在阅读中理解故事的主题结构	1. 能在剧中正确使用大小写 2. 能在句中正确使用标点符号 3. 能写出完整的语句 4. 能正确抄写单词和句子
四年级	1. 能听懂关于他人的职业、喜好、商品价格、物品的地点、社会机构的位置等话题 2. 能听懂星期、时间、一天饮食、社会机构及活动、天气等话题 3. 能听懂课文故事 4. 能听懂简单的配图小故事 5. 能听懂课堂活动中简单的提问 6. 能听懂常用指令和要求并做出适当反应	1. 能在口头表达中做到发音清楚，语调基本达意 2. 能就所熟悉的个人和家庭情况进行简短对话 3. 能运用一些最常用的日常套语（如问候、告别、致谢道歉等） 4. 能就日常生活话题如：询问职业、喜好、价格、地点位置、天气、日程安排、一天饮食做简短叙述 5. 能在教师的帮助和图片的提示下进行故事描述或讲述简单的小故事 6. 能正确哼唱课文歌曲	1. 能认读所学词语 2. 能根据拼读的规律，读出简单的单词 3. 能读懂教材中简短的要求或指令 4. 能借助图片读懂简单的故事或小短文，并养成按意群阅读的习惯 5. 能正确朗读所学故事或短文	1. 能基本正确地使用大小写字母和标点符号 2. 能写出简单的问候语 3. 能根据图片、词语或例句的提示，写出简短的描述 4. 能正确仿写句子

续表

年级	听	说	读	写
五年级	1. 能听懂关于太空星球名称、他人身体情况、运动词汇、年月日、两者比较等话题 2. 能听懂物品归属谁、机场词汇、音乐会、足球赛、买书及物品比较、做饭等话题 3. 能听懂课文故事 4. 能听懂简单的配图小故事 5. 能听懂课堂活动中简单的提问 6. 能听懂常用指令和要求并做出适当反应	1. 能在口头表达中做到发音清楚，语调基本达意 2. 能就所熟悉的个人和家庭情况进行简短对话 3. 能运用一些最常用的日常套语（如问候、告别、致谢、道歉等） 4. 能用一般现在时、一般过去时和现在进行时，就日常生活话题如谈论星球、身体状况、运动、日期、两者或三者比较、参加音乐会、足球赛、去机场接机、做蛋糕等叙述 5. 能在教师的帮助和图片的提示下进行故事描述或讲述简单的小故事 6. 能背诵一定数量的英语小诗或歌谣，能唱一些英语歌曲	1. 能认读所学词语 2. 能根据拼读的规律，读出简单的单词 3. 能读懂教材中简短的要求或指令 4. 能借助图片读懂简单的故事或小短文，并养成按意群阅读的习惯 5. 能正确朗读所学故事或短文 6. 能初步使用简单的工具书 7. 能阅读关于运动、健康、音乐、购物等话题的小短文	1. 能基本正确地使用大小写字母和标点符号 2. 能写出简单的问候语 3. 能根据图片、词语或例句的提示，写出简短的描述 4. 能正确仿写20~30字的小短文
六年级	1. 能听懂他人喜好如科目、做什么家务、周五参加什么活动/兴趣班、喜欢什么礼物、他人感受及应对措施等话题 2. 能听懂关于山地运动、医院就诊、未来地球等话题 3. 能听懂课文故事 4. 能听懂简单的配图小故事 5. 能听懂课堂活动中简单的提问 6. 能听懂常用指令和要求并做出适当反应	1. 能在口头表达中做到发音清楚，语调基本达意 2. 能就所熟悉的个人和家庭情况进行简短对话 3. 能用一般现在时、一般过去时和现在进行时，就学生日常生活发生的事情如谈论最喜欢什么科目、做家务、参加兴趣班、身体感受和如何应对、谈论山地运动会、患病及就诊、未来地球叙述 4. 能在教师的帮助和图片的提示下进行故事描述或讲述简单的小故事 5. 能背诵一定数量的英语小诗或歌谣，能唱一些英语歌曲	1. 能认读所学词语 2. 能根据拼读的规律，读出简单的单词 3. 能读懂教材中简短的要求或指令 4. 能借助图片读懂简单的故事或小短文，并养成按意群阅读的习惯 5. 能正确朗读所学故事或短文 6. 能初步使用简单的工具书 7. 能阅读关于学校、家庭、个人兴趣、科普等话题的小短文	1. 能基本正确地使用大小写字母和标点符号 2. 能写出简单的问候语 3. 能根据图片、词语或例句的提示，写出简短的描述 4. 能仿写小短文 5. 能用一般现在时、一般过去时和现在进行时就喜好、兴趣、运动、未来世界等写30~50字的小短文

（二）在双语主题活动中践行外语特色

学校基于"多元体验"德育课程体系，从学生身心特点出发，将双语主题活动与重大节日、纪念日的主题教育相结合，与校本节日活动相结合，与年级特色体验活动相结合，与家长开放日活动相结合，与假日实践活动相结合，与春秋游实践活动相结合，以及与学校特色活动相结合，从而使育人实效与语言实践达成双赢效果。

（三）在校园文创中彰显外语特色

在此期间，学校积极创建英语八达通、try me 体验区等文创打卡地，学生在参与体验的过程中感受语言，体验语言内涵文化。

基于学校积极开创外语特色的办学初心，在成都市教育对外交流中心的支持下，学校与瑞典格瑞梅斯塔学校开展友好交流活动，旨在传递民族文化并开拓师生的国际视野。同时，学校积极承办成都市外教工作会，展示学校外语特色，展现学校师生风采，并成功申报成都市国际理解课程实验学校。

在初探外语特色的过程中，学校以语言技能训练为基础，开创丰富的双语主题活动，为学校深耕外语办学特色打下基础。

第二节 外语特色办学的过渡期

一、发展回顾

沉潜蓄势方厚积薄发，学校步履稳健地走过外语特色办学的奠基期，脚步铿锵地步入了外语特色办学的过渡期：名著话剧表演、双语主题活动、外教特色课堂……2014 年 8 月至 2015 年 12 月，这一阶段是本校外语特色办学的过渡期，我们在尝试中前行，在探索中成长。

2014 年 9 月，开展学校外语课程建设讨论，总结一年来外语课程建设经验与不足。

2014 年 9 月，教师节当天，锦江区委书记来到学校慰问老师们，了解学校外语课程建设情况。

2015 年 3 月，美国友好学校来访，与学校围绕中美校园文化开展交流。

2015 年 4 月，英语组制定小学 1—6 年级英语技能发展目标，设计外语课程结构。

2015年5月，举行第一届"锦外杯"口语大赛。

2015年9月，在六年级开展小语种教学（法语选修）研究，由外教执教。

二、典型事件

（一）"锦外杯"口语大赛

2015年5月20日，同学们迎来了第一届英语学科活动——锦外杯口语大赛。同学们年龄虽小，但个个自信满满、落落大方。活动倡导"敢用英语、能用英语"，分为班级初赛和校级决赛，注重全员参与，在班级初赛时，很多孩子在老师的鼓励和伙伴的帮助下，克服自己胆怯的心理，走上舞台，展示自己，于每一位孩子而言都是一次挑战和进步。学生在参与中成长，朗读英语课文，戴上头饰进行文中角色扮演，更自然地融入情感，更深刻地理解故事。

"锦外杯"口语大赛是学校在追寻外语特色办学之路过程中的探索和尝试，活动育人促成长。回顾过往，或许它并没有那么完美，但在追寻的路上，我们珍视这样的经历，它活跃了校园文化生活，为学生搭建了更广阔的展示平台，也提高了孩子们学习英语的兴趣，让孩子们在这样的氛围里勇敢表达。

（二）法语进课堂

学校五年级的同学们迎来了法语外教课。孩子们第一次接触法语的紧张感在法籍老师Franck的耐心指导下慢慢地化解成了学习法语的兴奋感和积极性。Franck老师语言幽默风趣，利用歌曲、电影等设计真实的语言情境，带着孩子们学习法语日常交际用语、问候礼仪、法国文化，激发了孩子们学习法语的兴趣和主动性。同学们认真准备学具，积极主动参与课堂活动，了解了法国概况、风土人情、名胜古迹、节假日等，并分享了中国的文化。这段学习经历，丰富了学生外语学习体验，开拓了学生国际视野，培养了学生对多元文化的理解。

三、主要经验

随着学校外语特色办学的逐步深入，散状的主题活动和点状的文创场域已不适应学校整体发展需要。为凸显外语优势，在探索期的经验总结基础之上，学校调整外语特色课程内容，并呈现为四个板块：名著话剧表演、双语主题活动、外教特色课堂和其他语种的延伸。在不断优化调整中，新的外语特色课程中的各个板块都在不同的项目中推进并实施课程内容。例如，在名著话剧表演课程项目中，学校旨在加强学生对优秀文学作品的热爱，增强对本民族文化的认同和跨文化的理解；双语主题项目与学校主题活动深度融合，不断精进并建构双语主题系列活动课程。外语特色课堂（包括语言实验室、特色互动区）通过学习澳洲绘本进一步强化学生语言技能，尤其是口头表达技能的培养；在特色互动区中学校以典范英语为载体来实施课程。随着课程的不断完善，多语种学习（如法语、德语以及日语等）也在计划中实施。

（一）名著话剧表演项目

依托锦江区英语剧表演平台，学校名著话剧项目组分年段组建团队，循环排练剧目，形成独具锦外特色的中外名著英语表演，见表1-2。

表1-2 锦江外国语小学英语剧表演剧目

年级	中国名著	外国名著
一二年级	水浒传之武松打虎	小红帽
三四年级	西游记之三打白骨精	白雪公主与七个小矮人
五六年级	三国演义之三顾茅庐	哈利·波特之潘多拉魔盒

（二）双语主题活动

学校探索多样、趣味的双语主题活动，在课堂内外双线并行实施，以帮助学生在拓展延伸已有学科知识的同时，形成积极的学习与生活态度，充分发挥学科课程的育人价值。在课堂内，学校开展"用英语讲好中国故事"系列活动，引导学生在了解中国传统文化的同时，培养学生用英语讲故事的能力；在课堂外，低、中、高段年级的学生分别以朗诵、歌唱以及绘本故事学习的方式感受语言魅力，激发语言学习的动力，并在体验和实践中发展语言能力。

(三) 外教特色课堂

在此阶段，学校延用澳洲绘本，同时引进典范英语，见表1-3，并以英语角的形式展现学习效果，有效提升学生口头表达能力。

表1-3 外教特色课堂年段目标

年级	澳洲绘本（语言实验室）	典范英语（特色互动区）
一年级	1. 能根据听到的词语识别或指认图片或实物 2. 课堂上模仿原音读故事，理解故事大意	1. 能在教师的指导下用英语做游戏并在游戏中进行简单的交流 2. 能做简单的角色表演
二年级	1. 能根据图、文说出单词或短句 2. 在朗读和理解故事的基础上，画出故事中的某一部分或全部内容	1. 能看图识字 2. 能在指认物体的前提下认读所学词语 3. 能听懂教材中简短的要求或指令，并作出反应
三年级	1. 能在教师的指导下用英语做游戏并在游戏中进行简单的交流 2. 制作绘本故事，课堂上表演故事	1. 能根据拼读的规律，读出简单的单词 2. 能在图片的帮助下读懂简单的小故事，能讲故事
四年级	1. 能听懂简单的配图小故事 2. 阅读故事绘本，模仿原版语音语调朗读、课堂表演或创编	1. 能借助绘本图片读懂简单的故事或小短文，并养成按意群阅读的习惯 2. 能正确朗读所学故事或短文，分角色表演绘本故事，仿写绘本故事
五年级	1. 能在教师的帮助和图片的提示下进行描述或讲述简单的小故事 2. 模仿自制绘本故事	1. 能表演绘本故事，语音语调正确自然 2. 能根据图片、词语或例句的提示，模仿制作绘本故事
六年级	1. 能表演简单的英语短剧 2. 能够阅读英语版本故事如文学作品	1. 写出完整地道的英语文章 2. 制作精美的英语绘本

(四) 其他语种拓展

根据学校外语特色课程建构，多语种项目在探索中初具雏形，见表1-4。学校在高年段开设法语、德语选修课程，引进外教师资的同时，积极储备小语种师资，为下一步其他语种项目的实施打下基础。

表 1-4　外教特色课堂开设年级

年级	语种
五年级	法语
六年级	德语

在此期间，学校与美国积极开展外事交流活动，并探索小语种（法语）外教课程，让学生初步体验多语种的学习氛围。为培养学生语言能力和交流能力，学校开展"锦外杯"英语口语大赛，并自主编排中国传统名著英语剧，进一步培养学生的外语素养。

基于以上对外语特色的不断探索，学校不断积累经验，以项目推进的方式实施统整后的外语特色课程，通过学校外语特色课程的深耕打造，力图让学生在多元体验中不断创新赋能。

第三节　外语特色办学的发展期

学校以"外国语"命名，不仅清晰表明了学校的办学特色，也象征着对品质教育的追求。对于这样一所学校而言，其使命远不止于提供基础的英语教学；它必须借助外语教育的翅膀，推动教育国际化的进程，从而充分挖掘和实现外语教育的内在价值。通过这样的努力，学校能够凸显出其作为"外国语小学"的独特身份和特质，为学生打开通往世界的大门。因此，学校着手开展对多语种课程的探索，引入新维度英语教学体系，着重加强学生的品格教育，使学生学习经历充实和多元化，致力于外语特色建设。

一、发展回顾

2016年以来，学校致力于外语课程的深化与创新，不断提升教学质量和学生的语言实践能力。通过引入英语教材、丰富学生多元文化体验，优化课程结构。学校还建立了一个综合性的外语教学体系，旨在培养学生的语言能力、文化意识、思维品质、学习能力等核心素养。与此同时，学校积极承办和参与各级教育部门主办的活动和项目，与国内外教育机构建立合作关系，推动学校教育国际化纵深发展。具体事件如下。

2016年4月，第二届"锦外杯"口语大赛举行。

2016年5月,开展学校外语课程建设讨论,总结前三年的外语课程建设经验与不足,优化外语课程结构,突出语言技能培养和戏剧表演等多元体验活动。

2016年6月,排演英语短剧《武松打虎》《小红帽》《三只小猪》,进行校内选拔,参加锦江区英语短剧展评,《武松打虎》获得锦江区一等奖。

2016年9—12月,组织教师参加成都市小学英语赛课,陈桑妮老师获得成都市小学英语赛课一等奖。

2016年11月,承办锦江区小学英语课堂教学展评活动。

2016年11—12月,组织学生参加"北京外国语大学全国青少年阅读之星风采大赛",表现优秀,获得全国一等奖和二等奖。

2017年3月,开展《新维度英语》教学调研,引进《新维度英语》作为英语教学的补充,培养学生思维品质和良好行为习惯。龚亚夫教授莅临指导《新维度英语》教学,刘建彬、唐悦芹两位老师献课。

2017年5月,举行第三届"锦外杯"口语大赛。

2017年8月,选派英语骨干教师赴北京参加《新维度英语》教学培训。

2017年9月,在五、六年级开展日语、德语、韩语、法语等必修课程的研究。至此,学校形成1—6年级每周3节国家英语课程,1—6年级每周1节《新维度英语》,5—6年级每周1节小语种的课时设置。

2017年9月,学校举行学生国(境)外游学分享会。

2017年11—12月,组织学生参加北京外国语大学全国青少年阅读之星风采大赛,表现优秀,获得全国阅读之星、一等奖和二等奖。

2017年11月,学校总结外语课程经验,形成"3+1+1+X"课程结构。其中"3"指1—6年级每周三节国家英语课程,第一个"1"指1—6年级每周一节新维度英语,第二个"1"指5—6年级每周一节小语种课(日语、德语),"X"指戏剧表演、中外节日活动体验、游学分享等活动。

2017年12月,学校承办成都市PTR小学英语课堂教学展示活动。

2018年1月,唐悦芹老师代表学校参加全国外语教学专业委员会年会,分享课例设计,获得好评。

2018年4月,英国奥斯汀法思尔公学教师来访,与学校缔结为友好学校。

2018年5月,举行第四届"锦外杯"口语大赛。

2018年6月,龚亚夫教授莅临学校指导《新维度英语教学》,刘建彬老师汇报课程开展情况,石欣宜老师呈现课例。

2018年6月,学校成功创建为锦江区新优质学校。

语通世界　文润童心
——小学"英语·多语种"课程建设

2018 年 9 月，随着学校办学规模的扩大，学校成立了喜树校区。自此，学校开始了"一校两区"办学模式，1—2 年级学生在喜树校区就读，3—6 年级学生在月季校区就读。

2018 年 9 月，学校开展英语戏剧课程试点，在 4 年级开展戏剧教学研究与实践。

2018 年 11 月，学校承办锦江区小学英语课堂展评活动。

2018 年 12 月，学校成功创建为成都市新优质学校。

2018 年 11—12 月，组织学生参加北京外国语大学全国青少年阅读之星风采大赛，表现优秀，获得全国一等奖和二等奖。

2019 年 3 月，学校承办了 2019 年锦江区教育国际化工作会。

2019 年 4 月，学校成功创建为锦江区首批教育国际化窗口学校。

2019 年 5 月，举行第五届"锦外杯"口语大赛。

2019 年 5 月，香港仁德天主教小学师生一行 50 余人来访，与学校围绕"天府竹韵"课程开展交流活动。

2019 年 8 月，学校教师代表刘建彬、王小鹏两位老师回访英国奥斯汀法思尔公学。

2019 年 9 月，教师节前夕，成都市市长来到学校慰问老师们，关心学校建设与发展情况。

2019 年 11—12 月，组织学生参加北京外国语大学全国青少年阅读之星风采大赛，表现优秀，获得全国一等奖和二等奖。

2019 年 11 月，组织外语组教师梳理总结"多语种课程"开展经验，确定以"多语种外语学习"项目参与"教育部中外人文交流特色项目建设计划学校"申报

2019 年 12 月，学校刘建彬、赵明明两位老师参与编写《讲中国故事　听锦江声音》一书。撰写的案例《夏日绵长　好"竹"意》入选。

2020 年 3 月，组织英语组教师备课，录制线上教学视频和导学单，开展线上教学。

2020 年 5 月，教育部中外人文交流中心专家马燕生公参调研经验中外人文交流工作，文芳校长代表学校汇报多语种课程开展和人文交流工作开展情况，获得好评。

2020 年 6 月，学校以"多语种外语学习项目"成功申报为"教育部中外人文交流特色项目建设计划学校"。

2020 年 6 月，学校成功申报为四川师范大学外国语学院实践基地学校，

与高校围绕"多语种课程建设""国际交流""师资培养"等项目开展合作。

2020年9月,学校优化师资,在3—4年级开展"俄语、日语、法语"等课程选修,在5—6年级开展"日语、德语"必修课程学习。

2020年10—12月,模拟情境举行多语种学科活动,组建学习兴趣小组。

2020年9—12月,组织教师排练节目,参加第一届中外人文交流小使者戏剧、管弦乐、舞蹈项目的展示。

2021年3月,承办"四川师范大学小学英语国培"项目,广西贺州英语骨干教师50余人到校参加培训。

2021年4月,成功申报教育部中外人文交流中心专项课题,制定课题研究计划,根据计划开展研究。

2021年4—6月,各年级开展外语学科活动,如英语书写、用外语讲好中国故事、制作小报、日语自我介绍等。

2021年5—6月,排演《成都大运会》《不同天空下的儿童节》等多语种情景剧,在集体晨会和"六一"儿童节展示。

2021年6月,学校外语组成功申报为"锦江区十佳教研组"。

2021年9月,承办"四川师范大学小学英语国培"项目,成都市小学英语骨干教师40余人到校参加培训。

2021年9—12月,组织教师排练节目,参加第二届中外人文交流小使者戏剧、合唱、管弦乐、经典诵读项目的展示。

2021年12月,承办"锦江区外语课程建设和多语种课堂教学展示活动",刘建彬、陈桑妮、贺泽虹老师分享学校课程建设经验,陈定江老师带来法语课例展示,学生展示日语短剧《记忆面包》。

2021年12月,学校总结外语课程经验,形成"3+2+X"课程结构。其中"3"指1—6年级每周三节国家英语课程,"2"指的是1—6年级每周一节新维度英语和5—6年级每周一节小语种课,"X"指戏剧表演、中西节日活动体验、游学分享等活动。

2022年3月,黄艳副校长在成都市教育对外交流中心"中外人文交流工作推进会"上发言,介绍学校"多语种外语学习"项目开展情况,获得教育部中外人文交流中心、成都市教育局等各级部门的好评。

2022年4—6月,各年级开展外语学科活动,如英语书写、用外语讲好中国故事、制作小报、日语自我介绍等。

2022年4月,承办"四川师范大学小学英语国培"项目,四川省小学英语骨干教师12人到校跟岗研修。

语通世界　文润童心
——小学"英语·多语种"课程建设

2022年4月，刘建彬副主任在锦江区教育局外事工作会上发言，介绍学校"多语种课程建设"展情况，获得教育局和区内学校的好评。

2022年4月，学校与法国欧坦市教育活动中心师生代表开展线上交流，交流主题是学习中国书法。

2022年4月，召开中外人文交流专项课题《主题统整的小学英语·多语种课程综合化实施研究》开题答辩会，成都市教育对外交流中心李全主任、成都市教育对外交流中心闵菲副主任、四川师范大学刘冲教授、锦江区教科院贺慧副院长等莅临指导。

2022年4—6月，组织教师参加锦江区单元整体教学设计、成都市小学英语作业设计、英语短剧展评活动、精品课，并取得好成绩。其中赵明明、张薇佳、刘建彬老师的作业设计获得成都市一等奖。

2022年4—6月，学校在1—2年级开展"国际理解课程"选修，在3—4年级开展"中外人文交流课程"选修，在5—6年级开展日语、德语课程必修。

2022年5月，参加成都市教育对外交流中心论文评选活动，张琴、唐茜两位老师的论文分别获得成都市一等奖和二等奖。

2022年5月，参加教育部中外人文交流中心案例征集活动，刘建彬、陈桑妮、朱冬蕊三位老师的案例入选《中外青少年人文交流成果案例汇编》。

2022年6月，学校与法国欧坦市教育活动中心师生代表开展线上交流活动，交流主题是制作成都市和欧坦市城市标志。

2022年6月，启动中外人文交流专项课题《主题统整的小学"英语·多语种"课程综合化实施研究》结题工作，四川师范大学刘冲教授指导课题结题工作。

2022年9—12月，组织教师排练节目，参加第三届中外人文交流小使者戏剧、合唱、管弦乐、经典诵读项目的展示。

2022年9—10月，开展《主题统整的小学"英语·多语种"课程方案》设计，开展《Try+成"竹"在胸》英语跨学科教学案例、《我为新年添光彩》教学案例、英语·多语种体验式活动研究与实践。

2022年9—12月，组织教师参加锦江区单元整体教学设计、成都市小学英语作业设计、英语短剧展评活动、精品课，获得好成绩。其中赵明明、张薇佳、刘建彬老师的作业设计获得成都市一等奖。

2022年9—12月，学校在1—2年级开展"国际理解课程"选修，在3—4年级开展"中外人文交流课程"选修，在5—6年级开展日语、德语课程必修。

2022年10—12月，组织教师参加成都市小学英语教师赛课，赵明明老师获得成都市一等奖。

2023年1月，参加成都市教育对外交流中心论文评选活动，张琴、唐茜两位老师的论文分别获得成都市一等奖和二等奖。

2023年1月，参加教育部中外人文交流中心案例征集活动，刘建彬、陈桑妮、朱冬蕊三位老师的案例入选《中外青少年人文交流成果案例汇编》。

2023年3月，参加教育部中外人文交流中心专项课题中期答辩会。

2023年3月，四川师范大学外国语学院副院长秦洁荣到校指导单元整体教学设计 How to wear clothes.

2023年3月，锦江区教科院小学英语教研员石春蓉老师指导英语跨学科主题学习活动 Try+成"竹"在胸。

2023年3月，学校举行"'语'相随 点亮未来""'语'相伴 缤纷世界"英语趣味游园活动。

2023年4月，与法国欧坦市教育活动中心开展线上交流活动，活动主题是学习中国剪纸。

2023年4月，与法国欧坦市教育活动中心开展线上交流活动，活动主题是欣赏中国民乐、合唱法国童谣。

2023年9—12月，参加教育部课程教材研究所英语新课标实验研究项目，作为种子学校汇报跨学科主题学习活动设计——《"竹"够精彩——我是"世园会"竹文化宣传小使者》和课例 I'm the ambassador of bamboo culture 展示，得到天津市英语教研员张宏丽老师的好评。

2023年9—12月，学校在1—2年级开展"国际理解课程"选修，在3—4年级开展"中外人文交流课程"选修，在5—6年级开展日语、德语课程必修。

2023年9—12月，在五、六年级开展《"竹"够精彩》项目式学习。

2023年11月，举行"用英语讲好中国故事"活动。

2023年11月，举行"'声'入人心，'音'你而起"日语学科活动。

2023年11月，中外人文交流专项课题《主题统整的小学"英语·多语种"课程综合化实施研究》顺利结题。

2023年11月，参加成都市国际理解优课比赛，姚丹老师的课例《地球发"烧"了》获得成都市一等奖。

2023年11月，跨学科主题学习活动设计"Try+成'竹'在胸"，获得锦江区二等奖。

2023年11月，课例I'm the ambassador of bamboo culture获得锦江区中外人文交流优课二等奖。

2024年1月，进行《"竹"够精彩》项目式学习展示，发布了项目式学习成果——英语绘本《"竹"够精彩——我是竹文化小使者》。

2024年3月，进行教育部课程教材研究所英语新课标实验研究项目成果展示和总结，苟媛媛老师呈现课例I'm the ambassador of bamboo culture，得到北京市海淀区小学英语教研员闫赤兵老师、天津市英语教研员张宏丽老师等专家的好评。

二、典型事件

自2016年起，锦外在外语教学和国际化教育的道路上不断探索与发展，七年的时间里，学校取得了一系列标志性成果。通过引进并实施《新维度英语》教材、举行学生国（境）外研学分享、开展外语戏剧课程、用外语讲述中国故事、实践多语种外语学习、开展教育国际交流以及推进英语跨学科主题学习活动等一系列教学改革与实践活动，全面提升了学生的语言技能、思维能力、文化素养和国际视野。这些举措不仅丰富了学生的学习体验，也显著提高了教师的教学水平和学校的办学特色，得到了专家的高度认可和社会的广泛赞誉。

（一）新维度英语

学校为提升外语教学质量，加强学生的思维训练与文化认知，引进了中国教育科学研究院龚亚夫教授研发的《新维度英语》教材。该教材的引入旨在通过外语教学的改革，促进学生美德的培养及国际视野的扩展。

英语教研组教师不断深化外语教学理念的学习与应用，积极改革课堂教学模式。我们特别注重将龚亚夫教授提出的多元目标英语课程理念整合于教学之中，该理念强调语言交流、品格塑造和思维发展三者的融合。实施该理念的具体路径包括：设计以听、说、读、写为中心的活动，引导学生整理文章要点，理解其核心内容；结合学生实际生活情境，激发他们思考问题的原因，并鼓励他们表达个人观点；联系社会现实，引导学生探讨问题的解决策略与方法；利用思维可视图等教学辅助工具，在完成英语任务的过程中培养学生逻辑思维和社会责任感。

通过广泛的课例研究，教师们掌握了运用板书设计多样化思维可视图的技能，有效地帮助学生深入理解文章内容与逻辑结构，并将其应用于实际生活中的问题探究。研究成果证实，《新维度英语》教学法能够显著促进学生英语高阶思维能力的发展。教师针对不同语篇特点所设计的各类活动，如语篇理解、巩固、拓展及实际应用等，结合思维可视化技术，使学生能够利用自身经验参与学习过程，解决问题，并在语言实践中提升技能，推动思维从记忆、理解、应用向分析、评价和创造的层次发展。

在学术交流方面，锦外教师积极分享教学成果并获得认可：唐悦芹老师在中国教育学会年会上发表演讲，展示"wash your hands"课例；唐悦芹、刘建彬、石欣宜三位老师展示了《新维度英语》示范课，获得龚亚夫教授肯定；刘建彬老师汇报了课程实施情况，也得到专家好评。

（二）学生国（境）外研学分享

为了促进学生的国际交流，并且提高其英语语言能力、文化认知与国际视野，学校精心编制了《小脚丫行世界——学生国（境）外游学指南》。该手册深入解析了全球主要国家的基本国情、文化风俗以及英语口语学习要点，同时提供了出国游学的相关须知。

在游学活动启动前，学校教师对参与学生进行了全方位培训，内容涵盖国外文化习俗、英语沟通技巧以及登机、住宿、问路等实用信息和注意事项，并辅助学生制定周详的游学方案。在游学期间，教师通过微信或电子邮件持续追踪学生的进展，并指导其顺利完成既定计划。

随着游学活动的圆满结束，教师进一步引导学生整合游学资料和个人感悟，协助他们完成成果展示，以便于分享他们的游学经历。此外，学校还安排了国（境）外游学经验分享会，为学生提供了一个交流和回顾各自经验的平台。

2016年至2019年期间，共计600余名学生参与了本校组织的假期国（境）外游学项目。通过这一系列外语教学与游学课程的实施，不仅显著提升了学生们的英语应用能力，也加深了他们对多元文化的了解，从而有效地拓宽了学生的国际视野，并大幅度增强了他们在国际化背景下的交流、合作与竞争能力。

（三）外语戏剧课程

为了丰富学生的学习体验并提高英语能力，学校通过引进《丽声英语绘本剧》，在四年级开展英语戏剧课程的研究与开发项目。该项目组旨在借助世界经典的诗歌和童谣等素材，培养学生的英语阅读、沟通与表达能力，同时增强学生的自信心及同理心。

学校选拔了英语口语流利且舞台表现力强的学生参与表演，并创编了一系列受学生喜爱的中外经典剧目英语短剧，如《三打白骨精》《武松打虎》《白雪公主》《小红帽》以及《渔父和金鱼》等。在具体实践中，教师们按照以下四个步骤组织排演活动：首先，学生学习故事内容以理解剧本；其次，各小组根据分配的角色学习台词、语音、语调和动作；再次，分组进行角色扮演，教师在此过程中指导学生的动作与表情；最后，学生们分组表演，并进行同伴评价。这些短剧不仅在学校"六一"儿童节期间展示，起到了示范作用，还在各类比赛中获得荣誉。其中，《三打白骨精》于2014年赢得成都市小学生英语短剧一等奖，《武松打虎》于2016年获得锦江区小学生英语短剧一等奖，英语戏剧《武松打虎》《花木兰》、Animal Talents Show、《不同天空下的儿童节》在第十六届四川省校园影视作品大赛中获得一、二、三等奖。此外，在第一届和第三届"中外人文交流小使者"全国总展示活动中，学校选送的英语戏剧《武松打虎》、日语戏剧《记忆面包》分别荣获二等奖和三等奖。通过这样的教学实践，学校营造了良好的外语学习氛围，有效地提升了学生的语言表达能力和自信心，促进了学生全面发展。

（四）用外语讲好中国故事

作为专注于外语教学的学校，学校本着"情系中华魂 融汇四海心"的教育理念，针对小学生的教学需求和认知发展规律，致力于培养学生的外语能力。为此，学校精选了一系列深受学生喜爱的中国传统故事，如《孔融让梨》《铁杵磨成针》《亡羊补牢》《愚公移山》《嫦娥奔月》《孟母三迁》《木兰从军》《悬梁刺股》等，将其融入课程教学之中。

以主题学习的形式具体实施，全体学生及英语教师均参与其中，采用体验式学习法深入了解中国传统文化，见表1-5。在教学模式方面，每个学期初，教师会使用PPT来分享和阐述课程主题。学生们将基于自己的理解进行学习，并收集相关资料。学生们最终会通过创作小报和现场展示等方式来展示他们的学习成果。学生韩曜羽的作品《田忌赛马》、学生李若依的作品《神笔马良》分别在2022、2023年成都市"用外语讲好中国故事"爱国主义主题教育展示活动中获得成都市特等奖和二等奖。通过这种方式，我们不仅让学生深入理解中华优秀传统文化，热爱中华文化，也助力学生用英语交流表达，传播中华文化。

表 1－5 2021—2022 学年"用外语讲好中国故事"活动安排

年级	活动名称	教师主要内容（PPT）	学生拓展任务
一年级	节日童谣：春夏	春节童谣：Lucky Money	了解压岁钱的来历
二年级	节日童谣：秋冬	元宵节童谣：Lantern, Lantern	了解元宵节的来历和习俗
三年级	小小心愿	《亡羊补牢》《狐假虎威》	从故事中得出了什么做人的道理
四年级	远大梦想	《愚公移山》《后羿射日》	从故事中得出了什么做人的道理
五年级	中华小神童	《曹冲称象》《王羲之吃墨》	从故事中懂得了哪些优良的品格
六年级	中华小英雄	《司马光砸缸》《孔融让梨》	从故事中懂得了哪些优良的品格

（五）多语种外语学习

多语种教育是素质教育的重要组成部分。学校结合国家"一带一路"倡议、人文交流背景和新一轮教育改革需要，以"教师行动""行政推动""专家带动""高校联动""友校互动"五大策略，推进"多语种外语学习项目"和课题研究在全校范围内开展，取得了丰硕的成果。

在认识成果方面，我们提出了"语通世界 文润童心"的外语教育观、"融·和"的外语课程观、主题统整的外语教学观、"学思结合、用创为本"的学生外语学习观以及"宽学 灵研 卓行"的外语教师专业发展观。在操作成果方面，我们构建了主题统整的课程体系，梳理了基于主题统整的"英语·多语种"课程的话题序列，开展了主题统整的"英语·多语种"话题式教学和体验式活动，并初步形成了"教—学—评"一体的评价体系。

通过"多语种外语学习"项目的研究和实践，学生在活动中拓宽了国际视野，提高了语言技能和文化理解力，增强了实际问题解决能力和跨文化交流能力。教师深化了对人文交流、多语种学习和新课程标准的理解，提升了课题研究及课程建设能力。学校因此优化了外语教学，形成了鲜明特色，获得了家长、合作伙伴和专家的广泛认可，提升了社会声誉。

（六）教育国际交流

一直以来，学校坚持以开放的心态提升办学水平，通过学习国内外优秀的教育实践，积极推进国际交流与合作。2013 年，学校与瑞典 Grämesta School

缔结友好学校，并围绕"三角形"课题开展教学研讨；同年举办了全市外籍教师工作会暨外教课堂展示活动，外教 Trevor 的展示课获得广泛好评。2015年，美籍华人陈娟老师辅导的学生作品在许燎原博物馆展出。2016年，美国 Mary Kay 校长率队访问学校，双方就课程建设和校园文化进行深入探讨。2018年，英国 Austin Friars School 的国际办公室主任 Tom Magen 先生一行来访，两校建立友好关系并开展师生互访等交流。次年，学校教师代表团赴英国学习 STEM 课程和项目式学习等，提升了教师队伍的教育理论水平和国际视野。2021至2023年间，学校与法国欧坦市教育活动中心开展了线上交流活动，加深了对中法文化的相互理解，拓宽了学生的国际视野。时任成都教育对外交流中心主任的李全主任多次指导学校国际交流活动，并为教师们提供了教育国际化方面的培训。通过这些丰富的国际交流活动，学校师生不仅增强了对全球多元文化的理解和尊重，而且提高了学校的国际影响力，为培养具有国际视野的未来人才奠定了坚实的基础。

（七）英语跨学科主题学习活动

学校外语组结合学校的传统文化课程"天府竹韵"和研学实践活动，以2024年成都即将举办的"世界园艺博览会"为契机，设计了一个项目式学习主题——"'竹'够精彩——我是'世园会'竹文化宣传小使者"。该项目围绕核心驱动问题：如何在2024年世界园艺博览会上向外国友人传播中华竹文化？为了解答这一驱动问题，外语组分解了问题并设计了 PBL 目标体系，包括主题大观念、语言大观念和单元大观念，以及项目成果和评价方案，还依据小学五年级英语教材、语文、科学、美术学科相关单元，进行了项目实施的语言建构、知识建构和方法建构。

学校采用项目式学习的思路来推进英语跨学科主题学习活动，整合了学校现有的课程资源与特色，不断丰富学生多元的学习体验。该项目坚持"用英语讲好中国故事，传播中国声音"的宗旨，结合2024年成都"世园会"这一真实的学习情境，以语言学习为线索，融合科学、语文、美术知识，把评价落实到学习过程中，激发师生深度的思考、协助与实践。

该项目起源于2019年底的中外人文交流课程"夏日绵长 好'竹'意"，经过4年的探索与实践，历经"Try+成'竹'在胸"和"'竹'够精彩 我是'世园会'竹文化宣传小使者"两个阶段。其间，邀请了项目式学习的专家、区小学英语教研组石春蓉老师、熊弈老师指导项目设计和实施，不断完善项目设计和课例教学。

通过团队的协助，该项目得到了天津市英语教研员张宏丽老师的高度肯定和表扬。张老师认为锦外的英语项目式学习为区域英语跨学科主题学习提供了良好的范例,具有学校的办学特色,也契合英语新课标所倡导的精神。

三、主要经验

学校通过一系列战略性举措和创新实践实现了外语教学的深化与创新,具体的经验做法包括以下方面。

(一)课程结构总结与优化

定期总结和优化外语课程结构,形成具有特色的"3+2+X"课程结构,如图1-2所示,确保课程内容的系统性和多样性。

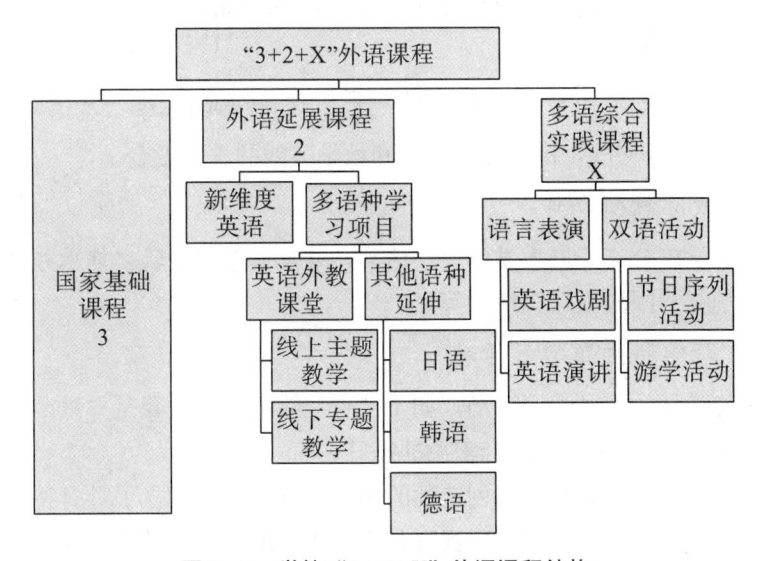

图1-2 学校"3+2+X"外语课程结构

(二)教材引进与优化

学校不断更新和丰富外语课程内容,例如引入《新维度英语》作为补充教材,注重培养学生的思维品质和良好行为习惯,使教学内容与方法更加多元化。

(三)教师专业发展

加强外语教师队伍的建设,组织教师参加各级教学比赛和研讨会,不断提升教学能力和专业素养。例如,唐悦芹老师代表学校参加全国外语教学专业委员会年会分享课例设计。

（四）学生体验活动

举办各类文化体验活动，以及戏剧表演、模拟联合国等，使学生在实践中学习和运用外语。

（五）国际交流合作

积极与国内外教育机构建立合作关系，如与英国奥斯汀法尔公学缔结为友好学校，开展师生互访和交流活动，与法国欧坦教育活动中心线上交流，拓宽师生的国际视野。

（六）教育国际化项目

参与和承办教育国际化相关项目，如"教育部中外人文交流特色项目建设计划学校"申报，促进学校教育理念和教学方法的国际化。

（七）专项课题研究

开展中外人文交流专项课题研究，如《主题统整的小学"英语·多语种"课程综合化实施研究》，推动课程改革和教学实践的深度融合。

（八）校际教研合作

与其他学校合作开展教学研究和活动，共享资源和经验，如承办"四川师范大学小学英语国培项目"活动等。

（九）跨学科主题学习活动

开展跨学科的主题学习活动，如"'竹'够精彩——我是'世园会'竹文化宣传小使者"，促进学生综合素质的提升。

凭借这些精心策划且充满创造性的探索，学校不仅建立了具有特色的外语教育模式，而且在培养具有国际视野和跨文化交流能力的学生方面，发挥着日益重要的引领作用。

第二章 建设背景

小学多语种教育一直受到国内教育领域的密切关注，越来越多的学校及家长将孩子的外语学习年龄不断提前，聚焦孩子在语言关键期的学习。回顾十年，明晰学校外语特色办学路径与方法后，为了深入推进小学多语种外语学习研究与实践，学校外语组教师潜心钻研、深入讨论，明确了从顺应政策导向、回应现实背景方面梳理研究背景。

第一节 外语教育政策导向

在全球化的 21 世纪，合作、沟通、创新与跨文化理解已成为青少年迎接未来生活、学习与工作的重要基石。在中外人文交流的舞台上，中小学教育应深植国家和民族文化的自信之根，厚积民族文化的底蕴，同时注重国际视野的培养，积极探索构建全球胜任力的课程框架。通过这样的教育路径，我们能够培养出既有深厚民族文化底蕴，又能从容应对全球化挑战的未来一代。

一、顺应中外教育人文交流项目的育人导向

在当今全球化背景下，我国教育正面临着从传统教育向现代教育的转型，其中，中外教育人文交流项目在这一进程中发挥着举足轻重的作用。为了更好地推动我国教育的发展，我们需要以全面提升人才培养质量为核心，促进教育公平、提高教育质量、创新教育发展。

（一）落实中外教育人文交流项目要求

中外教育人文交流是人与人的交流、心与心的沟通，是推动夯实国家关系及社会民意基础，提高对外开放水平，促进民心相通和文明互鉴的重要途径。为了落实项目要求，我们将从教育强国建设和地方创新两方面进行阐述。

语通世界　文润童心
——小学"英语·多语种"课程建设

1. 深入开展中外教育人文交流，服务教育强国建设

"要全面贯彻党的教育方针，坚持以人民为中心发展教育，主动超前布局、有力应对变局、奋力开拓新局，加快推进教育现代化，以教育之力厚植人民幸福之本，以教育之强夯实国家富强之基，为全面推进中华民族伟大复兴提供有力支撑。"2023年5月29日，习近平总书记主持中共中央政治局第五次集体学习，就建设教育强国发表重要讲话。总书记的重要讲话，高度肯定了新时代教育事业取得的显著成就，深刻阐述了中国特色社会主义教育强国的丰富内涵，科学回答了建设教育强国的一系列重大问题，为我们在新征程上加快推进教育现代化、建设教育强国、办好人民满意的教育指明了前进方向、提供了根本遵循。

教育是国之大计、党之大计，是关系民族昌盛的基石。党的十八大以来，以习近平同志为核心的党中央高度重视中外人文交流，强调广交朋友、广结善缘，走出一条具有鲜明中国特色的人文交流之路。党的十八大提出"扎实推进公共外交和人文交流"，中外教育人文交流首次写入党代会的报告。党的十九大提出"加强中外人文交流，以我为主、兼收并蓄"，进一步明确了对中外人文交流的要求。2017年7月19日，习近平总书记主持召开中央全面深化改革领导小组第三十七次会议，审议通过了《关于加强和改进中外人文交流工作的若干意见》，这是党中央首次针对如何加强和改进中外教育人文交流工作制定的专门文件，也是党中央在全面深化改革背景下对中外教育人文交流工作作出的战略性、全局性、系统性擘画。

近年来，中外教育人文交流的工作体系不断健全，实践成果不断丰富，人文交流已与政治互信、经贸合作共同成为中国对外关系发展的三大支柱，日益发挥着作为国家关系稳定器、务实合作推进器、人民友谊催化器的重要作用，为推动构建人类命运共同体、践行新时代中国特色大国外交走出了新路。党的二十大科学谋划了当前和今后一个时期党和国家事业发展的目标任务。习近平总书记在报告中指出，要增强中华文明传播力影响力，讲好中国故事，传播好中国声音，展现可信、可爱、可敬的中国形象，深化文明交流互鉴，推动中华文化更好走向世界，推动构建人类命运共同体。2023年3月15日，在中国共产党与世界政党高层对话会上，习近平总书记首次提出全球文明倡议，倡导尊重世界文明多样性，坚持文明平等、互鉴、对话、包容，以文明交流超越文明隔阂、文明互鉴超越文明冲突、文明包容超越文明优越。倡导弘扬全人类共同价值，加强国际人文交流合作，探讨构建全球文明对话合作网络，丰富交流内容，拓展合作渠道，努力开创世界各国人文交流、文化交融、民心相通新局

面。这为我们进一步做好新时代中外人文交流工作指明了前进方向，提供了战略引领。立足新时代、新征程，做好人文交流工作重任在肩。我们要切实增强做好中外人文交流工作的使命感、责任感和紧迫感，深刻理解和把握中外人文交流与教育对外开放、教育强国建设的互动关系，不断开创中外人文交流工作新局面。

2. 依托地方特色，因地制宜创新举措

党的二十大报告强调，要推进高水平对外开放。教育对外开放是高水平对外开放的重要组成部分，是实现教育高质量内涵式发展、助力建设教育强国的强大引擎。人文交流要积极助力教育对外开放，推动建设高质量教育体系。教育部积极响应党中央、国务院的决策部署，为了进一步推动我国基础教育国际化，特地设立了中外教育人文交流中心。该中心以中外人文交流教育实验区等为切入点，深入探讨基础教育国际化的新路径，以期为我国基础教育改革和发展提供有力支持。

在过去的几年中，教育部的中外人文交流中心一直在努力促进与各地的合作关系，并致力于打造一个中外人文交流的交流平台。基于此，成都、青岛、重庆等地的四个特定区域以及深圳南山区已被确定为教育部中外人文交流中心的主要合作伙伴。通过开展多种形式和内容的交流活动，进一步加强对海外学生和教师的培养力度。在这些特定区域内，双方共同合作建立了具有中外文化交流和教育特色的实验区，并通过执行多个项目来推动我国基础教育向外界开放，从而为教育行业的进一步发展注入了新的活力。

在这些实验区内，我们积极地推进了一系列项目，包括与国际友好学校结对子、互联网＋人文交流、国际理解教育、多语种外语学习、国际友好学校中文教学支持、人文素养提升和中外课程共建共享等，旨在深化和拓宽我国基础教育的对外开放程度。成都，作为我国第一个获得正式批准的中外人文交流教育试验区，近几年在加强中外教育的人文交流机制、提高教育的外事能力以及扩大国际人文交流的范围等领域都取得了令人瞩目的进展。在这片实验区，总计有218所中小学和中职学校被选为首批中外人文交流特色学校建设计划的实施单位。该计划旨在激励和引导这些学校因校制宜，深化人文教育和人文交流的研究并推动人文交流项目的实施。

（二）提升学生人文素养

人文素养的内涵，在于对人类本质的深刻理解和对人类命运的终极关怀。它涵盖确立个人基本品德、遵循社会基本道德规范、具备审美情趣与艺术精神以及追求人生和社会的美好境界。人文素养教育，是一项关乎个体全面发展的重要使命，它致力于塑造具备深厚人文底蕴和高度文明素养的现代人。这种教育模式以培育学生的人文精神和人文素质为核心，通过系统地传授知识以及营造良好的环境氛围，使学生充分吸收人类文明的精髓，将其内化为自身的基本品质、基本态度和基本理念。

我们需深入研究人文交流理念的内涵，通过多渠道、多样化的方式传播"以人为本、开放平等、尊重包容、理解欣赏、交流互鉴、合作共赢、秉持正确义利观和实现可持续发展"的人文交流理念，使其融入各项对外交往工作。此外，我们应大力开展人文交流领域的专业培训，引导教育工作者将人文交流理念融入日常教学，鼓励他们积极参与中外人文交流工作，提升素质教育能力。

针对不同学段，我们需要策划具有多样化、特色显著、典范引领的中外青少年人文交流活动，助力青少年学生拓宽国际视野，增强人文交流意识和能力。新时代的中外人文交流是一项全方位、多层次、立体化的事业，涵盖各地区、各部门、各领域和各行业。我们要紧密团结在以习近平同志为核心的党中央周围，全面贯彻党的二十大精神，深入领会"两个确立"的决定性意义，增强"四个意识"，坚定"四个自信"，做到"两个维护"，奋发向前、勇敢坚韧，深化文明交流互鉴，增进各国人民相互了解与亲近，为落实立德树人根本任务、提升中华文明传播力影响力、推动构建人类命运共同体贡献力量。

二、顺应素养导向的外语课程改革要求

随着全球化的发展和国际交流的日益频繁，外语教育在我国教育体系中的地位和重要性日益凸显。它不仅致力于培养学生的综合素质，助力他们更好地适应未来挑战，而且着力提升学生的外语实际运用能力和跨文化交际能力。为了适应这一时代发展的需求，我们的外语课程教学体系亟须进行一系列的改革与创新。

（一）外语课程教学体系变革

外语课程不仅具有工具性，帮助学生掌握语言知识和技能，而且具有人文性，传播文化、培养价值观。为实现工具性与人文性的融合，外语课程教学将从课程目标素养化、课程内容结构化、课堂教学实践性和"教 学 评"一体化等关键环节探讨学生核心素养的发展。

1. 课程目标素养化

《义务教育英语课程标准》（2022年版）首次明确了核心素养的内涵，认

为核心素养是课程教育价值的集中体现，是学生在课程学习过程中逐渐形成的适应个人终身发展和经济社会需求的正确价值观、必备品格与关键能力。该标准依托以言语表达、文化素养、思维品质和学习能力为具体内容的核心素养，达到确立课程目标的目的。

相较于《义务教育英语课程标准》（2011年版），《义务教育英语课程标准》（2022年版）对由"语言技能""语言知识""情感态度""学习策略"以及"文化意识"构成的英语课程目标进行了深化与提升。其中，语言知识、语言技能都被纳入语言能力的范畴，学生通过了解英汉两门语言的差异性，从而循序渐进地实现语言意识的养成，最终得到学生能够在相应场景有效沟通与交流的实际性、可操作性效果。外语课程在延续文化意识的同时，还应注重文化内涵的扩展，对学生的要求是同时兼顾国内外文化知识的掌握与文化理解，从始至终强调深化中华文化认同的重要性。思维品质主要包含语言学习与思维发散之间的相互促进融合，使智力特征得到更好的体现。学习能力则是布局英语学习全过程的核心关键，是情感态度和学习策略的升华与拓展。

以核心素养为中心的《义务教育英语课程标准》（2022年版），对课程理念进行充分展示的同时，也充分体现了课程性质，展示了更为长远的、可实施的、符合现代化教育理念的价值。核心素养的培育与养成，有利于学生养成整合、内化、迁移、重构良好的学习素质，并可长期受益于此，在高阶段学习中更好地运用。

2. 课程内容结构化

传统的外语课程教学过于侧重语言知识的传授，而对学生的实际外语应用能力培养不足。因此，外语课程教学体系的改革应以课程内容为切入点，实现课程内容的结构化。根据学生语言能力的发展阶段，《义务教育英语课程标准》（2022年版）设定了依次递进的学段目标，将义务教育英语课程划分为三个学段。

相较于2011版的课程标准将语言技能和语言知识严格地分项分步阐释运用，注重英语课程的功能性。2022版英语课程标准则更加注重过程性学习，侧重于让学生在不断感知学习语言知识的过程中，构建语言规则，以能够通过学得的语言流畅地表达情感态度为目的，同时也更能体现语言能力目标的完整性。

在此基础上，《义务教育英语课程标准》（2022年版）详细列出了各个学段的课程目标，为我国英语教育的发展指明了方向。

首先，标准强调在语言学习中培养思维发展。语言学习不再仅仅局限于词汇、语法和表达能力的基础训练，而是倡导将思维能力的培养融入其中。学生通过学习英语，可以锻炼逻辑思维、创新思维、批判性思维等多种思维能力，从而提升自身的综合素质。

其次，标准提倡在思维发展过程中提升语言学习效果。这意味着学生需要在掌握语言基本技能的基础上，学会运用所学知识解决实际问题，实现语言能力的实际应用。在这个过程中，学生的思维品质得到进一步的提升，同时也会对英语学习产生更浓厚的兴趣。

最后，标准鼓励学生自主选择与调整语言学习策略。每个学生都有自己的学习特点和需求，自主选择合适的学习方法有助于提高学习效果。同时，学生需要培养合作探究的精神，通过观察与辨析，逐步培养归纳与推断、批判与创新等思维品质。

从核心素养综合表现和课程学段目标角度看，《义务教育英语课程标准》（2022年版）要求英语教学融合内容体系与育人任务，优化课程内容，实现减负增效。从人与自我、人与自然、人与社会等范畴看，《义务教育英语课程标准》（2022年版）要求精选教学材料和相关资源，课程内容以主题为引领，对主题、语篇、语言知识、文化知识、语言技能和学习策略等诸要素进行整合，教学由一系列相互关联的、具有实践性和综合性的活动串联起来。

3. 课堂教学实践性

在英语的教学过程中，我们应该坚持"在体验中学习、在实践中应用、在迁移中创新"的教育哲学。这意味着要在真实的场景和问题中唤醒学生的已有知识并鼓励他们参与到与主题相关的学习、应用和迁移创新等多层次、相互联系的语言学习和应用活动中。在教学活动中，教师需要遵循三个基本原则：学用结合、学练结合和学创结合。

义务教育阶段的英语课程强调以学生为核心，推动其核心素质的成长和发展。基于"语言知识"视角构建英语教学过程模型，有助于厘清教学活动中教与学之间的关系，有利于明确各阶段任务与内容的衔接点，从而提高课堂教学实效。基于此，文章对初中阶段英语教学中存在的问题进行了分析，并从"关注课堂互动""重视自主学习""培养合作精神"等方面阐述了构建初中英语学习活动观的策略。提出的英语学习活动观为课程目标的实现提供了坚实的支撑，同时也为整合课程内容和实施深度教学提供了有效的途径，这是改变学习方法和提高英语教学效果的关键步骤。基于"三维"目标的英语教学应关注学习者自主建构能力、协作探究能力、语言应用能力、文化理解与交流能力这四个方面的发展要求，注重培养学生综合语言技能及跨文化交际能力。

4. "教学评价"一体化

教学评估在促进学生核心能力的培养和成长方面起到了至关重要的作用，它能帮助学生不断地体验到英语学习中的微小进步和成果，全面地进行自我了解和挖掘，进而维持并增强他们对英语学习的热忱和自信。

2022年版的《义务教育英语课程标准》在学业质量方面实施了深刻的改革，这一改革替代了2011年版的《义务教育英语课程标准》中的五级制评估方式。该标准是我国英语学科领域中第一次将学业质量纳入基础教育阶段的教育目标体系之中。新的标准从核心素养的四个主要方面出发，从学习成果的视角，对学生在完成各个阶段的课程学习后的学业表现进行了深入的阐述。

在学业质量的评估中，我们提倡将形成性评价与终结性评价结合起来，并积极寻求一个评价主体多样、评价方法多元且以素养为导向的评价体系。英语学科核心素养包括语言能力、思维品质、文化意识三个维度。这个体系主张通过评估来推动学习和教学，确保评估在英语教学的整个过程中都得到体现。英语学业水平考试是对学生语言能力及综合素质进行测量的重要手段。在这一教学过程中，教师需要高度重视激发学生的主观能动性，引导他们成为评价活动的策划者、参与方和合作伙伴并鼓励他们主动运用评价结果来改善自己的学习方法。

（二）课程与教学的综合化设计与实施

课程与教学的综合化设计与实施是当前教育改革的重要方向，旨在打破学科之间的知识边界，建立不同领域知识之间的关联，培养学生的综合素质和创新能力。课程与教学的综合化设计与实施，不仅有助于提高学生的学习效果，还能帮助教师更好地完成教育教学任务。为此，我们将讨论项目式学习与跨学科学习的内涵及其在教育实践中的应用。

1. 项目式学习

项目式学习（Project-Based Learning）代表了一种独特的教育方法，最初是由美国的教育家凯兹博士和其他教育领域的专家共同提出的。它强调将课程整合到实际活动当中，使之成为一个完整的整体，让学生通过亲身参与实践来掌握知识和技能。这种教学模式是以培养学生的各项能力为核心，而教学活动通常都是围绕着明确的教学目标来进行的。它注重学生综合素质和核心素养的提升，强调通过各种活动引导学生主动参与到课程中来。在这一变革过程中，教师的角色经历了显著的转变，由传统的课堂管理人员演变为学生自我学习的指导者。这一教学方法不仅进一步强调了学生作为教学主体的重要性，还成功地将合作学习法和情景学习法等创新的教学工具进行了全面整合，从而让课堂

语通世界　文润童心
——小学"英语·多语种"课程建设

教学变得更为生动和引人入胜。

项目式学习的核心思想是将教学内容与实际问题紧密结合，使学生能够通过实践探索来提升他们的思考和解决问题的能力。它强调以培养学习者自主学习能力为目标，把教学过程看作一个完整的"项目"开发过程，即从提出问题到分析问题再到解决问题，最后达到形成知识技能和发展智力的目的。在这种教学模式中，教师选择的项目主题既有可能是教学任务，也有可能是教学问题。学生可根据自己的想法选择合适的项目内容，并完成相应的教学任务。

项目式学习所依赖的理论基石涵盖了建构主义学习、多元智能理论以及终身学习的理念。项目化课程是将以上三种理论运用到具体教学活动中形成的一种新型教学模式。这些学术理论都着重于激发学习者在学习过程中的独立学习意识，并鼓励他们通过独立构建知识结构来掌握所需的知识和技能。因此，以"项目"为中心组织课程教学内容是一种新的教学模式。这种方式与传统教育中强调教师传授知识的方式大相径庭，它更符合现代教育理念中对创新实践能力的培养需求。

项目式学习模式允许学生在规定的时间范围内进行选择、规划、提出项目的初步构想，并采用展示等多样化的方式来解决实际遇到的问题。学生在项目式学习中不仅仅是知识的获取者，更是问题的解决者。相较于传统的学习方式，项目式学习在提升学生的实际思维和问题解决能力方面表现得更为出色。项目式学习的本质在于将学科知识与实践相结合，让学生通过实际项目解决问题，从而更深入地理解所学知识。该项目旨在通过与实际情况相融合的实践方法，帮助学生更有效地掌握学科知识，并在这个过程中培养他们的社会情感技能（Social-emotional Skills）。

项目式学习是一种注重提升学生个人学习意识的教学方法，它完全符合小学英语课堂教学的基本标准和要求。将其运用到小学英语教学实践当中，能够有效提升课堂效率和教学质量。在实际的教学活动中，采用英语的项目式学习策略是非常有价值的。本文通过分析目前我国小学英语课堂上存在的问题，提出了基于项目化教学法的小学英语教学策略。特别是在信息技术的助力之下，项目式的学习方法能够显著地点燃学生的学习热情，重新确立学生在学习中的中心角色，并进一步激发他们的创意和想象能力。

经验表明，项目式学习模式下的小学英语课堂不仅有助于提高学生的英语应用能力，使他们能够主动地进行交流和实践，还能激励他们将英语知识有效地应用到日常生活中，实现真正的活学活用，从而培养学生的核心素质。此外，通过开展项目式教学，能够让每个学生都有机会参与教学活动，在合作和自主探究的过程中掌握相应的语言应用技巧。这一措施将确保他们能够实现全面、综合和持久的发展。因此，教育工作者应当持续加强对项目式学习方法的关注，并将其有效地整合到英语课堂教学之中，以便为学生未来的美好生活奠定坚实的基础。

2. 跨学科学习

小学英语课程中的跨学科主题学习实践活动主要围绕英语课程内容展开，以主题为核心，连接各个学科，融合其他学科的知识和方法，以实现全面的学习体验。

跨学科的主题学习活动可以将各个学科的孤立知识连接成一个有机的整体，通过确定主题，可以整合两种或更多的学科知识。这种类型的活动鼓励学生围绕相同的主题进行学习，利用不同学科的知识进行深入探索，让学生在实际操作中掌握相关学科的知识和技巧，培育积极的情感态度，确立正确的价值观，并将这些知识应用于解决日常生活中的问题。

在小学英语课程中开展跨学科主题学习活动，能使学生置身于真实情境中，在完成学习任务的过程中，综合运用英语解决问题，从而提高学生的实践动手能力和创新能力。

（三）满足学生外语学习学用合一需求

《义务教育英语课程标准》（2022年版）强调，英语学习应以学思结合、用创为本为核心理念，倡导在体验中学习、在实践中运用、在迁移中创新的学习方式。这一理念要求学生围绕真实情境和问题，积极参与到一系列相互关联、循环递进的语言学习和运用活动中，以实现对主题意义的探究。在这个过程中，学生不仅需要掌握语言知识，还要学会思考，培养逻辑思维能力；同时，要在实际运用中发挥创造力，将所学知识应用于生活。

传统的外语教学往往过于注重知识传授，而忽视了学生的实际运用能力。为此，我们需要转变教学观念，将学思结合、用创为本作为外语教学的核心理念，以培养具备综合素质、适应社会需求的人才。在此背景下，教师的角色发生了重要变化，他们不仅是知识的传递者，更是引导学生进行深度学习、自主探究的导师。

面对新时代义务教育阶段的培养目标，我们需要关注时代性和责任感，努力培养有担当、有作为的青少年，为我国未来发展储备力量。为了在基础教育阶段落实国家教育政策，为党育人、为国育才，我校坚定践行立德树人的教育使命。在这一过程中，我们要关注学生的全面发展，培养他们的语言能力、思维品质、文化意识和学习能力。通过开展丰富多样的英语学习活动，激发学生的兴趣和潜能，帮助他们树立自信，形成独立思考和解决问题的能力。

第二节 外语教育改革的现实背景

随着全球化的不断深入，外语课程改革已进入新阶段，为适应外语教育新形势，促进外语课程发展逐渐完善，解决外语课程中的实际问题，需要进一步整合外语教育课程，探索外语课堂新样态，培养"多语种+"的复合型人才。

一、外语教育改革面临的现实问题

党的十八大以来，中国特色社会主义进入"新时代"，面向未来，我国的外语教育面临着诸多问题，例如外语课程一直以英语为主，缺乏多语种整合教育；如何在外语教育中培养学生的核心素养；如何发挥外语教育在国际理解教育中的主阵地作用等。

（一）外语课程以英语为主

长期以来，英语课程一直居于外语课程中的主体地位，在以英语课程为主的外语教育中，学生通过学习英语，了解英语国家的人文历史、生活方式、思维方式等，对其他语种国家的优秀文化知之甚少，这不利于学生适应自身终身发展、未来社会发展和全球化发展的需要，不利于拓宽学生的国际视野，培养尊重世界多元文化多样性和差异性的意识。

同时，随着我国基础教育改革的不断深入，《国家中长期教育改革和发展规划纲要（2010—2020年）》第十六章中指出，要进一步加强国际交流与合作。坚持以开放促改革、促发展。开展多层次、宽领域的教育交流与合作，提高我国教育国际化水平。借鉴国际上先进的教育理念和教育经验，促进我国教育改革发展，提升我国教育的国际地位、影响力和竞争力。适应国家经济社会对外开放的要求，培养大批具有国际视野、通晓国际规则、能够参与国际事务和国际竞争的国际化人才。

（二）外语课程缺乏多语种教育

为了进一步提高基础教育的对外开放水平，落实立德树人的根本任务，培养德智体美劳全面发展且具有国际视野的新时代青少年。同时，为了解决外语教育中缺乏多语种教育这一问题，国家在基础教育阶段加强了多语种人才的培养。教育部印发的《普通高中课程方案》（2017年版2020年修订）调整了外语规划语种，外语包括英语、日语、俄语、德语、法语、西班牙语，学校可自主选择第一外语语种，并积极创造条件开设第二外语，努力满足学生差异化外语学习需要。国家关于中小学的外语教育政策逐渐完善，外语教育改革逐步走深走实。

与此同时，随着国家"一带一路"倡议的深入建设以及构建人类命运共同体的需要，在基础教育阶段进行多语种教育，培养"多语种+"的复合型人才是国家的需要，也是时代的召唤。因而我们需要整合外语课程内容，让学生了解和学习不同语种国家的语言、历史、文化、社会习俗，学会跨文化交流，培养学生国际理解能力，使学生初步具有国际视野和人类命运共同体意识。

二、外语教学中的问题

在我们过去十年的教学中也存在着诸多的问题，例如教学目标单一、教学内容碎片化、教学活动机械化、教学资源使用不充足、教学评价形式单一等问题。

（一）教学目标中的问题

《义务教育英语课程标准》（2022年版）中指出义务教育英语课程体现工具性和人文性的统一，具有基础性、实践性和综合性特征。学生能够通过英语课程的学习，发展语言能力，培育文化意识，提升思维品质，提高学习能力。这一核心素养目标体现了英语课程的性质和理念。学生在英语课堂中学习的不仅仅是语言知识，更需要培养文化意识，形成正确的价值取向和思维判断能力。而在过去的英语教学中，我们的教学目标设定存在一些亟须解决的问题。

1. 教学目标设定单一

英语课程中的教学目标应该是多层次的，包含语言知识和语言技能的培养，思维能力的训练，形成正确的态度和价值，了解不同的文化等目标。目前大多数英语教材的单元都围绕某个主题来设计，教材中包括很多围绕该主题的内容知识。但是，很多教师在设置教学目标不能给予这方面知识足够的重视。

目前锦外使用的英语教材是人教版《英语》（新起点）（一年级起），该套教材供小学一至六年级的学生使用，每学期一册，一共12册。该套教材的教学内容以单元为依托，单元的教学内容涉及不同的主题，一二年级为准备阶段，三至五年级为学习阶段，六年级为巩固和提高阶段。以三年级上册 Unit 3

Food 这一单元为例，课时一的教学目标为：

①能够听懂、会说有关食物的七个单词：bread，cake，ice-cream，meat，potatoes，tomatoes，fruit；能在四线三格中规范地抄写上述单词。

②能够用已经学过的句子 Do you like ...? 询问他人是否喜欢某种食物，并能回答他人的提问。

③能够跟随录音大胆模仿说唱本课的歌谣。

这些教学目标围绕语言知识和语言技能的培养，并未涉及思维品质的训练，学习能力的培养等，而《义务教育英语课程标准》（2022年版）中指出，英语课程目标需要围绕核心素养而设立，使得核心素养培养与英语教学相互渗透与融合，共同发展。

2. 教学目标与学生实际水平不相符合

在设定教学目标时，教师需要参考《义务教育英语课程标准》（2022年版）对于每个学段的核心素养目标和特征，也需要考虑学生的认知能力，已有的语言储备，预设在教学中学生可能会遇到的困难等，合理设定教学目标。而在实际的教学过程中，教师往往设定了高于学生的认知能力和语言水平的目标。例如，四年级上册 Unit 2 Sports and Games 故事语篇（Story Time）的教学中，设定了让学生针对故事的结尾，继续进行拓展，续写故事这一目标。

（二）教学内容碎片化

教学内容是教学的核心，教师需要深入分析文本内容，挖掘有限的教材资源，利用学生的生活经验和已知语言结构，选择合适的教学内容，并将教学内容进行合理划分与重组，让教学内容具有关联性，逻辑性，并及时根据课堂教学情况，调整或者增减教学内容。

1. 缺乏单元教学的整体设计

《义务教育英语课程标准》（2022年版）中指出，要推动实施单元教学，形成具有整合性、关联性、发展性的单元育人蓝图。英语课程的教学内容主要聚焦于人与自我、人与自然、人与社会三大主题，教师需要结合教学单元的所属主题范畴，对单元内的各个语篇从 What、Why、How 等角度进行深入解读和分析，将单元内的教学内容进行必要的分割与重组，使得单元内的各语篇内容相互关联，层层递进。例如在三年级下册 Unit 5 Family Activities 的教学中，学生通过学习常见的家庭活动，学会用现在进行时进行提问和表达。而在实际的教学中，教师将 Lesson 1 和 Lesson 2 的教学割裂开来，Lesson 1 只注重家庭活动的语言知识学习和表达，Lesson 2 只注重用句型 He/She is ... 来表达某人正在做什么。教师没有将一二课时的教学内容整合在一起，进行整体教学，学生无法在恰当的语境中理解文本的意义和内涵，也无法做到有效的语言输出。

2. 教学内容过多或过少

教材是语言教学的主要内容和载体，而课堂是学生学习语言的主阵地。在教学过程中，一节课的教学内容取决于学生的课堂整体学习情况，学生在课堂上的即时反馈，语言知识点的难易程度，涉及的相关文化知识等多种因素。一节课的教学内容过多，无法夯实该堂课的重难点，无法对学生进行语言技能的有效培养和语言输出。反之，如果一节课的教学内容过少，会造成课堂教学内容单一、教学容量不饱满等问题。例如，在五年级上册 Unit 4 Shopping Day Lesson1 的教学中，教学内容为：

①学生能够听懂、会说表示学习用品的词汇：exercise book，a box of crayons，pencil box，a pair of scissors，pencil sharpener 等。

②能够用句型 I want to buy a/an _____ 这一句型表达自己想买的学习用品。

从以上教学内容中可以看出，教师介绍了不同的学习用品，大部分都是学生已经掌握的学习用品词汇，学生的语言表达能力较好，同时这一句型 I want to buy a/an _____ 对学生来说也比较简单，在以前的语言教学中也有所渗透。但整节课的教学内容仅限于此，没有在基本教学内容的基础上进行拓展和延伸。教师可以根据本单元的主题 Shopping Day，设置不同的购物场景，激活学生的已有认知，运用不同的主题词汇进行表达，例如在超市、蛋糕店进行购物，让学生运用句型 I want to buy a/an _____ 进行表达，发展学生的思维能力。

（三）教学活动机械化

教学活动是课堂教学的重要组成内容。合理、有前后逻辑联系、难度层层递进的教学活动能够帮助落实教学目标，培养学生的学习能力和思维能力等核心素养。根据课程内容的安排，一个单元的教学内容会涉及对话、访谈、记叙文、说明文、歌曲、歌谣、韵文等不同类型的语篇。以四年级上册 Unit2 On the weekend Lesson 2 的对话教学活动为例，教学内容为：在情景图中，通过 Yaoyao 和 Binbin 摘苹果时的对话，情境化地呈现该单元的功能句型：What do you do on the weekend? I often … 教师在教学过程中采取观察情景图片，猜测人物对话，通过观看视频了解对话内容，梳理 Yaoyao 和 Binbin 的周末活动的方式进行新课讲授，再通过听音跟读、复述等方式进行巩固练习，最后让学生进行小组活动，小组成员之间运用句型 What do you do on the weekend? I often … 进行相互交流。在这堂课中，教师的教学活动单一，只关注教学环节的设计，却没有考虑环节间的内在联系和铺垫，教学活动缺乏层次性，没有让学生使用重点句型在真实场景中进行表达和语言输出。同时在故事语篇（story time）的教学中，在结束新课学习之后，教师总会提问学生 Do you like the story? Why? 这一简单、机械的问题并不适用于每一篇故事，在实际的教学中，有的故事会告知学生人生哲理（龟兔赛跑），有的故事让学生体会到生活的多姿多彩，有的故事让学生体会家人之间的相互关爱等，所以针对不同的故事，教师在教学过程中应该在理清文章脉络和结构的基础上，提出针对性的问题，培养学生的思维能力和学习能力。

教师应基于英语学习活动观分层设计具有综合性、关联性和实践性的各类教学活动，并融合其他不同的学材，整体设计问题链，促进学生在课堂上用真实的语言进行交流，让学生依托不同类型的语篇，在分析问题和解决问题的过程中促进自身语言知识学习、语言技能发展、文化内涵理解、多元思维发展、价值取向判断等[1]。

（四）教学资源不充足

英语课程资源包括教材及有利于学生学习和教师教学的其他教学材料、支持系统和教学环境，如音像资料、直观教具和实物、多媒体软件、广播影视节目、数字学习资源、报刊，以及图书馆、学校教学设施和教学环境还包括人的资源，如学生、教师和家长的生活经历、情感体验和知识结构等。

教材是英语课程的核心资源。教师要充分挖掘教材内容，对每个单元所涉及的主题范畴、语篇类型、文化知识、学科的育人价值等进行深入分析。而由于学生学情的不同、学生的语言技能水平的差异等因素，在教学的过程中，教师未能充分利用好教材资源。例如对单元主情景图的观察，教师往往引导学生从 who、where、when、what、why 等角度进行分析，而缺乏让学生进行自主观察、自主讨论、自主分析的过程。

《义务教育英语课程标准》（2022年版）指出要推进信息技术与外语教学的深度融合，合理运用现代化数字资源。随着互联网的普及和使用，教师要合理利用、创新使用多媒体技术和数字教学资源。同时教师必须清醒地意识到，计算机和信息技术等现代化教学资源只是教学的辅助手段，教师在教学的过程中不能过度依赖多媒体技术，做到适度使用。例如，在教学中一些

---

[1] 宫文胜. 基于英语学习活动观的小学英语语篇教学实践［J］. 江苏教育. 2021（35）：20—25.

年轻教师为吸引学生的注意力，过分追求精美、多样化的教学课件和各类多样的教学辅助软件，使得教学内容过多，教学秩序混乱。同时，教师还要充分利用各种教学资源库，筛选与教学主题相符合的数字资源，开发与教材主题内容相匹配的英语绘本、短剧、歌曲、歌谣等学习材料，满足学生多样化的学习需求。

（五）教学评价形式单一

教学评价应该贯穿课程教学的全过程，评价的方式和手段应该多样化，体现多渠道、多视角、多层次、多方式的特点，包括课堂评价、作业评价、单元评价和期末评价等。

在课堂评价中，我们的教学评价主要通过学生回答问题、小组讨论、自评互评、随堂测试等环节的具体表现，考查学生的语言能力、思维能力等，运用口头、书面、肢体动作等方式给予学生评价和反馈。如口头评价语：Excellent! Good job! Wonderful! 或者书面评价如分发贴纸和盖印章等方式。但课堂评价的主体通常为教师，教师在评价的过程中带有很强的主观性，无法有效评价出学生是否掌握了语言知识与技能，思维能力是否得到训练等。

在作业评价中，我们会采用抄写、听写单词，完成书本上的 Let's check 板块、完成单元练习单等方式了解学生对所学内容的理解程度和语言能力的发展水平，

在具体实施过程中，由于学生的个体差异较大，班级之间的学情各异，学生学习需求和认知特点的不同，作业评价的实施难度较大，反馈时间较长，学生的作业完成度不高。

在终结性评价中，学生通常通过完成试卷的方式参与终结性评价。终结性评价应该覆盖整个学期的课程目标和课程内容，有效考查学生的核心素养发展水平。语言应该尽可能鲜活、真实，考察内容应该贴近学生生活，情境和任务应为学生所熟悉，体现语言交际的真实性。在具体的实施过程中，我们的考查内容多以单纯的记忆和语言的机械训练为主，较少体现对学生多元文化理解、跨文化交流意识和能力、积极向上的价值追求和健康的审美情趣等素养的考查。

教学评价应该是将课堂评价，作业评价等过程性评价与终结性评价有机结合，并通过故事创编、调研采访、海报制作、戏剧表演、师生面对面交流等方式，拓宽教学评价的方式和渠道。

除了在教学过程中出现的诸多问题，通过问卷调查和访谈，我们也了解到一线教师们在教学时遇到的实际困难，如图 2-1 所示，主要有缺乏课程资源、

课程时间安排不合理、第二外语水平有限、自身缺乏跨学科教学理论与方法、学生缺乏展示的平台、难以调动学生学习积极性等，这些问题都需要在对外语课程的改革和研究中得以解决。

选项	小计	比例
难以调动学生学习积极性	10	45.45%
课程时间安排不合理	6	27.27%
自身的外语水平有限	13	59.09%
缺乏课程资源	18	81.82%
学生缺乏展示平台	9	40.91%
校内外缺乏学习氛围	7	31.82%
自身缺乏跨学科教学的知识储备	10	45.45%
教学内容单一，难以提高学生的综合素养	5	22.73%
本题有效填写人次	22	

图 2-1　教学时遇到的实际问题

第三节　回应学生多语种学习的需求

随着全球化的发展，跨国交流日益频繁，多语种的学习可以让学生有更多感受世界不同文化的机会，提高学生的认知能力，更好地理解不同文化的人和事物。以课程标准为导向，以校本化发展为基石，通过体验不同类型的文化活动，提升学生的核心素养，培养世界小公民。

一、开展前期调研，发现学生普遍愿意学习多语种

在当今全球化时代的背景下，"世界是多元的"这一观念已深入人心。随着跨国交流与合作的增多，学习多语种已经成为越来越多学生的重要需求。为了更好地满足学生学习多语种的需求，我们对全校学生进行了多语种学习的调查。

（一）学生有开拓国际视野的意愿

在学生调查问卷中，我们发现 92.81% 的学生愿意学习多语种课程，如图 2-2 所示；96.67% 的学生认为学习多语种有助于提升自身人文素养，如图 2-3 所示，这可以帮助他们更好地了解世界各国不同的文化和生活习惯。我

们所生长的文化背景不同，对世界其他文化的认知有所不同，甚至在很多时候，文化差异成为交流的阻碍。学习多语种有助于打破这种屏障，培养学生缜密的思维习惯、开放的文化意识，帮助其更为细致地观察自然和社会，也让学生更好地理解其他国家的文化和生活方式；调查发现，学生对学校开设的日语、德语、西班牙语、法语、俄语都比较感兴趣，如图2-4所示；希望能在多语种学习中达到一定的程度，学习多语种可以极大程度地提升学生的多元化知识技能，开拓学生的国际视野，树立世界眼光。

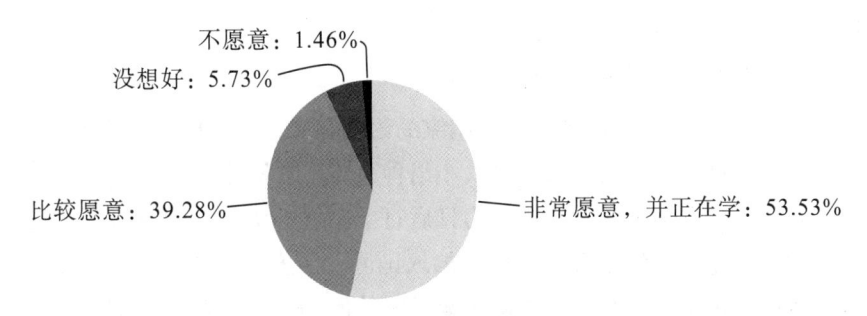

图2-2 学生学习多语种意愿

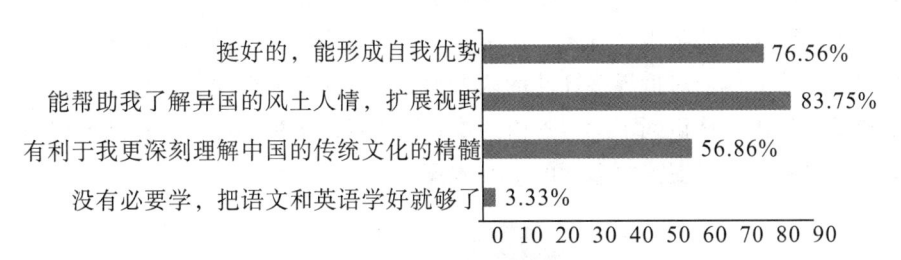

- 不愿意：1.46%
- 没想好：5.73%
- 比较愿意：39.28%
- 非常愿意，并正在学：53.53%

图2-3 学生对学习多语种理解情况

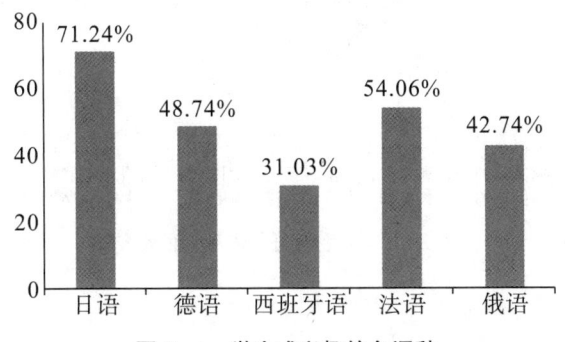

- 挺好的，能形成自我优势：76.56%
- 能帮助我了解异国的风土人情，扩展视野：83.75%
- 有利于我更深刻理解中国的传统文化的精髓：56.86%
- 没有必要学，把语文和英语学好就够了：3.33%

图2-4 学生感兴趣的多语种

- 日语：71.24%
- 德语：48.74%
- 西班牙语：31.03%
- 法语：54.06%
- 俄语：42.74%

（二）学生有了解多元文化的意愿

在"多元世界"的时代背景下，不同文化之间的交融变得愈加紧密。多元文化成了一个热门话题，人们越来越意识到多元文化的重要性和价值。每一种文化都有其自身的价值观、习俗、传统、语言、生活方式等，不同文化的存在为人们在多元文化中学习和交流提供条件，从而促进了文化的发展和进步。调查发现，17.04%的学生想要深度了解不同国家的语言和文化，并在多元文化中体会中华文化的独特魅力，对本土文化保持高度的文化自觉与文化自信，踊跃包容、吸收外来优秀文化。在多元文化的交融中，产生新的观念和创意，激发个人的创造力和创新精神，为学生未来的良好成长夯实基础。

（三）学生有提升语言能力的意愿

30.09%的学生想深度了解不同国家的语言和文化，形成较强的语言能力。随着"一带一路"建设的快速推进，小语种人才需求呈井喷态势，小学多语种的学习有助于激发学生学习热情，为日后打下坚实的语言学习基础，如图2-5所示；同学们希望在外语学习中，加入国际交流和展示等元素，如图2-6所示，通过文化交流，有助于更深入地了解其他文化的价值观、传统习俗和生活方式，消除误解和偏见，促进友好关系的建立。校内外展示活动可以让学生接触到不同文化的艺术、音乐、文学、历史和地理等方面的内容，拓宽他们的知识面，培养他们对世界多样性的认识和尊重。通过分析问卷，可以得出学生喜欢学习外语，认识到了学习外语的重要性，对多语种学习有一定的要求和期待，自身的全面发展需要多元的学习体验。

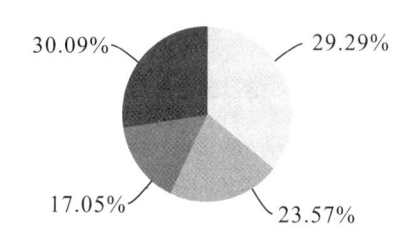

简单了解不同国家的语言和文化，能参加丰富的语言实践活动
了解不同国家的语言和文化和更多的外语学习方法
深度了解不同国家的语言和文化，并由多元文化中体会中华文化的独特魅力
深度了解不同国家的语言和文化，形成较强的语言能力，为日后打下坚实的语言学习基础

图2-5 学生学习多语种后的期待

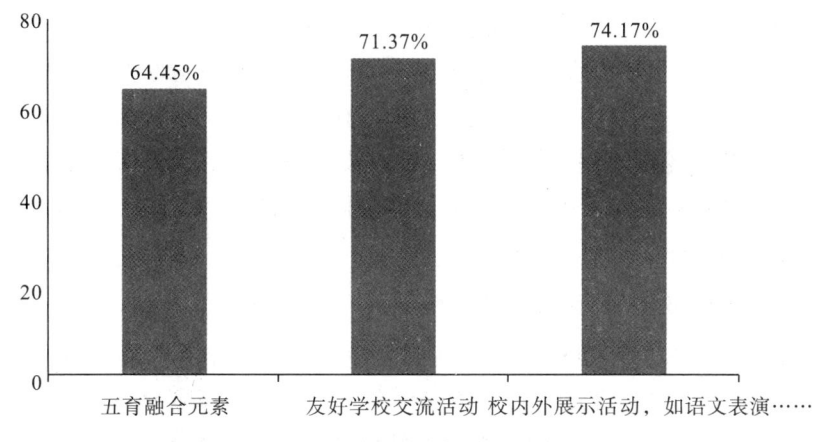

```
80                               74.17%
                    71.37%
        64.45%
60

40

20

 0
      五育融合元素    友好学校交流活动  校内外展示活动，如语文表演……
```

图 2-6　学生感兴趣的课程内容

二、开展各项多语种活动，提高学生综合素养

在进行深入调查后，前期开展的主题统整的"英语·多语种"体验式活动中，学生通过亲身体验把语言学习和实践活动融合起来，对不同文化的内涵有所体验，有助于提升他们的价值取向与思维方式。

（一）通过多语种活动，培养开放性思维

通过各项多语种活动，学生能够了解和尊重不同观点，主动学习并提升自己的认知能力。宋海瑞同学（3.16班）在参加了学校多语种外语学习后感慨道："我们了解了不同国家的历史和文化，十分精彩有趣。比如法国，法语很难但是很好听，他们用餐时居然首先要喝一杯开胃酒和一杯红酒，再上前菜、主菜，十分讲究。日本人用餐时会双手合十，说一句'我开动了'以表达对食物和食物准备者的感谢。日本十分注重礼仪，日本的道路是没有红绿灯的，那小朋友过马路怎么办呢？他们会招手示意司机，司机会及时停车避让，小朋友也会鞠躬表示感谢。"学生在实际活动中，吸取不同文化的智慧，拓宽自身的知识面，并学会尊重文化的差异，理解不同的立场和观点，以开放的思维促进个人长远的发展。

（二）通过多语种活动，提高文化修养

在各项多语种活动中，学生能够了解各种文化形式、学习多种语言、阅读经典文学作品。阅读是我们认识世界的重要途径之一，学生通过阅读不同书籍，感受不同的人文风情，提升语言表达能力，进而增加自身文化修养。李佳芯同学（5.13班）通过"中外人文交流"学习，了解了法国的地理位置、美

食、文学作品、电影、体育等方面的内容。其中，她最喜欢的是文学作品方面的内容。例如，《丁丁历险记》《小王子》《海底两万里》，这些作品让她深深地感受到了外国人的智慧与传统文化，书里，有很多是值得学习的。而在学习美国文化时，她印象最深刻的是美国的节日，如复活节。美国人有自己节日的习俗，中国人也有自己节日的习俗，而我们要做的则是相互学习、应用、推广、宣传，而这也是学习的真正目的。

（三）通过多语种活动，提升知识水平

除此之外，我们还根据学生不同的兴趣特点，设计了情景表演、作品展示、才艺展演类活动。排演日语剧的学生在完成演出后这样说道："戏剧排演过程中，我们进一步掌握了日语单词的结构特征和发音方式，积累了更多的日语句型，对日本人含蓄、内敛等性格特征也有了更深刻的认识。同时，通过排练，我们对角色的领悟进一步加深，表演时的肢体语言、情绪神态也更加饱满生动。除了认真努力塑造自己的角色之外，我们也积极帮助排演老师设计其他角色的台词动作、服饰道具等，充分发挥了互帮互助的合作精神。经过多次排练，我们明白这部剧告诉大家学习无法一蹴而就，更不能靠投机取巧的小聪明，而是要靠点滴的积累和坚持不懈的努力，才能获得真正的成功。"这些主题统整的"英语·多语种"体验式活动锻炼和培养学生艺术表演、语言表达和沟通合作能力，增强学生自信心和成就感，提升学生整体知识水平，提高综合素养。

三、契合课标、学校、学科目标，凝聚育人合力

对于多语种的学习，学生不仅有明确的学习意愿，在各项多语种活动中也切实提升了学生的综合素养。学生对于多语种学习的需求与《义务教育英语课程标准》（2022年版）、学校的培养目标和学校外语课程学习目标相契合，三位一体，协同育人，形成合力。

（一）契合《义务教育英语课程标准》（2022年版）目标

《义务教育英语课程标准》（2022年版）提出通过外语学习，要培养学生语言能力、文化意识、思维品质和学习能力等核心素养，促进终身学习能力的发展，成为具有家国情怀、国际视野以及能够开展跨文化沟通与交流的人。通过前期调研，学生想要提升语言能力、了解多元文化、开拓国际视野的学习需要，与外语课程目标相契合。各语种课程标准还指出学习多语种可以让学生了

解更多国家文化和思维方式，形成更为开阔的国际视野，与此同时学生可以更好地认识自己的文化身份和价值观，并且相信自己在跨文化交流中能够做出积极的贡献，对培养学生世界公民意识、全球胜任力、多元文化理解都有所裨益。

（二）契合学校培养目标

学生多语种学习的需求与学校的育人目标相契合。锦外致力于培养仁心宽厚、学养广博；变通灵动、智慧成长；个性发展、追求卓越；契合时代、多元融合的新时代青少年，针对不同的学习需求，学校设立"宽"课程（基础类）、"灵"课程（拓展类）、"卓"课程（综合实践类），夯实学习基础，丰富学习体验。锦外践行"情系中华魂，融汇四海心"的办学理念。引导学生积淀文化底蕴，建立民族认同感和荣誉感，树立文化自信，为实现中华民族伟大复兴的中国梦而不懈努力。与此同时，我们鼓励学生走出校门、走出国门、走向世界，拓宽国际视野，融合世界多元文化，构建人类命运共同体，成为具有全球胜任力的新时代青年。

（三）契合学科课程目标

学生多语种学习的需求与学校外语课程学习目标相契合。在构建"英语·多语种"课程目标体系时，我们提出了"语通世界　文润童心"的外语教育新理念。发展语言能力、培养文化意识、提升思维品质、提高学习能力，促进学生终身发展。针对多语种学习，不同阶段的学生有不同层面的需求，这也与锦外细化学段素养目标相契合。围绕语言能力、文化意识、思维品质、学习能力四个方面，学校将外语学习细化成了三个学段，不同学段结束时将会达成不同的学业成就。基于此，为了满足学生多样化的多语种学习需求，学校根据不同的主题内容和学段素养目标，进一步制定子主题，把语言学习与品格培养、思维发展、体质健康、艺术才能、劳动实践融合在一起。

基于落实中外人文交流育人和顺应国家外语教育改革这一政策，解决外语课程和教学中存在的困难和问题，满足学生多语种学习需求，帮助一线教师解决在教育教学中的实际困难，学校主动作为，构建指向学生核心素养发展的外语课程，开展多语种教育，加强课程融合，优化实施方式，为培养德智体美劳全面发展且具有中国情怀、国际视野和跨文化沟通能力的新时代青少年而努力。

第三章 理论探索

为扎实推进"英语·多语种"课程建设和外语教育发展研究，学校外语组以二语习得理论、外语教育、多元文化、全球胜任力、新课标核心素养为切入点，广泛查阅相关理论研究，奠定扎实的理论研究基础，从而精准定义"英语·多语种"课程、课程综合化实施、主题统整三大核心概念，并针对主题统整课程设计研究、小学外语和多语种教学研究、课程综合化实施相关的外语教育发展现状做了全面的国内外调研分析。在深度的理论探索和研讨之下，明确了构建外语课程体系、探索课程实施路径、强化外语课程资源建设、发展外语教育观和学习观的研究目标和研究内容，并制定了以行动研究为主的科学有效的研究方法。

第一节 研究设计

外语组从"英语·多语种"课程建设与外语教育发展研究出发，深入研究政策背景，确定了"英语·多语种"课程、课程综合化实施、主题统整三大核心概念，并做出科学详尽的阐释；分别以主题统整课程设计、多语种教学、课程综合化实施为关键词搜索参考文献，分析国内外研究现状；确定外语教育主张的课程研究目标和研究内容；以学生和学校发展为目标导向，针对外语课程建设中存在的问题，确定研究的核心问题与方向；聚焦课程的综合化实施这一核心问题，围绕课程建设与实施、课程资源展开讨论并确定研究内容和方法。

一、核心概念

外语组确定了"英语·多语种"课程、课程综合化实施、主题统整三大核心概念，并做出阐释。

（一）英语·多语种课程

英语即国家英语课程。作为义务教育阶段的必修课程，英语承担着培养学生基本学科素养，发展学生思维能力，提高学生综合人文素养的任务。小学英语课程具有基础性、实践性和综合性的特征，学习和运用英语有助于学生了解比较不同文化，吸取文化精华，逐步形成跨文化沟通与交流的意识和能力，以此涵养家国情怀，坚定文化自信，并学会客观、理性看待世界，从而为学生终身学习、适应未来社会发展奠定基础。

多语种课程指锦外整合各种教育资源，在全校范围内以必修和选修相结合的形式开展日语、德语、法语、俄语和西班牙语学习课程。多语种课程的开展，有利于义务教育阶段学生拓宽国际视野，了解多元的文化，培养缜密的思维习惯、开放的文化意识，帮助其更为细致地观察自然和社会，增强文化理解力和民族自信心，从而树立兼容并蓄的多元文化观，实现跨文化沟通和交流。

"·"体现融合理念。学科融合既是学科发展的趋势，也是产生创新性成果的重要途径，更是培养复合型高层次创新人才的要求。学科融合主要包括课程内容和学习方式的融合。前者是指跨越学科界限，打破学科壁垒，参照英语课标中的主题，整合英语和多语种内容，外语与其他学科内容构建课程。后者是指拓展学习空间与学习方法，强调"知行合一、学用结合"，培养学生实践应用能力。将英语和其他语种学科之间的元素进行整合和交叉运用，有统整，有主次，有多门学科知识的融入，更要有主导学科的个性和特质。在有效化解教学难题的同时，更好促进学生综合素质和创新能力的提高。

（二）课程综合化实施

课程综合化实施并不是具体的某一种实施课程的方式或方法，而是中小学为落实国家课程改革的理念和要求，在学校层面上推进课程建设的行为方式的总称。即学校根据办学理念和育人目标，在调整课程结构的基础上，整体设计课程体系，对教学科目进行跨学科的整合与落实，并将综合化的课程要素转化为学生的学习经验，从而发展其对世界的整体性认知。学校根据"情系中华魂，汇聚四海心"的办学理念和育人目标，调整外语课程结构，整体设计主题统整的"英语·多语种"课程体系，探索并实践"英语·多语种"话题式教学、"英语·多语种"体验式活动，优化外语课程建设。

（三）主题统整

主题统整性教学的前提条件是凝练合适的教学主题，从而开展基于主题意义的深度探究学习，让学生的知识学习意义化。主题统整性教学指向学生核心素养发展，确定"生活与学习，做人与做事，历史、社会与文化，社会服务与人际沟通，科学与技术，自然生态"六大主题，以主题意义为统领，形成"主题—子主题—话题"的结构，以单元的形式呈现，把语言学习、文化体验和实践活动融合起来，帮助学生体验文化内涵，确立价值取向和思维方式，形成结构化认知。

二、研究现状

学校外语组分别以主题统整课程设计、多语种教学、课程综合化实施为关键词搜索，截至2024年1月31日在中国知网进行搜索的结果如下："主题统整课程设计"搜索共计文献155条；"多语种教学"搜索共计文献270条；"课程综合化实施"搜索共计文献79条。

（一）主题统整课程设计研究

"统整"一词最早出现在哲学领域，赫尔巴特将这一概念引入教育学。1937年，"课程统整之父"霍普金斯发表著作《课程统整：理论与实践》，标志着"课程统整"正式作为独立的研究问题进入课程研究领域。霍普金斯认为课程统整应该以儿童为中心展开。[①] 卡斯维尔也提出课程统整要以学生为中心，同时要遵循学科知识间的内在逻辑。[②] 20世纪50年代后，美国开展了基于分科教学的课程改革，课程统整研究进入了衰退期。20世纪80年代末90年代初，随着国际形势的变化和对人才需求的改变，课程统整研究受到了广泛的认可，由此迎来了新阶段，并开始了系统的发展。美国著名课程统整专家詹姆斯·比恩（2003）继承了霍普金斯等人的观点，将课程统整分为知识统整、经验统整、能力统整和社会统整四个维度。[③] 我国关于课程统整的研究始于台湾地区。早在20世纪80年代，我国台湾地区就开始了基于统整课程的课程改革，旨在实现学生的全面发展。学者黄甫全将"课程统整"引入，他认为课程应以主题为导向，不再局限于某个单一学科。[④]

根据价值取向不同，课程统整可以分为儿童中心统整观、学科中心统整观

---

① Hopkins, L. T. Integration: Its Meaning and Application [M]. New York, NY: Appleton-Century, 1937: 43.
② 王飞, 亓玉慧, 王晓诚. 美国基础教育课程整合的百年变迁与启示 [J]. 福建师范大学学报（哲学社会科学版）, 2016 (5): 161-172.
③ Beane J. A. 课程统整 [M]. 单文经, 等译. 上海: 华东师范大学出版社, 2003: 9.
④ 黄甫全. 整合课程与课程整合论 [J]. 课程·教材·教法, 1996 (10): 6-11.

和社会中心统整观。儿童中心统整观强调儿童的兴趣和儿童的发展需求在课程中的重要性,"课程统整之父"霍普金斯是这一观点的代表人物。学科中心统整观主张打破学科界限,注重学术性知识在课程中的作用,代表人物有雅克布斯。社会中心统整观关注学生自身和社会现实的联系,代表人物有瓦尔斯和詹姆斯·比恩。这三种统整观之间并不是割裂的关系,而是相互融合、相互促进。刘登珲(2020)认为课程统整的综合价值应该是这三者的有机整合,旨在实现学科教学价值、育人价值和社会价值的有机统一。①

"统整"不仅仅是一个教育观念,也是一种课程模式和路径。威特默尔(1989)认为课程统整"是通过主题活动打破相关学科边界,调动学生的参与性,培养学生综合能力的一种途径"。② 关于课程统整模式的研究也是多种多样,大致可以概括为:科内统整、科际统整、跨学科统整和超学科统整这四种。根据学生的学习参与程度,爱德华(1995)将课程划分为:传统分科课程、多学科和科际整合课程。③ 基于学科间的关系,雅克布斯(1989)将科际统整细分为交叉学科统整、多学科统整和融合学科统整。④ 从学科内统整、跨学科统整和学习者出发,福格蒂(1991)对课程整合模式进行了拓展,共有十种,分别是分立式、联立式、巢穴式、关联式、共享式、网状式、线串式和跨科式、浸入式和网络式。⑤

国内学者对课程统整模式的研究主要基于国外相关理论,对其进行总结和延伸。靳玉乐(1996)将课程统整分为四类:学科内的统整、学科间的统整、以社会问题为导向的统整、以学生兴趣为基础的统整。⑥ 为了加强学科间的联系,徐玉珍(2002)将课程统整细化为六类,除了以上四类,还增加了统整日和现场教学的课程统整。⑦

随着新课程改革的深化,课程统整研究在我国受到了更多的关注。我国学者对课程统整的研究,以跨学科主题教学设计与实施为主。高慧珠(2010)认

---

① 刘登珲. 课程统整的概念谱系与行动框架 [J]. 全球教育展望, 2020 (1): 40—45.
② Witmer, L. A Compendium for the Keystone Integrated Framework [J]. Association for Super vision & Curriculum Development Cited in T, 1989: 99.
③ Brazee, E. N. & Capelluti, J. Dissolving boundaries: Toward an integrative curriculum [M]. Columbus: National Midelle School Association 1995.
④ Jacobs, H. H. Interdisciplinary curriculum: design and implementation [R]. Alexandria: Association for Supervision & Curriculum Development, 1989: 13—18.
⑤ Fogarty, R. 10 Ways to Integrate Curriculum [J]. Educational Leadership, 1991, 49 (2): 61—65.
⑥ 靳玉乐. 论课程的综合化. 基础教育研究 [J]. 1996 (5): 19—22.
⑦ 徐玉珍. 从学校的层面上看课程整合 [J]. 课程·教材·教法, 2002 (4): 25.

为主题是联结儿童生活经验和学科知识、整合不同学科知识的纽带和桥梁。①韩曜阳（2018）强调，以主题的形式整合教学资源，培养学生的学习兴趣，进而实现学生的全面发展，也为多语种课程统整提供了借鉴。②很多学者以"主题"为中心开展课程统整，这样的方式不仅明确了课程统整的教学方向，还明确了学生的学习方向。

2022年，义务教育课程方案和课程标准（2022年版）（以下简称"新课标"）发布，突出了课程的育人导向，以培养学生核心素养为目标。作为发展核心素养的有效路径，关于课程统整的研究也越来越多。同时，"新课标"指出，要"设立跨学科主题学习活动，加强学科间相互关联，带动课程综合化实施""原则上各门课程用不少于10%的课时设计跨学科主题学习"。因此，探究跨学科主题教学具有很大的现实意义和价值。

（二）对多语种教学的研究

在全球化背景下，语言多样性和跨文化交流日益重要，多语种教育成为培养具有全球胜任力的学生的重要途径。国内外学者围绕多语种教学的意义价值、教学策略等方面展开了研究，取得了丰富的研究成果。

1. 多语种教学的意义价值研究

作为全球通用的语言，英语在科技、商贸等领域占据着至关重要的地位。但随着全球交流的不断深入，单一的语言已不能满足不同文化、不同背景的人们之间的交流需求。多语种教育与跨文化传播将在推动多样文化之间的交流与合作中扮演不可或缺的角色，它不仅传授不同语种的语言知识，更培养学生在不同语境下进行有效交流的能力。洪虹（2023）认为，多语种教育它有助于促进跨文化交流。通过学习不同语言，学生能够更好地理解不同文化的背景和思维方式，从而更容易与来自不同国家和地区的人建立联系，促进国际合作和交流。其次，多语种教育能够提高学生的综合素养。掌握多种语言意味着能够更深入地理解和探索各种知识领域，拓宽了个人的学术视野。最后，多语种教育也有助于提升个人的职业竞争力。在许多国际化的企业和组织中，多语种能力被视为一个重要的优势，能够使个人在职场中脱颖而出。多语种人才储备也逐渐与国家语言能力和综合国力休戚相关。③我国"一带一路"倡议的有序推进

---

① 高慧珠. 课程统整中主题内容开发的内涵、模式及策略[J]. 课程与教学，2010（2）：45.
② 韩曜阳. 课程统整视阈下幼儿园主题活动设计与实施的行动研究[D]. 重庆：西南大学，2018.
③ 洪虹. 英语教育与跨文化传播：推动多语种、多文化交流的教育策略及实践[C]. 延安市教育学会第四届创新教育与发展学术会议论文集（二），延安：延安市教育学会，2023：9.

以及"人类命运共同体"的稳步构建,更凸显了语言作为实现各国民心相通的纽带而扮演的重要角色(赵阳,2017)。①

2. 多语种教学的教学策略研究

为落实习近平总书记提出的"参与全球治理需要一大批熟悉党和国家方针政策、了解我国国情、具有全球视野、熟练运用外语、通晓国际规则、精通国际谈判的专业人才"精神,上海外国语大学在国内高校中率先提出了"多语种＋"卓越外语人才培养的构想(上外新闻网,2015)。新文科建设背景下,邓世平和王雪梅(2020)认为,学校应首先树立新的外语人才培养目标,以国别区域为导向,破除学科壁垒,加强学科交叉融合,形成以外语为根基的新的融合型专业方向。汪燕(2020)认为,扩大外语教育语种,提供更高端尤其是融合专业、学科、语言为一体的"多语种＋专业"的复合型人才,在学生价值观的培养方面融入人文通识教育成为当前我国外语教育亟须解决的问题。郑咏滟(2021)结合教育部近年来提出的新文科建设要求,提出多语种教师应转变身份,成为多样性知识建构的参与者,在新文科提倡的交叉融合框架下积极开展以问题为导向的跨学科研究,并充分利用社会网络资源与其他语种教师开展联合研究。赵程斌(2021)提出了构建以"跨文化、多语种、跨学科"为核心的校本课程体系。

不少专家则认为,多语种教育不应该成为英语教育的补充,而应该成为与英语平级的第一外语学科。北京外国语大学刘建教授强调,尤其在初中阶段,最符合实际的培养模式是"英语＋多语种"。徐锦芬、杨嘉琪(2022)认为,在制定多语教育政策时,应考虑以下几方面。第一,结合"一带一路"沿线国家的特点,充实我国外语教育语种的多样性。要特别关注小语种多语人才的培养,做好面向我国周边国家、地区语言的外语教育规划;第二,应利用好学生的语言学习关键期,在低学龄阶段及时引入多语教育,并确保各语种教育在中学和大学阶段的延续性,提升多语种人才培养效率;第三,制定科学的多语言能力测评标准,关注学生在多语言意识和学习策略等方面独有的认知优势,将师生一起纳入评价主体,实现评价的全面性和客观性。② 与此同时,国外对于多语种教学的相关内容也进行了明确阐述。英格兰政府颁布的《全民的语言:生活的语言——英格兰战略》(*Languages for All:Languages for Life——A*

---

① 赵阳. "一带一路"背景下的多语种人才培养研究[M]. 北京:社会科学文献出版社,2017.
② 徐锦芬,杨嘉琪. 国外多语教育及其对我国多语种人才培养的启示[J]. 语言政策与语言教育,2022(1):1—10.

Strategy for England）中确认了语言技能为"终身技能"（life skill），指出其在商业、娱乐领域以及促进文化理解方面有重要作用。南安普顿大学的 Roumyana Slabakova 教授（2021）提到，乔姆斯基关于人类语言能力和语言如何习得的思想和工作开辟了一个新的领域，在此基础上建立了一个全新的非母语习得框架：生成式第二语言习得。他认为每个儿童的大脑，天生就具有学习语言的能力，称"语言习得机制"。南特大学应用外语系主任 Marie-Françoise Narcy-Combes 教授（2019）认为，多语言主义是指为了交流和参与跨文化交流而使用语言的能力，即一个人作为社会中介，在不同程度上精通几种语言并具有不同文化的经历。

（三）对课程综合化实施的研究

北京师范大学的杨明全（2018）认为课程综合化实施是我国基础教育课程改革和实践创新的产物。它总体上属于课程实施的范畴，但又因"综合化"而彰显出独特的价值。课程综合化实施的三条基本路径是：三级课程整合、跨学科教学设计与整合、主题性课程单元设计与实施。课程综合化实施要求加强各学科之间的联系，进行跨学科的教学设计，整合不同类别的课程，从而完成课程整合。[①] 江苏省兴化市昭阳湖初级中学的陈余勇（2021）认为根据整合程度的不同可将综合课程分为相关课程、融合课程和经验课程。在具体实践上，可以将其简化为学科+的设计模式，即学科+学科，学科+实践，学科+互联网。李茜（2021）则认为，在课程综合化实施过程中是以问题或是主题为核心，不仅注重学生基本知识的掌握，同时也关注学生基本能力的形成。

在具体实施中，成都冠城实验学校通过"化—联—跨—展"路径，进行课程转化与融通、学科内容联结与联动，寻求学科课程的内在联系，实现不同学科学习领域和目标相互渗透融合。基于学科思想、学科关键问题、学科核心素养目标，通过对整个学科知识体系的精简、补充、加工、整理，建构教学思路，形成基于学科又超越学科、关注学生创造性与突出个性的学科知识体系。[②] 重庆市巴蜀小学校在项目学习研究中（张超，2017），以项目学习促进学科课程综合化实施，有效地在分科课程与项目综合实施间建立起目标融合、内容整合的链接。巴蜀小学（陈时见，邵佰东，潘南，2019）还以立德树人为导向，对学科的育人目标进行校本化建构和有效提升。一方面，以原有学科为主，注重发挥各自学科独特的育人功能；另一方面，加强跨学科的教育活动，

---

① 杨明全. 课程综合化实施的理论旨趣与实践路径 [J]. 教育学报 2018，14（6）：57—64.
② 许丽萍. 素养导向的中小学课程融创与学习重构（中）[J]. 教育科学论坛，2023（19）：66.

充分发挥学科间综合育人功能，培养学生的综合素养，提高学生综合分析问题和解决实际问题的能力。[①] 巴蜀小学（江莉，董顺，李方红，2020）"基于科学育人功能的课程综合化实施与评价"指出"学科＋学科"是课程综合化实施的重要路径。这里的综合化不仅指学科简单相加，而是基于"半构化、互生性、过程性与融通性"三大目标的理念革新。杭州师范大学附属丁兰实验学校（谢丽红，2021）在遵循教育规律，弱化课堂边际，打破单科教学模式的小学教育综合化大趋势的推动下，探索如何通过校本课程促进多学科融合，建构了"跨学科""融学科"和"超学科"三类多学科课程融合递进样式。成都市高新区教育发展中心（2020—2022）针对该区中小学学科课程综合化实施发布了具体的指导意见。即学校应以"学科基础课程—学科拓展课程—跨学科综合课程"为主要线索推进学科课程综合化实施。成都市实验小学（刘晓虹，赵晓，张晓瀛，于露，徐晓竹，2021）形成和构建的"小学生·大课程"课程理念与体系，其本质是"全学科"意识与实践，全学科综合化实施的主要路径：其一是教研团队合力，开展学科品牌建设；其二是全学科均衡发展，培养学生学科素养；其三是学科内外联系，促进全学科综合化实施；其四是探索综合性评价，增强全学科综合化学习效果。

综上所述，国内外关于多语种外语学习的研究涵盖中小学至高等教育阶段，研究内容主要集中在多语种课程架构、多语种教学模式以及课程综合化实施等方面，总体看来这些研究较为全面且有针对性。但针对小学一线多语种教学的研究较少，涉及"英语＋多语种"课程综合化实施的内容也比较匮乏。我国基础教育阶段的多语种教育发展正处于起步阶段，可供借鉴的经验较少。课题组期望通过研究，学习各国、各地区多语种课程建设的经验成果，取长补短，促进学校外语教育的长远健康发展。

三、研究目标和内容

在深度的理论探索和研讨之下，外语组明确了构建外语课程体系、探索课程实施路径、强化外语课程资源建设、发展外语教育观和学习观的研究目标和研究内容。

---

① 陈时见. 学科课程综合化的建构与实施——重庆市巴蜀小学校学科育人的创新路径[J]. 中国教育学刊，2019（12）：6—10.

（一）总目标

在大力推进中外人文交流和新课程标准（2022年版）颁布的背景下，我们立足学生外语学习实际，采用"主题—子主题—话题"的统整方式，通过"英语·多语种"话题式教学和"英语·多语种"体验式活动，探索小学"英语·多语种"课程综合化实施逻辑与方式、途径与策略，建立"语通世界　文润童心"的外语教育观、"融·和"的外语课程观、主题统整的外语教学观，发展"学思结合、用创为本"的学生外语学习观，"宽学　灵研　卓行"的外语教师专业发展观。

（二）具体目标

（1）整合英语、多语种和学科课程，系统构建小学主题统整的"英语·多语种"课程体系，确定课程目标、课程内容、实施措施、评价体系和保障制度。

（2）探索主题统整的小学"英语·多语种"课程综合化实施路径。

（3）建设并发展具有专业性、科学性、多样性、实践性的小学"英语·多语种"课程资源。

（4）培养教育理念先进、专业素养全面、教学方法灵活的"英语·多语种"教师队伍。

（三）研究内容

（1）开展主题统整的小学"英语·多语种"课程目标、内容、实施与评价研究。提炼课程理念，制定课程目标，校本化解读课程目标和学段目标，构建课程结构，形成"主题—子主题—话题"序列内容，探索课程实施、评价和保障的策略与措施。

（2）推进主题统整的"英语·多语种"课程综合化实施路径的实践研究。基于课程综合化提升学生综合素质的基本理念，关注学生课堂学习和课外活动，以主题为引领，探索"英语·多语种"话题式教学和"英语·多语种"体验式活动策略，从课程目标、结构与内容、实施方式与评价体系等方面进行结构化改革，促进小学生综合素质的培养，实现育人价值。

（3）强化外语课程的资源建设研究。以实用性、开放性、科学性、适应性为原则，积极适应大数据信息时代，有效运用"互联网+"，并积极与社区、高校、社会和国际友好学校合作，拓展信息获取的广度和深度，探索整合社区、高校、社会和国际友好学校资源，建设外语课程的路径与策略。

（4）助力外语教师队伍专业化发展研究。利用学校、区级和市级教研平台，探索教师在课程建设、课题研究、课堂教学、跨文化交际、跨学科教学和传统文化素养方面专业发展的措施。

四、研究思路与方法

课题依据教育政策，以学生和学校发展为目标导向，针对外语课程建设中存在的问题，确定研究的核心问题与方向。聚焦课程的综合化实施这一核心问题，围绕课程建设、实施与课程资源讨论并确定研究内容和方法，如图3-1所示。

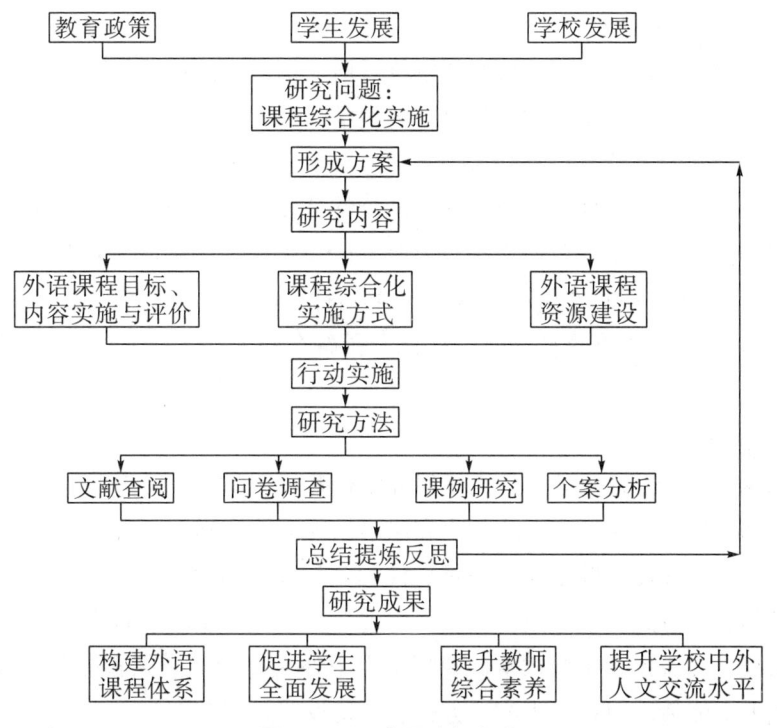

图3-1 研究思路与方法

（一）行动研究法

根据实践，确定研究问题。基于课题研究的核心问题：如何以主题为统整，进行"英语·多语种"课程的综合化实施，制定行动研究方案；按照方案具体实施，汇集资料、做好观察记录，根据各种反馈信息修改方案，再实施新一轮行动研究，直至实现研究总目标；最后根据实践经验，归纳、总结和提炼研究成果。

（二）其他研究法

在行动研究的具体过程中使用以下方法来开展每一个研究内容。

1. 文献法

课题组通过文献检索学习，了解国内外中小学多语种外语课程实施的现状，理清研究思路及内容。

2. 问卷调查法

在本研究中，此方式主要应用于两个方面：一是通过问卷了解学生多语种外语学习现状，评价和需求。二是了解教师的专业素养、日常教学中的情况和需求。

3. 课例研究法

在本研究中，此方式主要是指围绕日语、德语、西班牙语等语种的课堂教学，观察在课前、课中、课后所进行的教学活动，包括教师教学组织、师生互动和生生之间的交流等。进一步了解学生课堂学习表现与不足，教师教学优势与不足，并提出针对性的解决方法。学校整合教研力量研究设计了单元整体教学案例——人教版小学英语三年级上册 Unit 5 How to wear，英语跨学科教学案例——《Try+成竹在胸》，"英语·多语种"话题式教学案例——《我为新年添光彩》，通过打磨这些课例，探索学科融合的方法，研究课堂教学策略与方法。

4. 个案分析法

在本研究中，此方式主要是指研究学校开展的多语种外语课程和中法线上交流活动实例。一是以 4.5 班学生和法语教师为研究样本，观察学生学习情况和教学目标达成度，验证课程目标、课程内容是否合理，教学方法是否有效，分析教师教学方式，总结成功经验，增进对多语种课堂教学的认识。二是以参与中法线上交流的学生为样本，观察学生中外人文交流意识和能力发展情况，研究线上交流活动目标、内容、方式、评价设置是否合理。

第二节 小学多语种外语教育的理论依据

学校外语组就小学多语种外语教育的理论依据进行了深入的探讨研究，面对新时代的新要求和新挑战，结合小学生的实际学情特点，我们从核心素养、语言理论、课程理论三个维度展开了详细的探究。

一、核心素养

核心素养是 21 世纪每一个公民都应该具备的基本素养，是学生在接受相应学段的教育过程中，逐步形成的适应个人终身发展和社会发展需要的必备品格与关键能力。它指向过程，关注学生在其培养过程中的体悟，而非结果导向；同时，核心素养兼具稳定性、开放性和发展性，是一个伴随终生可持续发展、与时俱进的动态优化过程，是个体适应未来社会、促进终身学习、实现全面发展的基本保障。

（一）核心素养的基本内涵

核心素养的基本内涵包括两大层面：一方面是凸显整体意义和理想目标的宏观意义层面，这一层面突出强调个人修养、社会关爱、家国情怀，更加注重自主发展、合作参与、创新实践。将终身学习、个人发展、社会进步、公民教育作为目标方向，培养学生应具备的适应终身发展和社会发展需要的必备品格和关键能力；另一方面是基于教育实施的具体学科核心素养的综合，以核心素养体系为基础，将各学科核心素养统筹。此外，核心素养还是学生在学习与生活的过程中不断培植起来的，能促进学生个体身心持续和谐发展的，知、情、意、行等融会贯通而成的精神元素与成长基因。

1. 中国学生发展核心素养

学生发展核心素养，是当前教育领域备受关注的热点话题。它涉及学生的全面发展、个人终身发展的基础以及适应未来社会的能力。下面将围绕六大核心素养的基本内涵进行详细阐述，如图 3-2 所示。

图 3-2 中国学生发展核心素养结构模型

第一，人文底蕴。它强调的是学生对人文领域知识和技能的理解、运用以及情感态度和价值取向。具体来说，人文底蕴包括人文积淀、人文情怀和审美情趣三个基本要点。人文积淀是指学生对文学、历史、哲学等人文知识的学习和积累；人文情怀则是指学生应具备的人文关怀精神，关注人类命运、社会进步；审美情趣则是指学生应具备的审美能力和审美情趣，能够欣赏美、创造美。第二，科学精神。它涉及学生在学习、理解、运用科学知识和技能等方面所形成的价值标准、思维方式和行为表现。科学精神包括理性思维、批判质疑、勇于探究等基本要点。理性思维是指学生应具备的逻辑思考、推理判断能力；批判质疑是指学生应具备的独立思考、敢于质疑的精神；勇于探究则是指学生应具备的探索未知、追求真理的勇气和毅力。第三，学会学习。它涉及学生在学习意识形成、学习方式方法选择、学习进程评估调控等方面的综合表现。学会学习包括乐学善学、勤于反思、信息意识等基本要点。乐学善学是指学生应具备的学习兴趣和学习能力，能够积极主动地学习；勤于反思是指学生应具备的自我反省、总结经验的能力；信息意识则是指学生应具备的信息获取、筛选、评价能力，能够适应信息化时代的学习要求。第四，健康生活。它涉及学生在认识自我、发展身心、规划人生等方面的综合表现。健康生活包括珍爱生命、健全人格、自我管理等基本要点。珍爱生命是指学生应尊重生命、关爱自己和他人的生命；健全人格则是指学生应具备的健康心理和良好品德；自我管理则是指学生应具备的时间管理、情绪调节等自我管理能力，能够保持良好的身心状态。第五，责任担当。它涉及学生在处理与社会、国家、国际等关系方面所形成的情感态度、价值取向和行为方式。责任担当包括社会责任和国家认同等基本要点。社会责任是指学生应具备的社会责任感和公民意识，关注社会问题、积极参与社会公益活动；国家认同则是指学生对国家的认同感和归属感，尊重国家制度和文化传统。第六，实践创新。它涉及学生在日常活动、问题解决、适应挑战等方面所形成的实践能力、创新意识和行为表现。实践创新包括劳动意识、问题解决和技术应用等基本要点。劳动意识是指学生应具备的劳动观念和劳动习惯；问题解决则是指学生应具备的问题解决能力和创新思维；技术应用则是指学生应具备的技术应用意识和实践能力，能够运用技术手段解决问题和创新实践。

综上所述，六大核心素养相互联系、互相补充、互相促进，在不同情境中整体发挥作用。在教育实践中，应该注重培养学生的六大核心素养，促进学生全面发展和终身发展。

2. 外语课程中的外语核心素养

外语核心素养由语言能力、思维品质、文化意识和学习能力四个维度构成。

首先,语言能力是外语学科核心素养的基础,包括语言知识、语言技能、语言理解和语言表达。语言知识包括语音、词汇、语法、语篇、话题、功能等,它是语言能力的基石。语言技能包括听、说、读、写、译等,是语言能力的载体,是形成语言理解(听、读、译)和语言表达(说、写、译)的途径。语言理解是对语言知识和语言技能的一种内化,而语言表达则是在语言知识、语言技能、语言理解基础上的最终输出。其次,思维品质是外语学科核心素养的提升,主要指个体在思维活动中智力特征上的差异,是衡量一个人思维发展水平的重要指标。在外语学习过程中,多种语言思维模式之间的异同、联系、转换、互补会给学习者以跨地域、跨文化的思维想象空间。再次,文化意识是外语学科核心素养在语言能力和思维品质上的突破。任何语言都有丰富的文化内涵,接触和了解不同国家的文化有利于对外语语言知识的理解和使用,有利于在加深对本国文化的理解与认识的基础上培养世界意识,最终具备面向世界的国际视野。最后,学习能力是核心素养发展的关键要素。它主要包括元认知策略、认知策略、交际策略和情感策略。在学习过程中,学习者应当有意识地计划和调整自己的学习策略,提高自己的学习效率,同时也应注重培养自己的情感态度和价值观,使学习成为一种全面和可持续的发展过程。

目前我国的核心素养培育体系、框架与OECD所倡导的全球胜任力不谋而合,两者都指向了国际化核心素养。我们可以在寻找共同点的基础上,将全球胜任力培养目标这一核心理念进一步内化,形成符合我国国情的新理念体系。

(二)核心素养在小学多语种课程中的培养策略

1. 提升多语种外语教学的协同站位

在原有的课堂教学基础上提升多语种外语教学的站位,调整师生在教与学过程中的关系,为学生核心素养的四个方面能够协同发展创造良好的课堂环境,提供必要的学习条件。

2. 构建多语种单元整体教学的育人框架

达成育人目标,教师需要从教学思维转到课程思维,树立更为综合和全面的教育视野。为了增强育人效果,教师在进行教学设计和实施时要从课时视域扩大到单元视域,构建以单元为单位的多课时微课程;教学内容要从碎片化的割裂走向结构化的整合;语言知识的学习要以语篇为依托整合性地开展,将具体的语言点串联成表意的语言网络；教学时空要从仅限于课内转到打通课内外边界，整体规划，形成资源和方法的合力，引导学生乐学善学；教学方法要从用教材教学拓展到联结教材与个人、教材与生活、教材与世界，鼓励学生与语篇真实互动，激发探究的内驱力，保持学习的持久力；学习任务要从完成机械的语言练习变为参与真实情景中的语言活动，体现学以致用、学用结合。教学评价的重心要从更关注学习段评价（assessment of learning）转到更关注学习性评价（assessment for learning）和学习化评级（assessment as learning）（林敦来，2019），发挥评价促学、促教的功能。

3. 优化多语种外语课堂教学的师生关系

为了建立对话型的师生关系，教师要增加与学生之间的意义协商，加强生本互动和生生互动，转变教师和学生在课堂教学中的角色。教师要从善于给学生传授知识到善于激活学生自主探究知识；从善于提供结论到善于和学生共建发现的进程；从更关注学生的学习结果到更关注学生的学习过程；从专注于核对标准答案的控制性教学到追求个性化、多角度思考问题的开放性教学；从以教师为主执行既定的教学流程到以学生为主形成现场的学习生成；引导学生从以理解客观内容为主的封闭到以表达主观思想为主的开放；鼓励学生从被动接受的旁观者状态转变到主动探究和相互分享的参与者状态。

（三）对小学多语种外语课程教学的启示

广大外语教师应认真思考和积极探索，如何秉持继承和发展的原则，以发展学生的核心素养为总目标，改进和优化多语种外语课堂教学，提升教学效益和育人效果，有效落实立德树人根本任务，服务于国家整体战略发展和人才培养的实际需要。

1. 明确为什么教，即义务教育多语种外语课程的育人价值

2022年版的课程方案指出，义务教育课程全面贯彻党的教育方针，发展素质教育，培养时代新人，为全面建设社会主义现代化强国、实现中华民族伟大复兴奠定人才基础。

2. 明确为谁教，即多语种外语教学的育人方向

2022年版的课程方案制定的培养目标是：义务教育要在坚定理想信念、厚植爱国主义情怀、加强品德修养、增长知识见识、培养奋斗精神、增强综合素质上下功夫，使学生有理想、有本领、有担当，培养德智体美劳全面发展的社会主义建设者和接班人。与之对应，多语种外语课程要培养学生适应未来发展的正确价值观、必备品格和关键能力，即语言能力、文化意识、思维品质和学习能力。

3. 明确教什么，即多语种外语教学的核心教学内容

多语种外语教学的课程内容要选择符合小学生学习需求、能力发展、未来发展需要。同时，课程要培养学生核心素养的四个方面需要明确课程教学内容的素养要求。综上，多语种外语教学课程内容由语言知识、文化知识、语言技能和学习策略等要素组成。

4. 明确怎么教，即多语种外语课程的核心教学方法

2022年版的课程方案要求课程内容的实施要体现"做中学""用中学""创中学"的原则。和教学内容一样，多语种课程要培养的学生核心素养的四个方面也需要明确课程教学活动的素养要求。因此，多语种课程提出了学思结合、用创为本的学习活动观，包括学习理解、应用实践、迁移创新等活动，推动学生核心素养的持续发展。

二、可理解输入 i+1 理论

从20世纪60年代开始，有学者开始研究人们获得语言能力的机制，尤其是获得外语能力的机制。其综合了语言学、神经语言学、语言教育学、社会学多种学科，慢慢地也就发展出了一门新的学科，即"二语习得"（Second Language Acquisition）。20世纪70年代末，美国语言学家克拉申提出第二语言习得理论，该理论主要包括习得－学得假说、自然顺序假说、监控假说、输入假说和情感过滤假说，其中输入假说即"i+1"理论是该理论的核心部分，并对我国外语教学产生较大影响，从而需要我们对其进行深入研究。

（一）"i+1"理论的基本内涵

克拉申的输入假说理论又被称为"i+1"理论，其中"i"代表学习者所掌握的现有语言知识水平，"1"代表学习者目前语言知识状态与下一阶段的差距。克拉申认为语言信息的输入既不能等同于其现有水平"i"，也不能远远超出学习者现有的水平，因此有效的输入只能存在于"i"与"i+1"之间。如果学习者输入的知识远远超过自身内化能力，而演变为"i+2"或小于等于学习者原有知识水平成为"i+0"，此输入将变得毫无意义，学习者自身的知识能力不但不会得到提高甚至会有所下降。同时克拉申的第二语言习得理论认为，第二语言是"习得"而不是"学得"，语言习得要遵循一定的自然顺序，不仅是学习者在原有知识水平基础上增加的可理解性知识学习，而且是在一种轻松、愉快的自然环境下的无意识语言学习行为。由此，我们说"i+1"理论认为的语言学习与习得是密切相关的，是一种无意识的活动，与"学得"没有相

应的直接关联。

（二）"i+1"理论的语言输入特点

克拉申的"i+1"理论认为语言输入是人类语言学习的最基本方式，是学习者在潜移默化的环境中自然习得的一种可理解性语言输入能力，因此这种语言输入应具备以下几个特点。

1. 有效的输入产生正确的输出

在学习者完全吸收并掌握已有知识的前提下进行有效的语言输入，将知识完全吸收、内化，变为自身知识，语言习得才会发挥最大功效，学习者的语言水平才能够得到提高。这里的有效性输入不仅是学习者自身能力内化的有效性，也指语言教材的有效性，学习者应采取循序渐进原则，分阶段、分层次采用适当的语言教材进行语言学习。这与维果斯基提出的最近发展区思想如出一辙。

2. 语言教材兼具有趣性与相关性

兴趣是最好的老师，语言教材内容丰富有趣才能抓住学习者的眼球，吸引读者对教材内容进行细致分析，一旦教材内容枯燥乏味，教师哪怕使出浑身解数也无法吸引学生的注意力。语言教材还应具有相关性，指与学习者现有生活经验或生活环境相关，以便学习者在轻松愉快的环境中学习。教师必须充分发挥聪明才智尽可能为学生创造与之相类似的语言环境，将语言教材与环境相结合，让学习者融入其中，进行潜移默化的语言学习。

3. 语言输入量丰富充足

这并不是说语言输入量越多越好，而是保证"1"循环有效地增加，不断将"1"内化为"i"的过程，是一种增加到内化再到增加的循环往复过程。只有这样，学习者才能在学习实践中较好掌握语言知识，充实完善自己。

4. 理想化语言输入应是非语法程序安排

人们不必严格遵循固定的语法规则进行语言学习，语言习得应是在一种轻松自然环境中通过有效语言输入进行的语言学习过程。学习者不必担心语言是否准确，只要交流者双方能够互相理解，说话能力自然产生，进而在自然而然的环境下提高学生的语言能力。

（三）对小学多语种外语教学的启示

多语种外语学习现阶段在我国主要以正规的课堂教学模式进行，但缺少目标语的语言学习环境，学生只能通过记忆、学习规则、操练复习以及知识的掌握和应用来学习、获得语言能力，所以说我国的多语种外语学习更多地体现为

"学得"而非克拉申的"习得"。但克拉申的"i+1"理论并非完全不适用于我国的外语教学,其理论对我国的小学多语种外语教学也有一定的启示作用。

1. 在有效课堂输入的基础上开展多种教学形式

目前我国的小学外语多语种学习者学习语言的途径集中在课堂学习,教师的课堂教学是学生学习的主要来源,这就要求教师采用多种课堂教学形式,营造与真实语境相关的创设性模拟语言学习环境,尤其是小语种,结合各阶段小学生的不同学情,以学生的学习兴趣为基石,从而进行自然有效的语言输入,保证每位学习者对所学语言内容都能内化充分、吸收。所以我国小学多语种外语教学应既注重课堂教学又关注自然输入。

2. 语言教学中注重输入与输出并重

在多语种外语教学中语言的输入与输出同等重要,不但要巧妙运用克拉申的输入假说而且不能忽视语言输出的重要性,将输入与输出相结合,了解自身在语言使用中出现的问题并及时改正,使语言更加准确、流利。课堂上教师应多与学生交流,让学生成为外语教学过程中的主体,彻底改变教师一言堂的教学现象,引导学生积极参与课堂学习,同时让学生多参加形式多样化的外语教学活动,学以致用,加深对教学内容的理解,从而提高输出效果。

3. 详细掌握学生现有水平和接受新知识的能力

不同学习者的学习能力不同,应有针对性地对学生进行提高,有的学生只能理解一部分,而有的学生还有吃不饱的情况,这时只需对吃不饱或渴望知识扩展的学生采取"+1",针对不同水平的学习者采用不同的教学方法,因材施教。并且教师应及时了解学生的发展动态,关注学生的心理需求,不断调整教学策略,帮助学生制定行之有效的学习目标。

4. 构建良好学习环境

语言环境对多语种外语教学有很大影响,在教学过程中教师应尽可能多地用外语进行教育教学,努力为学生提供较真实的语言环境,进而稳步提升学生听、说、读、写等能力。在这种环境中学习者很容易将自己投身于真实的语境中,自然地进行语言输出。

克拉申的"i+1"理论也存在着一定的不足,在小学多语种外语教学过程中我国多语种外语教学应结合教学实际情况合理吸收克拉申的"i+1"理论精华,改善我国多语种外语教学方法,为我国的多语种外语教学实践不断探索教学新思路。

三、课程综合化实施

课程综合化的提出是培养高素质人才的需要。课程综合化的核心要义是试图解决课程学习从知识技能的理解掌握到学科素养的发展，再到综合素养培养的问题。课程综合化旨在加强学科间的联系，以综合性实践任务的完成来实现学习素养的发展，具有学习目标的根本性、内容的综合性、历练的全程性、成果的多样性以及经验的切身性等特征。设计时需要关注学习主题的多维指向、学习过程的长程设计、学习方式的自主选择以及学习成果的显性表达。

（一）课程综合化实施的内涵

"课程实施"（curriculum implementation）这一术语代表性的界定是加拿大学者迈克尔·富兰（Michael Fullan）的观点："课程实施是把某项改革付诸实践的过程……实施的焦点是实践中发生的变革和影响改革程度的那些因素。"[①] 以该定义为蓝本，我国学者对其予以阐发，如"课程实施可视作课程发展的一个重要环节，这个名词具有下列特征：它是一个过程，涉及课程变革或创新；它也可以理解为新的实践（或课程/课程纲要）的实际使用情况；它是'课程设计和教学'周期的重要阶段"[②]。可以看出，我国学者把"教学"这一教育要素悄悄地纳入课程实施的范畴，从而使得"课程"与"教学"这两个相对独立的教育要素产生了关联。由此就带来了如下定义："课程实施是课程论和教学论研究领域的重要课题。从课程论的角度，可以将课程实施视为课程开发过程中的一个重要环节，而在教学论意义上的课程实施，至少包括教学设计和教学过程。"[③] 这种理解完全符合我国既有的教育生态，也折射出我们注重教学论研究的学术传统。正如杨明全教授指出："教师的课程实施是一种转化的行为，即将预先设计的课程计划转化为学生所接受的现实的课程形态、进而转化为学生的学习结果。在这个转化过程中，教师不可避免地介入个人的观念和意志，这样，课程实施也是教师重建课程的过程。"[④] 至此，我们将"课程实施"的关键因素定位于教师，教师工作的能动性和创造性直接决定着课程实施的结果，这一点也为我们的实践所证实。从这个视角看，结合我国的

---

① 托斯顿·胡森，等. 简明国际教育百科全书（课程卷）[M]. 江山野，译. 北京：教育科学出版社，1991：156.
② 李子建，黄显华. 课程：范式取向和设计 [M]. 香港：香港中文大学出版社，1994：311.
③ 李臣之. 课程实施：意义与本质 [J]. 课程·教材·教法，2001（9）：13—17.
④ 杨明全. 课程实施的学理分析：内涵、本质与取向 [J]. 全球教育展望，2001（1）：35—38.

教育传统，我们将"课程实施"界定为教师的一种特定的课程行为，它以实现既定的课程目标为追求，通过课堂教学、实验演示、设计开发等方式和方法落实课程计划，最终将课程要素转化为学生的学习经验。

总之，课程综合化实施创造性地将国家课程改革的理念和政策导向运用于学校课程建设，丰富了课程实施的形式，也为未来的课程改革提供了新的思路和启发。如何通过课程设计而丰富学生的学习经验是贯穿课程研究史的主线。实现该目的一般有两条途径：一是增加更多的学科课程，譬如 18 世纪末科学类课程进入西方学校课程体系，极大丰富了学生对科学知识的学习；二是整合零散的学科科目和学习主题从而开发出综合课程，如当代西方的 STS（即科学—技术—社会）课程。显然，"课程综合化"走的是第二条路径，通过对课程设置做"减法"，同样也能丰富学生的学习经验。当然，在课程综合化实施的概念范畴中，"课程综合化"的行为主体不是外部专家，而是学校的校长和教师，它依赖于校长和学校教师对既有课程的调整和运作。

（二）课程综合化实施方式

课程综合化实施的三条基本路径是：三级课程整合、跨学科教学设计与整合、主题性课程单元设计与实施[①]。课程综合化实施要求加强各学科之间的联系，进行跨学科的教学设计，整合不同类别的课程，从而完成课程整合。

实施路径一：三级课程整合。2001 年教育部颁布的《基础教育课程改革纲要（试行）》提出："改变课程管理过于集中的状况，实行国家、地方和学校三级课程管理，增强课程对地方、学校及学生的适应性。"为落实这一改革举措，中小学校的教育实践中就出现了国家课程、地方课程和校本课程这三种课程形式，丰富了学校课程的类型，拓展了学生选择的空间。杨明全教授指出：三级课程整合的要义在于系统梳理学校的办学理念和育人目标，提炼学生应该具备的核心素养和能力结构，将学校层面上所有的课程打通、整合并进行分类，使其与学生的核心素养和能力结构相匹配，最后形成结构清晰、相互关联的一体化课程方案。三级课程中国家课程的落实是主线，将地方课程与校本课程纳入进来是为了体现地方教育特色和学校办学理念，不能背离和歪曲国家教育发展的导向，为追求所谓的"新颖"而标新立异。

实施路径二：跨学科教学设计与整合。从课程设计的角度来看，分科课程的综合化设计最终体现为相关课程、融合课程和经验课程。这三种课程形式在

---

① 杨明全. 课程综合化实施的理论旨趣与实践路径［J］. 教育学报，2018，14（6）：57-64.

综合化水平上是不同的：相关课程只是把两门以上的知识领域相近的学科建立关联，但仍然保留了各自学科的形式；融合课程则打破了学科界限，将两个以上学科整合起来形成一门新的综合性课程；经验课程的整合程度最高，因为它是以学生的经验为中心选择和组织相关的课程内容，关注学生经验的综合发展而不是学科知识的系统性和逻辑性，要求学生去体验和探究而不是由教师去讲授。尽管综合化水平不同，但要落实它们就必须改变分科教学的做法，在关注相关知识整合的基础上进行综合化实施，所以这三种课程形式均体现了课程综合化实施的理念。从中小学校的具体实践来看，学校层面的跨学科教学设计与整合在具体操作上比较灵活，我们将其提炼为"学科＋"模式。"学科＋"的内容可以根据不同的设计和需求而进行选择，主要表现为三个方面，即："学科＋学科""学科＋活动""学科＋信息技术"。"学科＋学科"的设计可以根据学科的知识点灵活进行组合，建立不同学科的知识点之间的横向关联，从而提升学生的理解力、发展学生综合运用知识的能力。"学科＋活动"的设计因学科而不同，但主要做法是给学科知识匹配上活动内容，为学生运用学科知识解决具体问题或进行体验而提供机会，因此任何一个学科都可以进行"学科＋活动"的综合化设计。"学科＋信息技术"的设计指的是通过多样化的信息技术手段而丰富学科教学的形式和方法，从而使学科课程在育人价值上实现"增值"。中小学校已经进行了大量的实践，创造性地将互联网、移动数字终端、多媒体视频等各种平台和软件运用到课程实施中，回应了信息化时代学生学习的特征。

实施路径三：主题性课程单元设计与实施。主题性课程单元设计与实施是当前中小学课程综合化实施的具体形式。所谓"主题性"，指的是课程单元设计的内容反映的是特定的某一个教育主题，而不是完整的一门课程；所谓"课程单元"指的就是具有相对独立的育人价值的课程模块或学习单位，它能够比较完整地容纳某一主题的知识点的内容。这种综合化实施的方式为了发展学生综合运用知识解决特定实际问题或发展某一方面的素养，需要围绕某一具体问题进行主题性的课程设计与实施，从而突出课程的针对性和灵活性。从课程综合化的编制来看，主题性课程单元设计属于"主题融合"的范畴，也就是围绕某一学习主题，从相关的学科领域选择具体内容组成一个课程单元，从而使这个单元涵盖了多个学科的知识点，由此体现出综合化实施这一取向。总体上来看，通过"主题融合"而形成单元课程主要遵循两条路径：一是基于学科知识的融合而形成的"知识型课程单元"。二是基于学生经验的统整而形成的"经验型课程单元"。其开发步骤主要包括"确立知识目标—整合知识体系—选择实施方式—评价学习效果"这四个基本环节。对于"经验型课程单元"来说，开发主要包括"梳理经验要素—设计活动方案—指导学生参与—开展活动评估"这四个基本环节。

（三）对小学多语种课程教学的启示

进入21世纪之后，我国不断深化教育改革，全面改革基础教育课程，为人的自由而全面的发展创造了越来越好的条件。课程综合化实施是我国课程改革的内在构成部分，它突出了"综合化"这一特质。这种综合化的实施方式更有利于发展学生多方面的能力和素养。再者，课程的综合化实施体现了校长和教师对学校课程的创造性加工，有利于调动学校教育的育人潜能。因此课程综合化实施对我国的小学多语种外语教学有很大的启示作用。

1. 聚焦核心概念或主题

在知识爆炸的时代背景下，学习者无法在有限的学习时间里完成更多的学习任务，强调以少而精为原则组织课程内容成为必然选择，其中一个典型做法即聚焦核心概念或主题、任务，以提升学习的针对性和有效性。[1] 小学"英语·多语种"教学也以主题或任务为引领，《义务教育课程方案和课程标准（2022年版）》中提出了学科大概念，并以大概念呈现课程内容，这为教师进行教学设计提供了重要支架。而开展"英语·多语种"整合教学时应注重以核心概念或主题、任务为中心组织课程内容，进行教学设计，指导学生实现课程的理解，发挥课程综合化的重要育人价值。

2. 开展项目学习

项目学习强调从真实的问题出发，以任务为载体，通过学生深度的体验和探究活动，培养学生综合运用知识、技能，综合解决问题的能力。因其更加注重学习内容与学生生活、社会现实问题的紧密联系，有助于学生综合素养的培养而受到世界各国的重视。《义务教育课程方案和课程标准（2022年版）》对义务教育阶段开展项目式学习也提出了要求。"英语·多语种"教学过程中也要注重以真实问题为导向、更加有助于实现学科间的有机融合、更加凸显学生的主体性，有利于学生对核心概念（或重要概念或次位概念）形成更深刻的理解和更出色的迁移应用能力。

3. 落实跨学科主题学习

所谓主题学习，是指学生围绕经过结构化的主题开展的学习活动。《义务

---

[1] 姚勇. 对新课程背景下推进课程综合化的思考[J]. 基础教育课程，2022（21）：13-19.

教育课程方案和课程标准（2022年版）》对跨学科主题学习提出了明确要求："设立跨学科主题学习活动，加强学科间相互关联，带动课程综合化实施。"除了课程方案要求设置跨学科主题学习的定量要求外，各学科课标还对跨学科主题学习活动的主题做了规定，甚至提供了设计思路和案例。"英语·多语种"主题实践活动，不但能促进学生进行学科学习，也有利于丰富学生认识事物的角度，形成综合素养，教师要认真对待、扎实落实，以促进"英语·多语种"在小学教育的推进与发展。

4. 改善师资和教学条件

从师资方面来看，我国教师基本是学科专业出身，对"英语·多语种"设计、实施综合课程缺乏实践经验和专业素养。从学校课程方面来看，开设的多语种有限，未能覆盖更多的小语种。因此，受教师自身素养和教学条件等因素制约，落实《义务教育课程方案和课程标准（2022年版）》提出的跨学科主题学习及推进课程综合化，师资和教学条件的改善是重要因素。国家及地方教育主管部门应对此给予更多关注，如在相关师范院校设置综合课程专业，强化有针对性的培训，提高教师实施综合课程的能力，同时争取更多的机会和部门予以政策倾斜。

第四章　课程设计

语言是我们认识世界和走向世界的桥梁。21世纪，中国正在走向世界舞台中央，需要更多具有全球视野、通晓国际规则、了解其他国家文化、熟练运用外语的人才。美国全国教育协会倡导4C核心能力，包括批评性思维、沟通能力、团队协作、创造与创新能力。《义务教育课程方案和课程标准（2022年版）》指出 科技进步与新媒体普及带来了生活、学习、工作方式的深刻变化，人才培养需要适应新挑战，培养"关心时事、热爱和平、尊重和理解文化多样性"的"担当"精神。基于以上背景，我们认为多元的语言学习能够促进学生了解不同文化，提升国际视野，培养国际素养。因而，我们构建了"英语·多语种"课程体系，指向学生语言能力、文化意识、思维品质、学习能力等核心素养的发展，培养学生国际视野，传播中华优秀文化，助力祖国发展。学校建校于2013年，确定外语办学特色，申报为成都市国际理解教育实验研究学校。经过10年的发展，我们从特色项目到课程系统的探索，积累了成功的经验和案例，本章将从"英语·多语种"课程基本理念、目标体系、结构体系、评价体系阐述学校在外语课程建设方面的探索和经验。

第一节　"英语·多语种"课程的基本理念

课程是一所学校的核心竞争力，是学校实现育人目标的主要载体。"英语·多语种"课程作为学校的校本课程，直接影响着学校外语教育质量，而关于外语课程的思考和理念在其中起着至关重要的作用。教育政策、教师、学生、学校环境和社区环境是影响课程实施的主要因素，本节结合国家教育方针、新课程改革精神、社区资源、教师教学和学生学习特点，从"外语教育观—课程观—教学观—学习观—教师专业发展观"提出完整的理论思考。

语通世界　文润童心
——小学"英语·多语种"课程建设

一、"语通世界　文润童心"的外语教育观

学校践行"情系中华魂，融汇四海心"的办学理念，提出"语通世界　文润童心"的外语教育理念，如图4-1所示，体现外语工具性和人文性的统一，把语言学习与中外人文交流活动相融合，开展英语、法语、俄语、西班牙语、德语、日语等外语学习，从小培养学生国际视野和世界胸怀、人文素养和跨文化交流沟通能力以及语言运用能力，为培养德智体美劳全面发展且具有国际视野的新时代青少年奠定扎实基础。

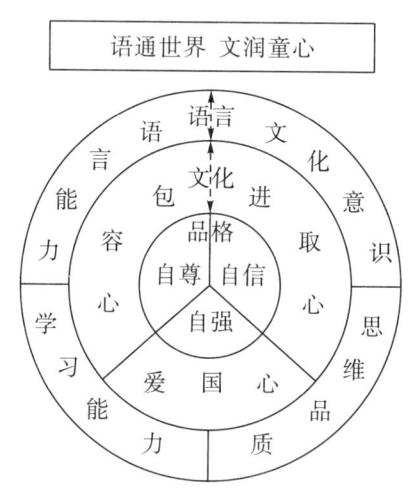

图4-1　"语通世界　文润童心"外语教育理念

"语通世界　文润童心"外语教育理念是指，"语"：语言，以语言作为交流和思维的工具；"文"：基于主题的语篇；"润"：浸润，滋养。通过循序渐进、润物无声的教学活动，发展语言能力，培育文化意识，促进品格养成。语言蕴含着丰富多样的文化，也是培养学生良好语言能力、文化意识、思维品质和学习能力的工具。学生借助语言学习，了解中外优秀文化，润育自己的内心，如包容心、进取心和爱国心，对自己的道德认知、情感、动机、行为等多种道德心理成分形成积极影响，从而形成自尊、自信、自强的良好品格。

我们从课程建设、课堂教学和学科活动三个方面来落实"语通世界　文润童心"的外语教育观，指向儿童良好能力、思想观念和价值观的发展。课程建设是顶层的设计与思考，课堂教学与学科活动是达成良好育人效果的支撑与保障。课程建设方面，构建主题统整的"英语·多语种"课程体系。围绕主题，

融合各种知识、文化和方法，拓宽学生认知的宽度。课堂教学方面，挖掘语言学习背后的育人价值，引导学生关注文化背后的正确观念和思维方式，从学生内心出发学习良好的行为习惯，养成良好品格。学科活动方面，提供一个个真实的情景场，让学生使用自己的思想、知识与技能去完成任务，从而在过程中丰富自己的认识，更新自己的观念，提升自己的能力。

二、"融·和"的外语课程观

世界上有197个国家，5671种语言。世界十大通用语言有：英语、汉语、法语、西班牙语、葡萄牙语、俄语、阿拉伯语、德语、日语、印地语。大千世界，包罗万象。在人类社会发展进程中，语言一直是存储和传承人类文化的载体。当今世界，国际交流频繁，科技、文化、经贸等发展日新月异。多元的语言学习可以促进学生更好地了解世界，与时俱进，不被时代所淘汰，而"融·和"外语课程观是保障育人质量的重要方式。

"融"是思想与方式。一是指学习内容的融合。具体是根据主题意义，实现英语与多语种的整合，外语与其他学科的整合，学科思想、知识、方法与技能的综合。二是指学习方式的融合。即课堂学习与课外活动的结合，语言学习与国际交流的结合，文化知识学习与实践应用的结合。

"和"是目标。通过"主题—子主题—话题"单元的学习，整合推进，促进学生德智体美劳和谐发展，全面成长。

通过以"融"促"和"，挖掘小学生本身具备的发展潜力，促进学生全面发展，个性发展，具备适应未来世界发展的能力和价值观念。

三、主题统整的外语教学观

主题统整的核心是主题大观念，支撑主题大观念达成的是由大观念分解出来的小观念，每个话题就是一个小观念[①]。表面上看，学生在学习每个语种，而实质是学生在学习每一个小观念。通过小观念的学习，促成对主题大观念的理解和认识。

按照主题的育人价值与意义，整合各学科思想、知识、方法与技能，形成整合性、结构化的课程内容，从各个角度拓展学生的认知，围绕"主题—子主

---

① 杨明全. 课程综合化实施的理论旨趣与实践路径 [J]. 教育学报，2018（06）：57.

语通世界 文润童心
——小学"英语·多语种"课程建设

题—话题",借助外语学习去探索主题意义,掌握各学科思想与方法,多角度、全方面、立体化提升学生语言能力、文化意识、思维品质、学习能力的核心素养。

例如"我为新年添光彩"这一主题,主题大观念是:怀抱爱与希望,表达美好祝福,装饰温馨家园,迎接新的一年,如图4-2所示。分解为四个小观念,分别是:参与跨年活动,迎接新年到来;制作圣诞日历,展望美好未来;手绘爱心贺卡,寄托关心祝福;布置温馨家园,营造新年氛围。与每一个小观念对应的话题分别是:时代广场的跨年狂欢、圣诞日历大PK,传达爱意的新年贺卡和装扮我的家,包括英语、德语、日语的学习。这一主题内涵丰富,聚焦学生核心素养发展,通过这个子主题的学习,发展学生语言能力,了解不同文化,增强文化自信,提高实践探究能力。

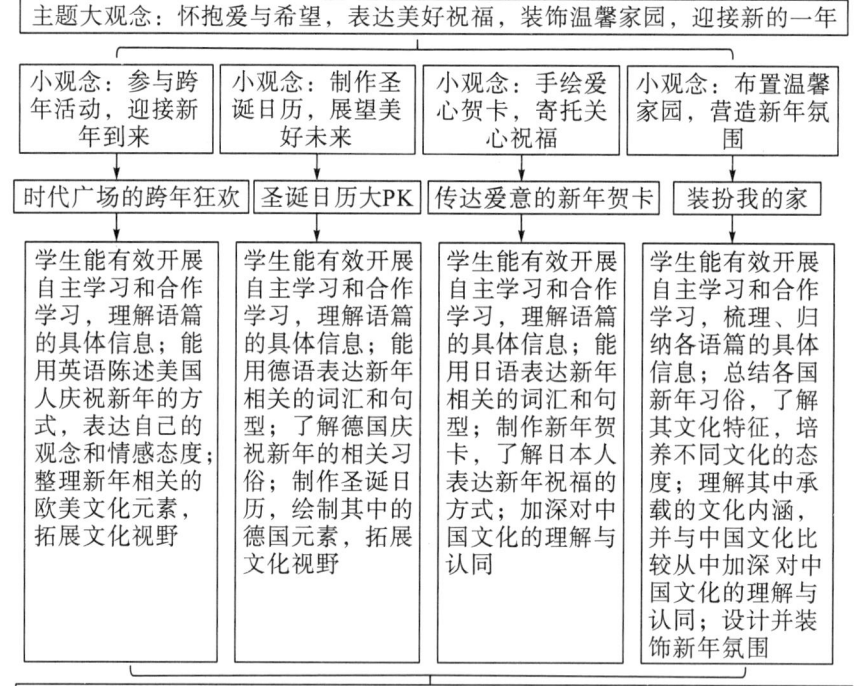

```
主题大观念:怀抱爱与希望,表达美好祝福,装饰温馨家园,迎接新的一年
```

小观念:参与跨年活动,迎接新年到来	小观念:制作圣诞日历,展望美好未来	小观念:手绘爱心贺卡,寄托关心祝福	小观念:布置温馨家园,营造新年氛围
时代广场的跨年狂欢	圣诞日历大PK	传达爱意的新年贺卡	装扮我的家
学生能有效开展自主学习和合作学习,理解语篇的具体信息;能用英语陈述美国人庆祝新年的方式,表达自己的观念和情感态度;整理新年相关的欧美文化元素,拓展文化视野	学生能有效开展自主学习和合作学习,理解语篇的具体信息;能用德语表达新年相关的词汇和句型;了解德国庆祝新年的相关习俗;制作圣诞日历,绘制其中的德国元素,拓展文化视野	学生能有效开展自主学习和合作学习,理解语篇的具体信息;能用日语表达新年相关的词汇和句型;制作新年贺卡,了解日本人表达新年祝福的方式;加深对中国文化的理解与认同	学生能有效开展自主学习和合作学习,梳理、归纳各语篇的具体信息;总结各国新年习俗,了解其文化特征,培养不同文化的态度;理解其中承载的文化内涵,并与中国文化比较从中加深对中国文化的理解与认同;设计并装饰新年氛围

统理主题知识,丰富主题内涵;积累语言经验,发展语言能力;了解不同文化,增强文化自信;联系生活实际,提高实践探究能力;调适学习策略,提升学习效率;聚集核心素养,实现育人价值

图4-2 "我为新年添光彩"单元内容框架

四、"学思结合、用创为本"的学生外语学习观

围绕主题,把课堂学习与课外活动,文化知识学习与实践应用结合起来。遵循"学习理解—应用实践—迁移创新"过程,实现融语言、文化、思维为一体的教学。帮助学生坚定理想信念,厚植爱国情怀,初步具备人类命运共同体意识,培养国际视野,提升跨文化沟通和交流能力。

语言是思维的工具,通过学习语言来训练学生的思维能力。利用语篇情境和生活情境中的问题,培养学生使用思想与观念、语言与技能、方法与策略来分析和解决问题。

中西方的文化不同,分析和解决问题的角度与方法也截然不同。在日常教学中,教师要引导学生尝试从中西方两种思维方式出发,分析文化现象和现实问题,找到造成问题的主要矛盾。从新的角度来理解和分析问题,提出解决问题的方案。在过程中,让学生体会到由创新思维角度带来的成功体验,培养学生创新意识。

例如"Try+成'竹'在胸"这一主题以"勇于尝试、深度探究、以生为本、融合创新"为理念,围绕"竹"学习探究,注重学生尝试过程,着重培养学生在尝试过程中的应用意识、创造能力和核心素养,如图4-3所示。

"Try"由三个意义不同的单词组成:"T"即为"try",表示尝试,指学生尝试做;"r"即为"research",表示学生对活动主题的探究、调查;"y"即为"youth",表示小学生,这里指课程活动的主体;"+"表示课程的融合和拓展,也包含课程实施领域的广泛性。通过学习,学生全方面、多角度了解"竹",增进对中华优秀传统文化的认同和传播。

本单元由赏"竹"之韵、知"竹"之用、传"竹"之美三个板块构成,包括自然之"竹"、文学之"竹"、器用之"竹"、艺术之"竹"、交流之"竹"五个话题,由视听、阅读、综合实践学习方式构成,将语言学习与科学、语文、音乐、美术以及劳动教育相融合,促进学生在体验和实践中发展语言能力、文化意识、思维品质、学习能力等核心素养。

```
                    主题大观念：勇于尝试、深度探究、
                    以生为本、融合创新
```

小观念：赏"竹"之韵——知晓竹的科普知识及文学作品	小观念：知"竹"之用——了解竹的生活用途及竹制品	小观念：传"竹"之美——以竹为纽带，向外国友人传递天府竹文化
自然之"竹"和文学之"竹"	器用之"竹"和艺术之"竹"	交流之"竹"
学生能够通过实地考察、访谈、查阅网络书籍等方式了解竹的常识和文学作品；能用英语陈述竹种类、大小、颜色、分布；梳理有关竹的诗歌、童谣，体会竹的精神品质，表达自己对竹的态度；拓宽知识面，提高语言表达能力	学生能够通过实地考察、访谈、查阅网络书籍等方式了解竹的用途和竹制品；能用英语表达竹的用途和竹制品；了解竹制品的种类，拓宽生活经验；参与竹筒画的绘制，提高动手能力和语言实践运用能力	学生能有主动与国际友人交流的愿望；能用英语与国际友人进行交流，介绍竹文化，赠送纪念品，共叙友谊；增强对中华传统文化的热爱，坚定文化自信，传播中华文化

以话题为依托，丰富"竹"这一主题内容，积累语言经验，发展语言能力；了解中华传统，增强文化自信；联系生活实际，提高实践运用能力；调适学习策略，提升学习效率；聚焦核心素养，实现育人价值

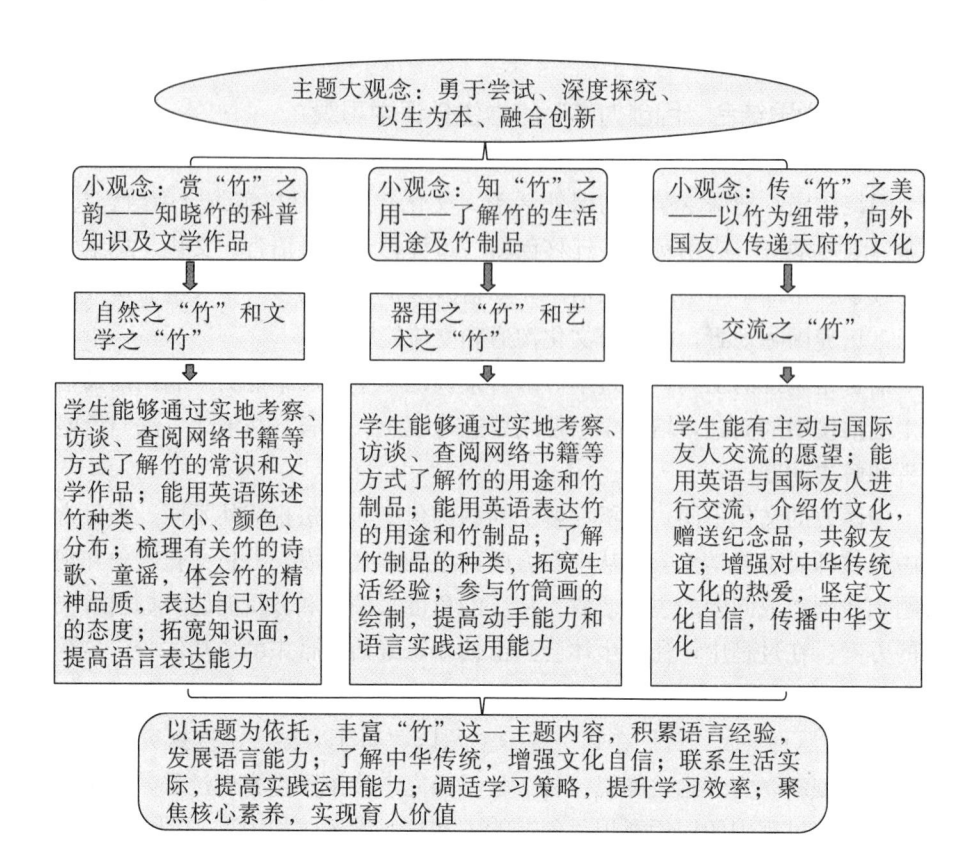

图4-3 "Try+成'竹'在胸"单元内容框架

五、"宽学　灵研　卓行"的外语教师专业发展观

外语教师的角色不仅是传授语言知识与技能，培养学生语言运用能力，还要利用人文交流活动培养学生跨文化交际能力，促进学生全面发展。这就需要外语教师具备先进的教育理念，开阔的视野，深厚的文化底蕴，宽广的跨学科素养，较强的跨文化交流能力和研究能力。在教师培养方面，我们要多角度促进教师专业发展，提升教师综合能力，以适应新时代的要求。外语教师专业发展的具体措施如下。

（一）加强师德建设，凸显教师政治素质

把学习和遵守《中小学教师职业道德规范》《公民道德建设实施纲要》作为教师的基本道德规范和准则，加强师德修养，进一步提高教师的职业道德水平。组织教师学习中华优秀传统文化和天府文化，在外语教育中渗透传统文化教育，培养学生"用外语讲好中国故事"的意识和能力。

（二）制定教师分层发展计划，形成教师发展梯队

外语组针对不同阶段教师的特点，在纵向上以入职教师—胜任级教师—骨干级教师—名师级教师作为发展主线，横向上从专业知识、专业技能、教育情怀、全人素养四个维度为发展支撑，努力建设教师专业发展的机制，如图4－4所示，保障教师持续发展。每位教师根据自身实际确定自己的发展目标，分别制订青年教师三年成长档案、教师个人自主发展计划和骨干教师自主发展计划。外语组制定新教师组内培训方案，结合区级新教师培训追踪新教师发展现状；持续开展青年教师教研组内赛课活动；完善骨干教师、青年教师、新教师师徒结对制度；组织新教师、青年教师学习交流。通过讨论、交流、观摩、讲座、赛课、课题研究等任务驱动，带动教师专业发展。

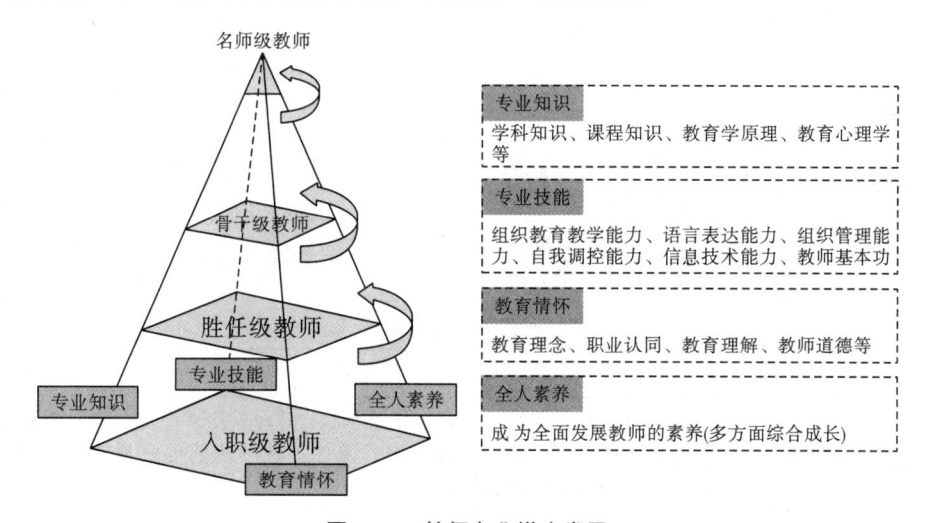

图4－4 教师专业梯度发展

（三）落实校本研修计划，提高教师专业水平

校本研修是教师专业发展的重要途径，每学期外语组制订并落实校本研修计划，见表4－1，明确教研主题、常规工作、重点工作、特色工作具体内容和策略，细化学期工作计划，推动以解决实际问题为取向的教育教学研究。在校本教研中，关注教师个体与教研组群体之间合作研究、同伴互助，提高校本研修的实效性和教师的专业素养。

表4-1　2021—2022学年下期外语组教研工作计划表

教研主题	关注学科融合　夯实主题教学
开展教研策略	1. 深度解读新课标，融合校本特色 组织老师继续深度学习新课标，关注学校融合课程，结合校本特色，提高学科融合性，形成内容全面、特色鲜明的高效外语课堂，提升学生国际理解能力，促进学生全面发展 2. 以课题为引领，研究课堂教学，丰富课程内容 结合国家级课题和省级小专题研究方向，围绕人教版英语、第二外语开展单元主题教学研讨活动，提高课堂趣味性，提高教师单元主题教学设计能力和跨学科教学实践能力，不断丰富课程内容 3. 参与义务教育英语课程标准实验项目 锦江区义务教育英语课程标准实验研究种子教师团队继续推进项目研究工作，积累全国优秀经验，并加以吸收创新，持续推动我校义务教育英语课程标准落地课堂
常规工作及策略	
常规工作	策略
注重教学常规工作	每月定期检查备课、二次备课、反思，手拉手，观察教师日常教学状况并及时反馈意见
注重学生活动和教学反思	突出"生本"课堂，设计以学生为主的教学活动。本组教师每月交流一次教学心得
重点工作及策略	
重点工作	策略
1. 跨学科主题教学实践	四年级组在专家指导下，进行跨学科"Try+成'竹'在胸"主题教学实践研讨，形成课例教案、课件、教学评估等资料，并呈现课堂，为其他年级提供案例参考
2. 英语·多语种主题教学实践	六年级组以中外人文交流课题为基础，在专家指导下进行英语·多语种"我为新年添光彩"主题教学实践研讨，形成课例教案、课件、教学评估等资料，并呈现课堂
3. 寻味丝路模块课程	国际理解课程组以学校国际理解模块课程为引领，进行寻味丝路模块课程的教学实践研讨，形成课例教案、课件、教学评估等资料，并呈现课堂
4. 英语学科活动	在3—6年级开展开学第一课——用英语讲好中国故事、趣味游园活动、英语邀请函DIY、英语福袋DIY等活动，营造浓厚的外语学习氛围，给学生们搭建更加广阔的交流平台，促进学生综合素养的发展

续表

亮点工作及策略	
亮点工作	策略
1. 跨学科主题教学课例打磨	1. 四年级团队基于新课程标准，围绕特定主题，对相关学科教学资源进行深入的解读分析，结合学习主体的认知逻辑和生活经验，融合各学科知识，形成跨学科主题教学单元，并进行课例打磨和呈现
2. 英语·多语种主题实践课例打磨	2. 五六年级教师团队基于"主题—子主题—话题"的课程学习的方式，整合重组英语和其他语种中的相关话题，确定"劳动实践——我为新年添光彩"主题单元教学内容，以"单科学习+跨学科学习"方式，融入英语、第二外语、劳动、美术学科知识进行课例打磨与呈现
3. 和法国友好学校线上交流活动	3. 与法方沟通好线上交流方式，开展以学唱法语歌曲为主题的交流活动，弘扬传统文化，培养孩子们的国际视野，增进与友好学校间的友谊
4. 外语组教师外出游学研讨	4.4月份外语组教师前往白鹿中法传统风情小镇，领略法国风情，学习法国建筑美食文化，开拓视野，增加团队凝聚力
学期工作	
2月：制定教学计划和学期工作安排，进行教材解读；开展国际理解主题活动之开学第一课——讲好中国故事；中外人文交流结题工作持续推进，邀请专家指导	
3月：做好课堂常规教学工作；完成跨学科主题教学实践——"Try+成'竹'在胸"的主题汇报、说课、授课工作，邀请专家指导，并进行资料汇总、整理、完善；开展三、五年级游园活动	
4月：做好课堂常规教学工作；完成主题统整的"英语·多语种"话题式教学——"我为新年添光彩"的主题汇报、说课、授课工作，邀请专家指导，并进行资料汇总、整理、完善；开展四、六年级游园活动	
5月：做好课堂常规教学工作，完成半期测评；完成国际理解课程"寻味丝路"的主题汇报、说课、授课工作；与法国友好学校交流学习；开展五年级学科活动	
6月：做好课堂常规教学工作；开展六年级学科活动；中外人文交流课题结题总结；梳理各项目研究成果；制定并完成期末测评	

（四）开展课题研究，提升教师教育科研能力

外语组在新课标精神的引领下，围绕"主题统整的"英语·多语种"话题式教学""Try+成'竹'在胸"等项目开展课题研究，增强教师科研意识，进行教学方法和教育科研基本方法的培训，以"科研带教研，教研促教改"，提高外语教育教学质量。

（五）开展教师读书分享活动，提升教师人文素养

外语组积极开展教师读书分享活动。组织教师阅读外语类、国学类、教育类、人文类等书籍，举行读书分享活动，完成读书心得，切实提高教师队伍人文素养。

第二节 "英语·多语种"课程目标体系

外语教育要实现立德树人的根本任务，培养学生能够适应终身发展和社会发展需要的必备品格和关键能力。《义务教育英语课程标准（2022年版）》《义务教育日语课程标准（2022年版）》《义务教育俄语课程标准（2022年版）》提出通过外语学习，要培养学生语言能力、文化意识、思维品质和学习能力等核心素养。结合小学阶段特点，学校对核心素养从"素养表现"和"具体描述"两个维度进行校本解读。在外语学习总目标的统领下，依据外语学习规律，细化了第一、二、三学段外语素养目标，明晰每一门外语在每一个学段的素养达标标准，指向学生核心素养发展。

一、明确外语学习的总目标

学生应通过本课程的学习达到如下目标，如图4-5所示。

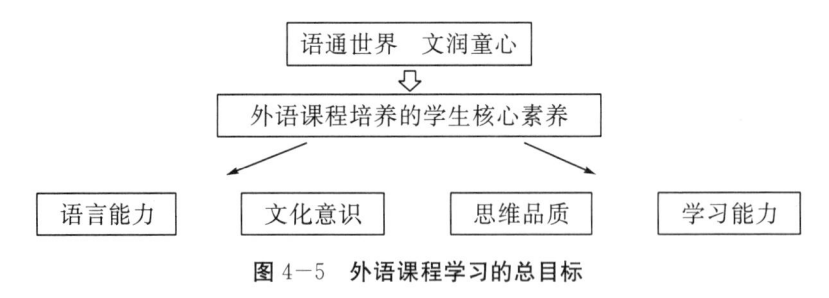

图4-5 外语课程学习的总目标

（一）发展语言能力

能够在感知、体验、积累和运用等语言实践活动中，知晓简单的外语语言知识，认识到外语与汉语的异同，逐步发展语言技能，积累语言应用经验，进

行有意义的沟通与交流。①

（二）培育文化意识

能够了解不同国家的历史、文化、社会习俗和优秀文明成果，尊重并理解多元价值与多元文化，发展跨文化沟通和交流的意识；加深对中华文化的理解和认同，拓宽国际视野，坚定文化自信。②

（三）提升思维品质

能够通过梳理、归纳和推断等方式获取语篇信息，把握其逻辑联系，发展思维；初步从多角度观察和认识世界、看待事物；在发现问题和分析问题的过程中，能有条理表达所见所闻、阐述自己的观点，尝试解决问题。③

（四）提高学习能力

能够树立正确的外语学习目标，保持学习兴趣，主动参与语言实践活动；在学习中注意倾听、乐于交流、大胆尝试；学会自主探究，合作互助；学会反思和评价学习进展，调整学习方式，逐渐形成适合自己的学习方法，养成良好的学习习惯。④

二、核心素养校本化解读

通过参考《义务教育英语课程标准（2022年版）》《义务教育日语课程标准（2022年版）》《义务教育俄语课程标准（2022年版）》，结合学校十余年外语教学实践和学生外语学习经验，对课程核心素养进行了校本化解读，见表4-2。

---

① 中华人民共和国教育部. 义务教育英语课程标准，(2022年版) [M]. 北京：北京师范大学出版社，2022：4.
② 中华人民共和国教育部. 义务教育日语课程标准，(2022年版) [M]. 北京：北京师范大学出版社，2022：5.
③ 中华人民共和国教育部. 义务教育俄语课程标准，(2022年版) [M]. 北京：北京师范大学出版社，2022：6.
④ 中华人民共和国教育部. 义务教育俄语课程标准，(2022年版) [M]. 北京：北京师范大学出版社，2022：6.

表 4-2 核心素养校本化解读

核心素养	素养表现	素养描述
语言能力	感知积累、习得建构、表达交流	1. 了解世界上有多种语言，知晓英语、法语、俄语、西班牙语、德语、日语的语言知识 2. 能够在语境中，使用外语有条理的描述事物，有序地表达自己，与他人讨论 3. 能够使用听、读、看等方式理解语篇，使用说和写表达自己 4. 能够在语境中，使用语言知识、文化知识、其他学科知识和生活常识，分析问题和尝试解决问题
文化意识	观察比较、尊重包容、交流互鉴、吸收传播、家国情怀、全球意识、责任担当	1. 了解世界有许多国家和民族，有着不同的文明，知晓世界主要国家的地理、历史、建筑、风土人情等 2. 知晓联合国和世界主要国际组织的名称与职责 3. 能够就别国与中国相似的文化现象进行分析，尊重文化差异，学习借鉴优秀的文明成果 4. 能够使用外语讲中国名人名事、家乡故事和国家发展成果，交流时大方自信，有理有据，并尊重各方观点的不同，求同存异 5. 能够了解世界格局、人类发展进程、人类发展面临的共同挑战与机遇，认识到中国与世界的关系、自我成长与时代发展的关系，为解决人类面临的共同问题和挑战贡献自己的智慧和方案
思维品质	归纳推断、问题解决、批判创新	1. 能够通过观察图片、具体现象和事物获取信息，根据事物的特点，发现其中的异同 2. 能够对语篇主要信息进行提取与归纳，识别到信息的相似性和差异性，发现其中的逻辑联系围绕核心问题从多个角度进行分析，思考解决问题的方法 3. 能够就某一问题，通过访谈、实地到访、查阅书籍等收集信息，与他人讨论问题，提出自己的想法 4. 能够联系实际对他人观点提出疑问，根据实际情况分析观点和找到解决问题的办法
学习能力	乐学进取、规划调整、合作探究	1. 对外语学习感兴趣，乐于学习和模仿，喜欢和别人用外语交流，遇到问题主动请教，勇于克服困难 2. 注意倾听，敢于表达，不怕出错；在教师的指导下，制订并完成外语学习计划，了解自己的长处与不足，找到适合自己的学习方法，根据学习进度调整学习计划与策略 3. 积极参加语言学习活动，与他人合作共同完成学习任务，认真思考，主动探究，努力尝试各种方法解决语言学习中的问题

三、细化学段素养目标

学段素养目标是对本学段结束时学生学习本课程应达到的学业成就的预设或期待，是总目标在各学段的具体化，见表 4-3。

第四章 课程设计

表 4-3 学段素养目标

	语言能力	文化意识	思维品质	学习能力
第一学段	英语： 1. 能根据课堂指令做事情 2. 能在图片、图像、手势的帮助下，听懂简单的对话并做出适当反应 3. 能运用一些最常用的日常用语（如问候、告别、致谢、致歉等）并相互交流个人信息与感受 4. 能借助图片的帮助读懂简单的故事或对话，在教师的帮助下表演小故事或童谣 5. 能正确书写字母和单词	英语： 1. 知道英语中最简单的称谓语、问候语和告别语 2. 对一般的赞扬、请求、道歉等做出适当的反应 3. 了解世界上最重要的文娱和体育活动 4. 知道英语国家中最常见的饮料和食品的名称 5. 知道英语主要国家的首都和国旗	英语： 1. 能通过观察图片、具体现象和事物获取信息 2. 注意到不同事物的特点 3. 能根据图片或关键词理解语篇的主要内容 4. 表达个人的生活经验表达喜恶 5. 课堂学习中专注，表达有逻辑	英语： 1. 对各种英语学习活动有兴趣 2. 积极参与各种课堂学习活动 3. 在小组活动中能与其他同学积极配合和合作 4. 敢于开口，表达时不怕出错 5. 乐于感知并积极尝试使用英语
第二学段	英语： 1. 能听懂简单的配图小故事 2. 能借助图片读懂简单的故事或小短文，并养成按意群阅读的习惯 3. 能就熟悉的日常生活话题进行简短对话或者陈述，语音清楚、语调基本的表达功能 4. 能在语境中，理解所学句型和词汇或例句提示，词语或例句提示，大小写和标点使用正确 5. 能根据图片、词语或例句提示，大小写和标点使用正确	英语： 1. 用恰当的方式表达赞扬、请求等意义 2. 了解英语国家的地理位置、气候特点、历史等 3. 了解英语国家的人际交往习俗 4. 了解世界上主要英语国家节假日及庆祝方式 5. 关注中外文化异同，加深中国文化的理解	英语： 1. 能注意到不同的人看待同一是有差异的 2. 能从不同角度观察周围的人与事 3. 能根据图片或关键词，归纳语的重要信息 4. 能就语语信息或观点初步形成自己的想法和意见 5. 能根据标题、图片、语篇信息或个人经验进行预测	英语： 1. 对所学内容能主动预习、复习和归纳 2. 在课堂交流中，注意倾听、积极思考 3. 与他人合作完成语言学习任务 4. 遇到问题主动请教老师或同学 5. 能在教师指导下，制订简单的英语学习计划

83

续表

	语言能力	文化意识	思维品质	学习能力
第二学段	多语种： 1. 能听懂简单的课堂指令并做出反应，如识别或指认图片或实物 2. 能大声跟读或模仿学习外语（西班牙语、法语或俄语）视频材料，通过音视频模仿学习外语（西班牙语、法语或俄语）发音 3. 能理解基本的日常用语（问候、告别、感谢、道歉和请求） 4. 能积累表达个人基本信息和情绪的简单句式，如姓名、年龄、喜欢和不喜欢等 5. 能在主题情景下，用简单的外语（西班牙语、法语或俄语）有条理地描述事物	多语种： 1. 知道目标语国家（西班牙、法国或俄罗斯）的首都、国旗、典型的食品和饮料的名称 2. 观察、辨识目标语国家（西班牙、法国或俄罗斯）典型文化标志物，了解目标语国家（西班牙、法国或俄罗斯）重要的节日 3. 初步注意到中外文化异同 4. 能够对其他文化进行比较与辨别 5. 能理解与中外优秀文化有关的图片、短文、视频等，发现和感悟其中蕴含的人生哲理	多语种： 1. 初步从多角度观察和认识世界，看待事物 2. 根据图片和关键词归纳语篇信息 3. 就语篇信息和观点形成自己的想法和意见 4. 能够对语篇中提出的现象或观点存心存疑问，并查阅资料得以求证 5. 课堂学习中专注，口头表达有逻辑	多语种： 1. 对外语学习（西班牙语、法语或俄语）感兴趣，积极参与课堂活动 2. 乐于学习和模仿，敢于开口 3. 能在小组活动中尝试与他人配合与合作 4. 学习中善于记要点 5. 在学习中积极思考，主动探究，发现语言学习的规律

续表

	语言能力	文化意识	思维品质	学习能力
第三学段	英语： 1. 能听懂有关熟悉话题的语段 2. 能流畅朗读课文，语音正确、语调自然 3. 能与他人围绕单元主题进行交流，自信正确表达观点与态度，并让他人知晓理解，达到交际的目的 4. 能用所学语言知识、描述图片内容，讲述故事大意 5. 能用所学语言书面表达，格式基本正确，逻辑清晰有条理，做到拼写、	英语： 1. 能对学习、探索、传承多元文化具有浓厚的兴趣和好奇心 2. 能借助语篇了解英语国家的风俗习惯、民族特点、文化传统等信息，并与中国相关文化进行初步的比较 3. 能用简单的句子描述中外文化相关的具体现象和事物，感知与体验不同国家文化的多样性 4. 能在跨文化交际中，注重礼仪、理解并尊重文化差异，并根据差异调整语言表达方式 5. 能在理解中外文化的基础上，知晓人类发展取得的成果，共同面临的机遇与挑战，感悟其中蕴含的人生哲理与肩负的责任	英语： 1. 能对英语语篇信息进行提取、梳理、分类、总结，促进对语篇的内化理解 2. 能对语篇展开合理的想象，进行简单的续编或改编 3. 能对语篇反映的现象、行为、观点进行正确的价值判断，分析结果出现的原因 4. 能客观看待不同现象观点存在的异同，辩证分析，学会换位思考 5. 能根据语篇推断作者观点，并有理有据表达自己的观点，积极与他人交流	英语： 1. 能运用已有知识积累和生活经验完成学习任务 2. 能根据自身情况、调整学习策略，形成适合自己的学习方法 3. 能通过求助他人、媒介等方式获取英语相关学习资源 4. 能在英语学习活动中保持良好的心态和专注力，认真思考，主动探究 5. 能根据任务要求选择自主探索和与他人合作等不同的解决方式

续表

	语言能力	文化意识	思维品质	学习能力
第三学段	多语种： 1. 能识别所学外语（德语或日语）的发音 2. 能获取听到或读到的语篇中人物、地点和事件的关键信息 3. 能理解关于人物或具体事物的简单描述，如人物外形、性格特征、喜好等 4. 能在情境中就熟悉的话题（如日常学校活动）展开简单交流，表达自己的想法 5. 能就熟悉的话题（如人物描述、校园生活等）借助图片或范文，用外语（德语或日语）写出几句意思连贯的话，基本达意，格式正确	多语种： 1. 知晓德国或日本典型行为规范、文化习俗等知识 2. 知晓德国或日本小学生待人接物、就餐、集会等礼仪 3. 能在理解的基础上对德国、日本和中国的典型文化（如各国新年）的异同进行初步的比较，感知文化多样性 4. 能在人际交往中，适当调整表达方式的感受，体现得体、大方 5. 学习借鉴国外优秀文化，努力宣传中华文化	多语种： 1. 能通过观察多模态语篇，了解故事的发生、发展和变化，加深对语篇意义的理解 2. 能通过比较分析，发现德语、日语和中文不同的结构和表达方式 3. 能得出语篇中的人物、行为、事物，作者观点与态度，并做出正确的价值判断 4. 学会从不同角度观察、思考、认识和解决问题 5. 能够依据学习内容的多种信息，进行思考，有理有据表达自己的观点	多语种： 1. 保持外语（德语或日语）学习兴趣，乐于参与外语实践活动，遇到问题积极请教 2. 把握学习内容的重点和难点 3. 能够发现语言学习的规律并使用规律举一反三 4. 经常与老师和同学交流学习体会 5. 了解自己的优势与不足，合理调整学习节奏和方法

第三节 "英语·多语种"课程的结构体系

一、外语课程结构

构建起基于主题统整的课程结构，指向学生核心素养发展。按照学生认知和语言学习的规律，在人与自我、人与社会、人与自然三大范畴中，选取相应的主题和子主题。

以主题意义为统领，依据学段特点和子主题内涵[①]，整合与重组英语和其他语种中的相关话题构建学习单元，整体规划育人蓝图，培养学生核心素养。每个学段设计六个子主题，每个子主题有与之对应的话题，从而以主题为统领，话题为依托，融合语言知识、文化知识、语言技能和学习策略等要素形成课程内容，打破学科之间的壁垒，解决课时不足、教学设计随从化、教学内容碎片化、教学过程浅显化和教学评价形式化的问题，如图4-6所示。[②]

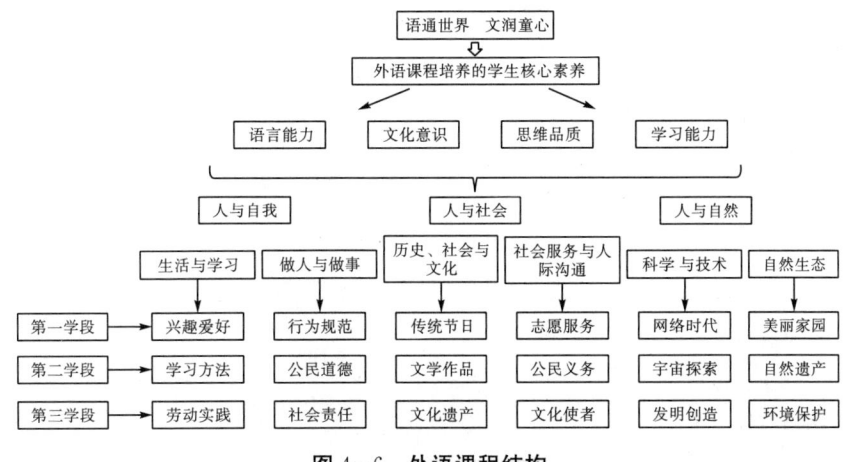

图4-6 外语课程结构

"主题—子主题—话题"是"英语·多语种"课程设置的主要特点。每一个话题的设计从该门外语学习出发，符合主题和子主题内容范畴。通过探索同

[①] 郭云海. 核心素养导向的课程设计[M]. 上海：华东师范大学出版社，2019.
[②] 陈时见，邵佰东，潘南. 学科课程综合化的建构与实施——重庆市巴蜀小学校学科育人的创新路径[J]. 中国教育学刊，2019（12）：6.

一子主题下的不同话题，不断丰富学生对该子主题的认识与理解，促进学生学段素养目标的达成。话题的内容新颖，贴合小学生心理，深受学生喜欢。

二、具体内容

根据小学外语课程要培养的学生核心素养总目标和学段目标，借鉴《义务教育英语课程标准（2022年版）》中的主题，参考英语教材中的话题，结合学校特色学科活动和德育活动，细化了第一、二、三学段子主题与话题内容，并对主题进行了分析。

（一）第一学段话题

第一学段话题内容见表4—4。

表4—4　第一学段话题内容

子主题	话题
	英语
兴趣爱好	我和伙伴们的社团生活 我的周末游玩计划
行为规范	我是书包收纳小能手 好孩子不挑食 玩具的家 我的一日计划
传统节日	春节与圣诞节的跨时空交流 不同天空下的儿童节 红红火火闹元宵 端午粽米香
志愿服务	我是防疫好帮手 小蜜蜂邮递员的一天
网络时代	我的美国笔友 Bill 和你在云端看世界
美丽家园	我是种树小能手 设计我的房间

（二）第二学段话题

第二学段话题内容见表 4-5。

表 4-5　第二学段话题内容

子主题	话题			
	英语	法语	西班牙语	俄语
学习方法	拼读技巧 学会写语段	法语字母及发音 法语单词记忆技巧	西班牙语字母及发音 西班牙语 单词记忆技巧	巧记33个俄语字母 俄语单词 学习入门技巧
公民道德	热心帮助他人 别样"母亲节"	法国的"迟到"文化 独特的 法国"贴面礼"	默契的电梯礼仪 西班牙"谦让礼"	勇敢、团结的俄罗斯人 俄罗斯世代传承 的民族行为习惯
文学作品	愚公移山 后羿射日	《小王子》里的 大哲学 跟《玛德琳》 一起做个乐天派	行侠仗义的骑士 ——《堂吉诃德》 小癞子的流浪记 ——《托尔美斯河的 拉撒路》	在逆境中生长力量 ——高尔基的《童年》 与《伊索寓言》 齐名的《克雷洛夫寓言》
公民义务	遵守交通规则 爱护学校环境	一起来做环保小卫士 我是中法交流小使者	我是地铁守护员 我是小小外交官	义卖让爱心传递 "拯救"北极熊
宇宙探索	探索宇宙的奥秘 走进中国空间站	小小科学探索家 探索宇宙的孩子	宇宙航海大揭秘 宇宙的奥秘	宇宙探索史下俄罗斯 创造的诸多"第一" 尤里·加加林的太空之旅
自然遗产	世界八大奇迹 我爱我的祖国	魅力塞纳河 神奇的圣米歇尔山	多彩绚烂的伊维萨岛 壮观的泰德国家公园	美如画卷的贝加尔湖畔 走进西高加索山

（三）第三学段话题

第三学段话题内容见表 4-6。

表 4-6　第三学段话题内容

子主题	话题		
	英语	日语	德语
劳动实践	做力所能及的家务 时代广场的跨年狂欢	我是午餐管理员 传递爱意的新年贺卡	家务活我来做 圣诞日历大PK
社会责任	走进农场的一天 有爱小海豚志愿服务队	走进敬老院的一天 有序的日本交通	阿尔卑斯山农场的一天 井然有序的德国街头艺术家
文化遗产	领略壮美中国的名胜古迹 走进大英博物馆	壮美富士山 经典与时尚并存的歌舞伎	德式住房大发现 你不知道的瓦登湖
文化使者	Bill在加拿大 卓别林在北京	唐衣与和服的跨时代交流 六渡日本的鉴真和尚	遇见格林兄弟 波尔在中国

续表

子主题	话题		
	英语	日语	德语
发明创造	创编喜爱的校园电视节目 旧物新生	你好，机器人朋友 奇妙的颜色世界	机械工程师的诞生 锦外"爱迪生"
环境保护	可爱的高原精灵 维护生物多样性	垃圾分类，从我做起 植树小能手	新能源小能手 垃圾分类我能行

以"主题—子主题—话题"的课程结构来落实核心素养学段目标的达成。学生围绕"话题"这一最小的单位进行单元学习，一二年级以英语学习为主，三四年级是英语与法语、俄语、西班牙语的融合，五六年级是英语与日语、德语的融合。因各学段特点而异，内容在原有基础上不断拓展，各语种的学习呈现主题螺旋上升模式，使主题内容循环出现，并在原有基础上扩大学习范围，加深理解程度，不断提升学生的综合素养。

（四）课程设置

课程设置方面，一至六年级每周三节英语课，三、四年级以社团形式选修法语、俄语或西班牙语，五、六年级开设日语或德语，每周一节课，见表4-7。此外还在校园内开展英语书写、用英语讲好中国故事、外语游园活动、日语（德语）风采展示、戏剧展示、中外人文交流等活动。

表4-7 外语课程设置表

语种 年级	必修			选修			
	英语	日语	德语	日语	俄语	法语	西班牙语
一年级	3节/周			社团：每个语种4次课，1节/周			
二年级	3节/周						
三年级	3节/周			社团：每个语种4次课，1节/周			
四年级	3节/周						
五年级	3节/周	1节/周					
六年级	3节/周		1节/周				

第四节 "英语·多语种"课程的评价体系

课程评价反馈课程实施情况，帮助改进和完善课程体系，促进课程可持续发展。学校形成了较为完善的课程评价体系，既有对课程本身的评价；也有针对学生课堂学习和课外活动的评价；还有针对学生外语素养发展的评价，反馈学生在素养方面的发展情况，帮助教师和学生掌握情况，调整教与学的策略。

一、评价原则

评价既要关注课程目标的达成度，也要重视调动和发展学生的主动性。评价主体要多元，评价标准要多元，评价方式要多元，突出学生的主体地位，通过自评、互评、家长评和教师评相结合的方式，提高学生综合素质，培养其创新精神。

二、对课程本身的评价

评价不仅用来验证实施后的课程质量，而且贯穿在实施过程中保证质量。关注课程目标的达成度、教师的教学效果和学生的学习效果，并与预期的目标进行对比，发现其中的差异。根据学校外语课程开发与实践，确定评价维度与要素，见表4-8[①]。

表4-8 "成都市锦江区外国语小学校外语课程计划的方案评价"指标体系

一级指标	二级指标	评价要素
1. 学校背景分析和需要评价	1.1学校背景分析	分析做到全面、客观、正确、针对性强
	1.2学生、学校、社区、社会发展需求和课程资源等要素评估	(1) 评估各要素的现状、条件、需求和发展等 (2) 学校条件、教师专业素养、学校课程资源等能支持"方案"中的课程实施

---

① 上海市教育委员会教学研究室. 学校课程计划编制实践指南[M]. 上海：华东师范大学出版社，2013.

续表

一级指标	二级指标	评价要素
2. 学校外语课程总体目标	2.1 明晰学校办学理念和课程功能定位	(1) 明晰学校办学理念、师生发展目标 (2) 能按照"满足学生个性发展需要和社会对多样化人才需求"的功能定位开设外语课程 (3) 将外语课程建设纳入学校课程建设范围
	2.2 课程总目标、分目标、年段目标	(1) 课程总体目标规范、合理、可行和有效 (2) 分目标指向明确 (3) 年段目标合理、可行
3. 学校外语课程结构	3.1 课程结构、课程设置及课程的基本特征	(1) 课程结构和门类符合国家规定。包括语言学习和跨文化交流活动两部分 (2) 符合外语课程的基本特征——学习内容的多样性和选择性。课程设置以课堂学习和综合实践活动为主,内容丰富、组合灵活、分类清晰、合理适切
	3.2 课程的学校特色	(1) 制定学校外语课程资源开发计划并稳步推进,采取多种方式开发外语课程,体现学校传统特色及新的增长点 (2) 初步形成具有学校办学特色的外语课程系列,编写一批具有学校特色的课程资源
	3.3 修习方式与课时安排	(1) 采用自主选修方式,3—4年级学生选择修习法语、德语、西班牙语,5—6年级学生选择修习日语、俄语 (2) 课时分配遵照国家规定,比例适切,周活动总量保证
4. 学校外语课程实施	4.1 课程实施规范、合理、有序	(1) 课程安排合理而有序,注意不同年级学生的年龄特点 (2) 建立学生选课指导制度与操作流程 (3) 组建外语课程综合教研组,加强教学研究和常规检查,规范课程实施各环节,逐步提高其适应性、有效性和成长性
	4.2 完善课程实施方式	(1) 教师编写的"第二外语(日语/俄语/法语……)课程实施纲要"体例规范,操作性强、质量高。重视课程的整体设计,教案、学案、课程资源齐全 (2) 创新教学方式,精心设计问题,动态把握过程,丰富评价方式,提高实施效益 (3) 强化学生的主体性,根据教学实际与学生情况,及时调整教学内容、教学过程与教学方法

续表

一级指标	二级指标	评价要素
5. 学校外语课程评价	5.1 课程评价的规范运作	(1) 每学期常规组织四种类型的"学校外语课程评价"——学校课程实施评价、课堂学习情况评价、学生跨文化交流活动评价和学生学期外语课程学习评价 (2) 采用多元自主评价方式，倡导学生自评、互评，从三个维度对学生进行综合评价，重视课程评价的正向激励作用 (3) 课程实施与课程评价同步，外语课程目标、课程方案与课程评价相一致
	5.2 学校课程计划的方案评价和方案更新	(1) 同步编制与"学校外语课程实施方案"配套的"学校外语课程计划的方案评价" (2) 开学前组织新学年"学校外语课程实施方案"实施前的"方案评价"，及时评估、修订与完善"方案"
6. 学校外语课程管理和保障	6.1 建立和健全课程管理制度和管理体系	(1) 将外语课程纳入学校课程管理网络，健全课程管理制度和管理体系，建立课程计划"方案"和"方案评价"互动的运行机制 (2) 完善外语课程教学研究、教师培训和课程资源开发管理 (3) 建立必要的激励机制与保障制度，鼓励教师、学生主动积极地参与外语课程的实施与评价
	6.2 加强配套建设，提供课程实施的保障	(1) 有计划地实施教师培训与流动，建立一支相对稳定的外语课程专职与兼职教师队伍 (2) 重视现有外语课程资源的充分利用和共享，加强校本课程资源的自主开发 (3) 确保外语课程建设与实施的配套设施和经费投入，进行课程建设与实施的投入与效益评估

三、学生学习情况评价

对学生外语课堂学习情况进行评价，调动和发展学生学习的主动性，指导学生养成良好的外语学习习惯。结合外语学习要求与我校学生学习的实际及其特点，围绕学习态度、学习行为、学习效果三个维度，我们编制16个项目，见表4-9。每个维度又涵盖相应的行为表现，采用定性评价。学生的学习表现是发展和递进的，因而量表采用能力性条目，每个项目由低到高分为基本达到、达到、完全达到三级水平，并赋予相应分值进行定量评价[①]。每个语种根据学科特点，如日语，具体细化评价指标内容，采用自评和他评相结合，教师、家长、学生等多主体共同参与，正确判断每个学生的生长点，激发学生发展潜能，见表4-10。

表4-9　学生外语课堂学习的指标设计

指标	评分描述（发展水平）		
	基本达成 0　1　2　3	达成 4　5　6	完全达成 7　8　9　10
学习 态度	做好课前准备，学习用品放置整齐 学习精神饱满，坐姿端正，表情自然 发言声音洪亮、清晰 具有浓厚的学习兴趣，喜欢学习外语 积极参与课堂活动，认真思考		
学习 行为	课堂中注意力集中，认真听讲，做好笔记 课堂中紧跟教师教学思路，积极回答问题 积极参与小组讨论等活动，能和其他同学合作完成语言学习任务 勇于发表自己的看法，质疑问难，联系实际，在生活和实践中验证知识，培养自己的实践能力 遇到问题，主导向教师请教		
学习 效果	能听懂、认读所学内容 能应用所学内容与他人进行有意义的交流 能在外语口头表达中发言准确、清楚，语调自然和基本达意 能知晓别国的国家地理、建筑、历史、风土人情等知识 能以开放平等的心态接触别国文化，增强对中华文化的自信心 在学习和日常交际中，能初步注意到中国与别国文化的异同		

表4-10　学生日语课堂学习情况评价

指标描述	学生自评	同伴互评	家长评价	教师评价
1. 能体会到日语学习的乐趣				
2. 敢于开口，表达中不怕出错误				
3. 乐于感知并积极尝试使用日语				
4. 积极参与各种课堂学习活动				

---

① 上海市教育委员会教学研究室. 学校课程计划编制实践指南[M]. 上海：华东师范大学出版社，2013.

续表

指标描述	学生自评	同伴互评	家长评价	教师评价
5. 在小组活动中能与其他同学积极配合与合作				
6. 乐于参与各种日语实践活动				
7. 遇到困难时能大胆求助				
8. 能借助图片、图像、手势听懂简单的话语和录音材料				
9. 能在口头表达中做到发音清楚，语调基本达意				
10. 能认读所学词语和句子				
11. 能就熟悉的个人和家庭情况进行简短对话				
12. 能运用一些最常用的日常用语（如问候、告别、致谢、道歉等）				
13. 能借助图片读懂简单的对话或者故事，并养成按意群阅读的习惯				
14. 知道日本地理位置、首都、国旗、典型的饮食名称、国家标志物和重要节假日				
15. 乐于接触日本文化，增强祖国意识				
16. 在学习和日常交际中，能初步注意到中日文化的异同				

评价等级说明：基本达成（0～3分）达成（4～6分）完全达成（7～10分）

四、学生跨文化交流活动评价

跨文化交流活动的评价是描述性评价，对学生收集、整理、分析资料的能力、与人合作完成学习任务的能力和成果展示交流情况进行评价，见表4—11[①]。

---

① 上海市教育委员会教学研究室. 学校课程计划编制实践指南［M］. 上海：华东师范大学出版社，2013.

表4-11 跨文化交流活动学生自主评价表

活动主题			姓名	
评价项目		★★★	指导老师对你说	
1. 参与态度	自评			
	互评			
2. 信息收集情况	自评			
	互评			
3. 发现问题、解决问题能力	自评			
	互评			
4. 与他人合作探究情况	自评			
	互评			
5. 成果展示情况	自评			
	互评			
实践体验：				
家长寄语：				

优秀：★★★ 良好：★★ 一般：★

五、学生阶段素养发展评价

在每学段学习完成后，对学生语言能力、文化意识、思维品质、学习能力等素养发展情况进行评价，表4-12-1至表4-12-5，帮助学生找到合适的学习方法，调整学习策略与节奏，同时也帮助老师反思外语教学情况，及时调整教学策略。

表4-12-1 一二年级学生英语水平发展评价表
（预备级）

_____年级_____班 姓名_____ 等级_____

评价内容	评价指标	权重	评价等级			得分
			优良	较好	需努力	
语言能力	1. 能根据课堂指令做事情	5				
	2. 能在图片、图像、手势的帮助下，听懂简单的小故事或对话并做出适当反应	5				

续表

评价内容	评价指标	权重	评价等级 优良	评价等级 较好	评价等级 需努力	得分
语言能力	3. 能运用一些最常用的日常用语（如问候、告别、致谢、致歉等）并相互交流个人信息与感受	5				
	4. 能借助图片读懂简单的故事或对话，在教师的帮助下表演小故事或童谣	5				
	5. 能正确书写字母和单词	5				
文化意识	1. 知道英语中最简单的称谓语、问候语和告别语	5				
	2. 对一般的赞扬、请求、道歉等做出适当的反应	5				
	3. 了解世界上最重要的文娱和体育活动	5				
	4. 知道英语国家中最常见的饮料和食品的名称	5				
	5. 知道主要英语国家的首都和国旗	5				
思维品质	1. 能通过观察图片、具体现象和事获取信息	5				
	2. 注意到不同事物的特点	5				
	3. 能根据图片或关键词理解语篇的主要内容	5				
	4. 能根据个人的生活经验表达喜恶	5				
	5. 课堂学习中专注，表达有逻辑	5				
学习能力	1. 对各种英语学习活动有兴趣	5				
	2. 积极参与各种课堂学习活动	5				
	3. 能根据图片或关键词理解语篇的主要内容	5				
	4. 能根据个人的生活经验表达喜恶	5				
	5. 课堂学习中专注，表达有逻辑	5				
总分		100				

注：①各项具体评价指标的得分标准为：5分为优良，3~4分为较好，1~2分为需努力，请根据得分在相应的评价等级栏打画√；②总分对应的总评价标准为：90~100分之间为A，70~89分之间为B，60~69分之间为C，低于60分为D。（后表同）

表 4-12-2　三四年级学生英语水平发展评价表
（A1 基础级）

_____年级_____班　姓名_____　　总评价_____

评价内容	评价指标	权重	评价等级 优良	评价等级 较好	评价等级 需努力	得分
语言能力	1. 能听懂简单的配图小故事	5				
	2. 能借助图片读懂简单的故事或小短文，并养成按意群阅读的习惯	5				
	3. 能就熟悉的日常生活话题进行简短对话或者陈述，语音清楚，语调基本达意	5				
	4. 能在语境中，理解所学句型和词汇的表意功能	5				
	5. 能根据图片、词语或例句提示，写出简短的语句，大小写和标点使用正确	5				
文化意识	1. 用恰当的方式表达赞扬、请求等意义	5				
	2. 了解英语国家的地理位置、气候特点，历史等	5				
	3. 了解英语国家的人际交往习俗	5				
	4. 了解世界上主要节假日及庆祝方式	5				
	5. 关注中外文化异同，加深对中国文化的理解	5				
思维品质	1. 能注意到不同的人看待问题是有差异的	5				
	2. 能从不同角度观察周围的人与事	5				
	3. 能根据图片或关键词，归纳语篇的重要信息	5				
	4. 能就语篇信息或观点初步形成自己的想法和意见	5				
	5. 能根据标题、图片、语篇信息或个人经验进行预测	5				
学习能力	1. 对所学内容能主动预习、复习和归纳	5				
	2. 在课堂交流中，注意倾听，积极思考	5				
	3. 与他人合作完成语言学习任务	5				
	4. 遇到问题主动请教老师或同学	5				
	5. 能在教师指导下，制订简单的英语学习计划	5				
总分		100				

表 4−12−3　五六年级学生英语水平发展评价表
（A2 提高级）

_____年级_____班　姓名_____　总评价_____

评价内容	评价指标	权重	评价等级 优良	评价等级 较好	评价等级 需努力	得分
语言能力	1. 能听懂有关熟悉话题的语段	5				
	2. 能流畅朗读课文，并做到发音清晰洪亮，语音正确，语调自然	5				
	3. 能与他人围绕单元主题进行交流，自信且正确表述观点与态度，并让他人知晓理解，达到交际的目的	5				
	4. 能用所学语言知识，描述图片内容，讲述故事大意	5				
	5. 能用所学语言书面表达，做到拼写、格式基本正确，逻辑清晰有条理	5				
文化意识	1. 能对学习、探索、传承多元文化具有浓厚的兴趣和好奇心	5				
	2. 能借助语篇了解英语国家的风俗习惯、民族特点、文化传统等信息，并与中国相关文化进行初步的比较	5				
	3. 能用简单的句子描述中外文化相关的具体现象和事物，感知与体验不同国家文化的多样性	5				
	4. 能在跨文化交际中，注重礼仪，理解并尊重文化差异，并根据差异调整语言表达方式	5				
	5. 能在理解中外文化的基础上，知晓人类发展取得的成果，共同面临的机遇与挑战，感悟其中蕴含的人生哲理与肩负的责任	5				
思维品质	1. 能对英语语篇信息进行提取、梳理、分类、总结，促进对语篇的内化理解	5				
	2. 能对语篇展开合理的想象，进行简单的续编或改编	5				
	3. 能对语篇反映的现象、行为、观点进行正确的价值判断，分析结果出现的原因	5				

续表

评价内容	评价指标	权重	评价等级 优良	评价等级 较好	评价等级 需努力	得分
思维品质	4. 能客观看待不同现象观点存在的异同，辩证分析，学会换位思考	5				
思维品质	5. 能根据语篇推断作者观点，并有理有据表达自己的观点，积极与他人交流	5				
学习能力	1. 能运用已有知识积累和生活经验完成学习任务	5				
学习能力	2. 能根据自身情况，调整学习策略，形成适合自己的学习方法	5				
学习能力	3. 能通过求助他人、媒介等方式获取英语相关学习资源	5				
学习能力	4. 能在英语学习活动中保持良好的心态和专注力，认真思考，主动探究	5				
学习能力	5. 能根据任务要求选择自主探索和与他人合作等不同的解决方式	5				
总分		100				

表4－12－4　三四年级学生第二外语水平发展评价表

（A1 基础级）

_____年级_____班　姓名_____　总评价_____

评价内容	评价指标	权重	评价等级 优良	评价等级 较好	评价等级 需努力	得分
语言能力	1. 能听懂简单的课堂指令并做出反应如识别或指认图片或实物	5				
语言能力	2. 能大声跟读音视频材料，通过音视频模仿学习外语（西班牙语、法语或俄语）发音	5				
语言能力	3. 能理解基本的日常用语（问候、告别、感谢、道歉和请求）	5				
语言能力	4. 能积累表达介绍个人基本信息和情绪的简单句式，如姓名、年龄、喜欢和不喜欢等	5				
语言能力	5. 能在主题情境下，用简单的外语（西班牙语、法语或俄语）有条理地描述事物	5				

续表

评价内容	评价指标	权重	评价等级 优良	评价等级 较好	评价等级 需努力	得分
文化意识	1. 知道目标语国家（西班牙、法国或俄罗斯）的首都、国旗、典型的食品和饮料的名称	5				
	2. 观察、辨识目标语国家（西班牙、法国或俄罗斯）典型文化标志物，了解目标语国家（西班牙、法国或俄罗斯）重要的节日	5				
	3. 初步注意到中外文化异同	5				
	4. 能够对其他国家文化与中国文化进行比较与辨别	5				
	5. 能理解与中外优秀文化有关的图片、短文、视频等，发现和感悟其中蕴含的人生哲理	5				
思维品质	1. 初步从多角度观察和认识世界、看待事物	5				
	2. 根据图片和关键词归纳语篇信息	5				
	3. 就语篇信息和观点初步形成自己的想法和意见	5				
	4. 能够对语篇中提出的现象或观点心存疑问，并查阅资料得以求证	5				
	5. 课堂学习中专注，口头表达有逻辑	5				
学习能力	1. 对外语学习（西班牙语、法语或俄语）感兴趣，积极参与课堂活动	5				
	2. 乐于学习和模仿，敢于开口	5				
	3. 能在小组活动中尝试与他人配合与合作	5				
	4. 学习中善于记要点	5				
	5. 在学习中积极思考，主动探究，发现语言学习的规律	5				
总分		100				

表4-12-5 五六年级学生第二外语水平发展评价表
（A2 提高级）

_____年级_____班 姓名_____ 总评价_____

评价内容	评价指标	权重	评价等级			得分
			优良	较好	需努力	
语言能力	1. 能识别所学外语（德语或日语）的发音	5				
	2. 能获取听到或读到的语篇中人物、地点和事件的关键信息	5				
	3. 能理解关于人物或具体事物的简单描述，如人物外形、性格特征、喜好等	5				
	4. 能在情境中就熟悉的话题（如日常学校活动）展开简单交流，表达自己的想法	5				
	5. 能就熟悉的话题（如人物描述、喜好表达、校园生活等）借助图片或范文，用外语（德语或日语）写出几句意思连贯的话，基本达意，格式正确。	5				
文化意识	1. 知晓德国或日本典型行为规范、文化习俗等知识	5				
	2. 知晓德国或日本小学生待人接物、就餐、集会等礼仪	5				
	3. 能在理解的基础上对德国、日本和中国的典型文化（如各国新年）的异同进行初步的比较，感知与体验文化多样性	5				
	4. 能在人际交往中，尝试理解对方的感受，适当调整表达方式，体现得体、大方	5				
	5. 学习借鉴国外优秀文化，努力宣传中华文化	5				
思维品质	1. 能通过观察多模态语篇，了解故事的发生、发展和变化，加深对语篇意义的理解	5				
	2. 能通过比较分析，发现德语、日语和中文不同的结构和表达方式	5				
	3. 能得出语篇中的人物、行为、事物、作者观点与态度，并做出正确的价值判断	5				

续表

评价内容	评价指标	权重	评价等级 优良	评价等级 较好	评价等级 需努力	得分
思维品质	4. 学会从不同角度观察、思考、认识和解决问题	5				
	5. 能够依据学习内容的多种信息，进行思考，有理有据表达自己的观点	5				
学习能力	1. 保持外语（德语或日语）学习兴趣，乐于参与外语实践活动，遇到问题积极请教	5				
	2. 把握学习内容的重点和难点	5				
	3. 能够发现语言学习的规律并使用规律举一反三	5				
	4. 经常与老师和同学交流学习体会	5				
	5. 了解自己外语（德语或日语）学习的优势与不足，合理调整学习节奏和方法	5				
总分			100			

（一）第一学段学生素养发展情况反馈

通过评价，我们发现一年级学生活泼好动，喜欢通过游戏学习英语，对西方文化感到新奇，学习能力、文化意识这两方面的素养起步较好。但由于小学生认知规律特点和刚开始接触外语，学习思维品质和语言能力发展相对滞后。一年级的学生初步接触英语，基础较为薄弱，学习专注度和口语表达的逻辑性和流畅性需提高。教师也需要准确把握学情，遵循学生发展的特点与规律引导其养成良好的外语学习习惯。

二年级学生经过一年的学习，语言知识储备有所增加，学习习惯和课堂常规进步显著，语言听说能力发展较好。文化意识方面，由于入学时间短，对世界多元文化的了解较为局限，国际视野还不够广阔。思维品质方面，学生思维活跃，喜欢表达，但思维条理性较弱。学习能力方面，学生坚持听读课文，模仿语音语调，课堂上认真倾听，思考回答问题和表演。

（二）第二学段学生素养发展情况反馈

语言能力方面，三四年级学生英语听说习惯较好，坚持听读课文，模仿语音语调，喜欢阅读、表达和表演，英语听说读写技能发展较好。对第二外语学习兴趣浓厚，但由于初步接触，只会简单地问候。文化意识方面，喜欢了解其他国家的饮食、地理、风俗、历史、传说、童谣等知识。思维品质方面，学生思维活跃，能就熟悉的文化与中国文化进行比较，热爱中国文化，并乐于与他人讨论和表达自己的观点。学习能力方面，积极主动参与课堂活动和课外实践活动，能够通过查阅网络、实地参观等方式了解事物，记录信息，但分析整理信息能力还有待提高。

（三）第三学段学生素养发展情况反馈

语言能力方面，五六年级学生英语和第二外语技能发展较好。语音语调自然，会简单日常会话和简单看图说话，口头和书面表达准确流畅。文化意识方面，他们能够通过图表等方式对不同国家的饮食、风俗、历史、地理等做分析与比较，对文化现象及背后的原因有一定的了解，学生国际视野较为开阔。思维品质方面，学生逻辑思维发展较好，能够比较相同点和不同点；能够通过与同伴合作，较为全面且有深度地表达自己的观点。学习能力方面，学生喜欢通过阅读、电影、歌曲等拓展语言学习，他们能够通过查阅网络、问卷、访谈、实地参观等方式收集和记录信息，和伙伴一起分析信息，得出观点，并实践验证。学生分析、质疑的能力得到提高，但由于小学生的认知规律和受到场地等客观物理条件限制，学生实践操作的能力还有待提高。总的来看，由于家长重视、学生精力等原因，学生学习英语的时间较多，英语素养发展很好，成就感强。但学生学习第二外语的时间较少，日常学生接触第二外语的材料和使用机会较少，学生学习第二外语的体验感和成就感不足。为激发和维持学生学习第二外语的兴趣，老师要根据小学生的认知特点，设计趣味教学活动，鼓励学生积极参与，提高课堂质效。

这些评价结果帮助老师及时了解学生素养发展情况，及时更新教学内容，调整教学策略，以更加直观、生动的教学方式提高课堂质效，促进学生全面发展。

第五章　教学实践

外语教育的核心是指向学生核心素养的发展。基于素养导向的外语教育目标，我们以课堂教学和课外活动为抓手，以主题融合、深度体验为思路，围绕核心素养确定外语课程目标，选择课程内容，创新实施策略，改进评价方式。通过主题统整，建构有意义的话题情境，把外语课程与其他学科课程和综合实践活动有机整合，丰富学生的学习体验，促进学生学习方式的转变，全面提升学生核心素养。本章节内容围绕主题统整的"英语·多语种"话题式教学与主题统整的"英语·多语种"体验式活动，将"话题式"教学与"体验式"活动融入学校外语教育中。在话题式教学中，以话题为中心，以文本为基础，教师通过创设有意义的话题情境，引发学生阅读、探讨的兴趣，通过对话、讨论、分享，使学生能够在语言的运用中学习语言，从而有效地提高学生的语言运用能力。在体验式活动中，学校以"互联网＋"交流项目、天府文化研学项目、海外游学项目和系列展示活动等为基础，将外语教育延伸至课外，以项目形式开展，采用体验学习活动、探究性学习活动和欣赏性学习活动让学生参与体验、实践探究和尝试创造，通过认识、体验、发现、探索、操作等方式，使学生参与体验，开阔视野，提升学生语言应用能力以及实践探究、交流合作等综合素养。

第一节　主题统整的"英语·多语种"话题式教学

新课标倡导主题统整的单元教学，以此改变以往碎片化的教学。主题、话题、语篇是单元教学中的三个主要因素。从宏观层面来看，主题是单元育人价值的载体；从中观层面来看，话题是实现单元育人价值的路径；从微观层面来看，语篇是具体实现单元育人价值的切入点。本节从教学模式、操作流程、支持条件三个方面具体阐述主题统整的"英语·多语种"话题式教学的内涵与操作办法，其核心是挖掘单元育人价值，形成主题大观念和小观念，构建"以主题为统整、话题为依托、语篇为载体"的单元育人蓝图，把核心素养培养落实到单元和课时教学之中。

一、教学模式

（一）教学原则

按照"主题统整、话题支撑、学科融合、活动递进、及时评价"五大原则开展教学活动。

"主题统整"是指按照主题意义来设计课程内容与教学方式，整合多种资源，开展教学，促进学生语言能力、文化意识、思维品质、学习能力等核心素养发展。

"话题支撑"是指围绕主题，依据认知规律，分解主题内容，以一个个小话题形式支撑主题内容学习与目标的达成。

"学科融合"是依据主题意义与话题学习的目标，融合语言知识与学科知识，从学生生活场景和实际出发，设计问题情境，培养学生探究、实践、推理、创新与问题解决能力。

"活动递进"是指遵循语言学习活动观，依据理解类、巩固类、拓展类、应用类活动特点，把课时教学中蕴含的核心素养培养目标设计成递进式教学活动。

"及时评价"是指教师以课堂观察为主，以口头方式对学生学习情感态度、能力、行为、合作与成果展示情况进行及时反馈。

（二）教学目标

根据主题育人价值，形成主题大观念，并细分为小观念，落实到每一个话题中，从而形成以主题为统整，话题为依托，语篇为载体的教学模式。其中，话题式教学是指在教学时以常用话题为中心，以语篇为基础，注重课堂活动的教学方式，在教学中具有承上启下的作用，以学生为中心，创造教学情境，实现教学活动中的多向互动，激发并维持学生外语学习兴趣，拓宽学生视野，丰富学生体验，培养学生乐学善学的学习品质和实践运用能力。

制定教学目标时，首先要明晰单元育人目标，确定主题大观念和小观念；然后根据小观念，设计话题教学目标；最后制定单元教学目标和课时教学目标，明确学生在什么情境中，通过什么方式，达成什么目标，从而从上往下构建单元育人蓝图，指向学生核心素养发展。

下面以"我为新年添光彩"这一主题为例进行具体说明。

1. 构建单元育人蓝图

以"我为新年添光彩"主题为统领，以话题为依托，以语篇为载体，融合语言知识、文化知识、语言技能和学习策略等要素构建课程内容，以单元为单位呈现，整体规划育人蓝图，培养学生核心素养，如图5-1所示。

```
主题大观念：怀抱爱与希望，表达美好祝福，装饰温馨家园，迎接新的一年
```

小观念：参与跨年活动，迎接新年到来	小观念：制作圣诞日历，展望美好未来	小观念：手绘爱心贺卡，寄托关心祝福	小观念：布置温馨家园，营造新年氛围
时代广场的跨年狂欢	圣诞日历大PK	传递爱意的新年贺卡	装扮我的家
学生能有效开展自主学习和合作学习，理解语篇的具体信息；能用英语陈述美国人庆祝新年的方式，表达自己的观念和情感态度；整理新年相关的欧美文化元素，拓展文化视野	学生能有效开展自主学习和合作学习，理解语篇的具体信息；能用德语表达新年相关的词汇和句型；了解德国庆祝新年的相关习俗；制作圣诞日历，绘制其中的德国元素，拓展文化视野	学生能有效开展自主学习和合作学习，理解语篇的具体信息；能用日语表达新年相关的词汇和句型；制作新年贺卡，了解日本人表达新年祝福的方式；加深对中国文化的理解与认同。	学生能有效开展自主学习和合作学习，梳理、归纳各语篇的具体信息；总结各国新年习俗，了解其文化特征，培养包容不同文化的态度；理解其中承载的文化内涵，并与中国文化比较，从中加深对中国文化的理解与认同；设计并装饰新年氛围

统整主题知识，丰富主题内涵；积累语言经验，发展语言能力；了解不同文化，增强文化自信；联系生活实际，提高实践探究能力；调适学习策略，提升学习效率；聚集核心素养，实现育人价值

图5-1 "我为新年添光彩"单元内容框架

新年是每一个国家最盛大的节日，世界各国不仅有自己独特的新年习俗和庆祝方式，还有很多代表性的文化元素。学生在"我为新年添光彩"主题课堂中，通过梳理、归纳、推断等方式获取各语篇信息，学习语篇承载的语言知识和文化知识并阐述自己的观点见解，拓宽国际视野；在比较的过程中加深对中国文化的理解认同，促进中国文化的传播；通过动手制作寓意独特的手工艺品，装饰环境或赠予他人，提高自己的劳动实践能力。

（1）学生学完本单元后的素养表现。

学生在看、听、说的活动中，获取中外迎接新年活动的信息，对迎接新年这一话题进行有意义的沟通与交流。（语言能力）

学生加深了对中华文化的理解、认同与传承，坚定文化自信，能够使用外语传播中国传统文化。通过对世界不同国家和民族文化的认识和理解，拓宽了国际视野，增强了对多元文化的理解（文化意识）。

学生通过设计和装扮我的家这一实践活动提高了批判性思维能力、沟通能力、合作能力，使其具备尊重、了解、分析文化差异的能力（思维品质）。

学生初步从多角度观察和认识世界迎新传统，有条理地表达他们的感受和观点；学会查阅资料，与他人合作，讨论设计方案，有计划、有步骤地实施（学习能力）。

（2）话题内容分析。

每个小观念对应一个话题，并对话题内容进行分析，见表5-1。

表5-1 话题内容分析

话题	内容分析
时代广场的狂欢	学生学习了解美国新年庆祝活动，通过对比中外文化差异，体会外国人表达爱和庆祝新年的方式
圣诞日历大PK	学生学习了解德国新年的传统习俗，通过制作圣诞日历，体会人们对节日的期盼之情
传递爱意的新年贺卡	学生学习了解日本新年寄贺卡的相关语言知识，通过体会文化寓意，体会日本人表达爱和关心的独特方式
装扮我的家	根据自己家人的喜好，综合借鉴各国过新年的习俗，通过设计自己家过新年的方案和具体实施，对比文化异同，营造浓浓的新年氛围

2. 制定单元教学目标

学生学完本单元后的综合素养表现如下。

（1）学生在"我为新年添光彩"主题课堂下，借助梳理、归纳、推断等方式获取各语篇信息，学习语篇承载的语言、文化知识并阐述自己的观点。

（2）在比较过程中加深对中国文化的理解认同。

（3）动手制作寓意独特的手工艺品，装饰环境或赠予他人。

3. 细化课时教学目标

对每个话题下的语篇进行分析，细化教学目标和活动，指向育人目标的达成，见表5-2。

表 5-2 课时教学目标

语篇	教学目标	活动任务
时代广场的跨年狂欢	在对话情境中，借助角色扮演了解美国新年庆祝活动，感受中外文化差异，体会外国人表达爱和庆祝新年的方式	学习庆祝新年的词汇和句型；了解美国新年庆祝活动，感受中外文化差异；学习一个自己喜欢的跨年活动，体会外国人表达爱和庆祝新年的方式
圣诞日历大PK	基于微视频学习，借助自主设计的圣诞日历，讨论德国人过圣诞节的传统习俗，体会人们对节日的期盼之情	学生学习德国圣诞日历的相关语言词汇和句型；学习了解德国圣诞的传统习俗；制作圣诞日历，体会人们对节日的期盼之情
传递爱意的新年贺卡	基于对话学习，借助自主设计的新年贺卡，讨论日本人过新年、表达爱和关心的独特方式	学生学习日本新年的相关语言词汇和句型；了解日本的新年文化和寓意，体会日本人表达爱和关心的独特方式；制作日本的新年贺卡，体会外国人表达爱和庆祝新年的方式
装扮我的家	基于主题情境活动，在教师的引导下完成设计并装扮自己的家，提高动手实践能力，学会关心他人，传递爱意	根据自己家人的喜好，综合借鉴各国过新年的习俗，设计自己家过新年布置家里的方案并实施，营造浓浓的新年氛围

学生通过每个课时的学习，完成相关活动任务，达成课时教学目标，落实核心素养的培养。此外，我们需要分析学生的语言水平和认知能力来设计教学目标。梳理学生已经掌握的语言和新学的语言，分析学生素养发展情况，了解学生的认知特点，针对性地制定教学目标和设计教学活动，确保教学效果。

（三）活动设计

学习借鉴英语学习活动观的理念，主题统整的"英语·多语种"话题式课堂教学模式，以主题意义为统整，话题学习切入点，语篇教学为依托开展教学，指向学生核心素养培养。教学活动分为三个层次即学习理解活动、应用实践、迁移创新，分别指向学生的阶段发展，如图 5-2 所示。

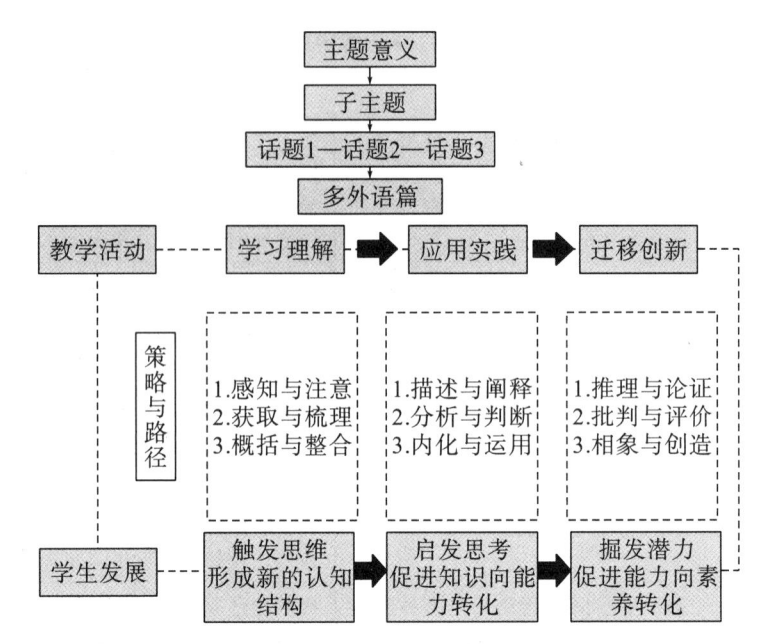

语通世界 文润童心
——小学"英语·多语种"课程建设

```
                        主题意义
                          │
                         子主题
                          │
              话题1—话题2—话题3
                          │
                        多外语篇

  教学活动 ──── 学习理解 ──▶ 应用实践 ──▶ 迁移创新

          ┌────────────┬────────────┬────────────┐
   策略   │ 1.感知与注意│ 1.描述与阐释│ 1.推理与论证│
   与     │ 2.获取与梳理│ 2.分析与判断│ 2.批判与评价│
   路径   │ 3.概括与整合│ 3.内化与运用│ 3.相象与创造│
          └────────────┴────────────┴────────────┘

  学生发展 ──── 触发思维      启发思考      掘发潜力
                形成新的认知  促进知识向能  促进能力向素
                结构          力转化        养转化
```

主题统整的"英语·多语种"话题式课堂教学模式

图 5-2 主题统整的"英语·多语种"话题式课堂教学模式

1. 学习理解活动

在学习理解活动中，从活动到学生阶段发展目标的策略与方法是：(1) 教师通过感知创设主题情境，激发学生相关图式，铺垫必要的语言和文化背景知识。(2) 明确待解决问题，使学生在旧知和新知间建立关联，发现认知差距，形成学习动机。(3) 教师以解决问题为目的，引导学生通过获取与梳理、概括与整合等活动，学习和运用语言知识和听说读写等语言技能，从语篇中获取与主题相关的知识，建立信息关联，形成新的知识结构。

例如日语"传递爱意的新年贺卡"这一课，该片段的教学活动主要是为了让学生了解日本新年习俗，见表5-3，如图5-3所示，营造过新年的情境，引导学生学习新年贺卡的格式、祝福语等。

表 5-3 学习理解类教学设计

教学目标	学习活动	评价项目	评价标准
能在学习过程中了解日本新年的习俗和新年贺卡的格式；	1. 观看视频，了解日本独特的新年庆祝活动——红白歌会对战 2. 看图片了解更多日本新年的习俗并引出写新年贺卡的主题学习内容 3. 看日本新年贺卡，初步了解贺卡上的格式	1. 是否能根据图片提示猜测日本的新年习俗 2. 是否能说出新年贺卡上的基本格式信息	1. 表达出的信息数量 2. 图文信息查找的准确性和全面性

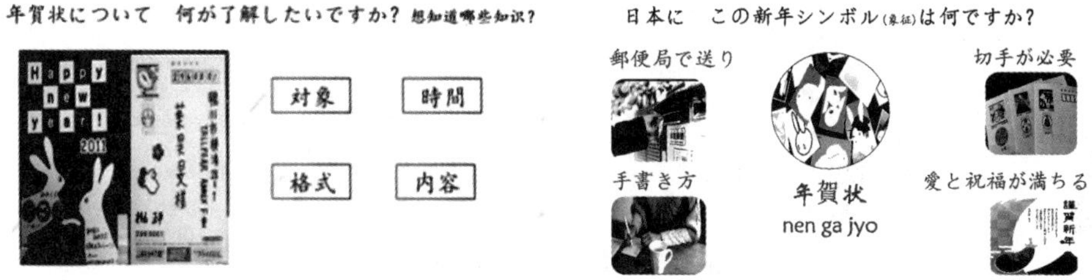

图 5-3 学习理解类教学活动设计

教师通过给学生播放日本独特的新年庆祝活动——红白歌会对战，引发学生关于新年庆祝习俗的讨论，进一步学习日本独特的新年庆祝活动——互赠新年贺卡，了解关于贺卡的基本信息。

2. 应用实践活动

在应用实践活动中，从活动到学生阶段发展目标的策略与方法是：（1）教师引导学生基于所形成的结构化知识开展描述、阐释、分析、应用等多种有意义的语言实践活动，内化语言知识和文化知识，加深对文化意义的理解，巩固结构化知识，促进知识向能力转化。（2）学生在学习理解层次上建构新的结构化知识，需要大量的语言实践，促进语言运用的自动化。

例如日语"传递爱意的新年贺卡"这一课，该片段的教学活动主要是为了巩固学生对日本新年贺卡包含信息的理解等，引导学生制作新年贺卡，见表 5-4，如图 5-4 所示。

语通世界 文润童心
——小学"英语·多语种"课程建设

表 5-4 应用实践类教学设计

教学目标	学习活动	评价项目	评价标准
能通过文段的阅读了解日本新年贺卡的相关信息；能够认读贺卡相关日语词汇邮便番号、切手、受信者、差出人	根据梳理的信息，学习日本新年贺卡相关信息的语言表达	是否能通过阅读文段内容找出相关信息	表达出的信息数量和准确性

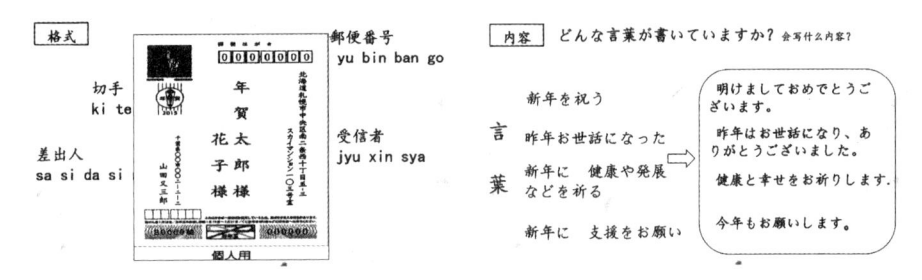

图 5-4 应用实践类活动设计

在写一写新年贺卡这一活动中，学生尝试用所学语言写一张新年贺卡的语言实践活动，就是内化语言知识，促进知识向能力转化。

3. 迁移创新活动

在迁移创新活动中，从活动到学生阶段发展目标的策略与方法是：（1）教师引导学生针对语篇背后的价值取向、作者和主人公的态度和行为开展推理和论证活动，把握语篇结构，分析语言表达的手段和特点，评价作者或主人公的观点和行为，加深对主题意义的理解，进而运用所学知识技能、方法策略和思想观点，多角度认识和理解世界，创造性解决真实情境中的问题，表达情感、态度和观点，促进能力向素养的转化。

（2）学生在应用实践类活动的基础上进行知识的迁移，运用所学知识结构或语篇结构，培养多元思维，创造性地解决真实情境中的问题。

例如日语"传递爱意的新年贺卡"这一课，该片段的教学活动主要是为了教授学生制作日本新年贺卡，营造交流情境，鼓励学生结合自身喜好，制作新年贺卡送给日本小朋友，见表 5-5。

表 5-5　迁移创新类教学设计

教学目标	学习活动	评价项目	评价标准
能够完成新年贺卡上祝福语的认读；能够尝试设计自己的新年贺卡	1. 小组合作，将贺卡上的祝福语和相关内容连线 2. 欣赏日本新年贺卡上的文化元素并尝试添加中国元素 3. 设计自己的一份新年贺卡	1. 是否能将祝福内容正确匹配 2. 是否能看图说出相对应的日本元素并尝试添加中国元素	1. 对贺卡上祝福语的匹配准确度 2. 小组活动参与程度 3. 在自己设计的贺卡上至少添加 2 种中国元素

（3）教师设计创作了一张具有中国元素的新年贺卡的学习活动，引导学生在应用实践类活动的基础上进行知识的迁移，促进能力向素养的转化。

二、操作流程

（一）做好教学设计

1. 教材解读

教师在进行教学设计时要深度解读教材文本，提炼和丰富文本呈现的主题情境，设计英语学习话题。此外，对学生的年龄特点、思维现状、兴趣爱好、实际生活做分析，确定设计的话题能够与学生产生情感共鸣，使学生在熟悉的、感兴趣的情境中学习语言，积极参与学习活动。

2. 主题统整

以"主题统整，整合育人"为思路，对单元主题育人价值和语篇的主题意义进行解读，形成单元主题大观念、小观念。以主题大观念为统整，细化小观念，制定明确的、针对性的话题。围绕话题，整合语篇，设计教学目标、教学话题和情境，使英语课堂教学活动紧紧围绕教学话题有序开展。

3. 递进式教学活动

语篇教学是落实单元育人目标的关键，做好语篇教学就能保障育人质量。参考英语学习活动观，结合小学英语教学实际情况，依据话题设计语篇理解类、语篇巩固类、话题拓展类、生活应用类活动，设计适合的思维可视图开展教学，如图 5-5 所示。教学活动层层递进，每个层级都在前一个层级的基础上，对语言材料学习本身、学生思维习惯和学生学习能力培养方面有更高的要求。理解类活动是基于语篇，构建对语篇内容及逻辑、重点词汇和句型的理解，形成新的认知结构；巩固类活动是深入语篇，通过对信息的组织加工，内化语言知识和文化知识，加深对文化意涵的理解，巩固结构化知识，促进知识向能力的转化；拓展类活动超越语篇，围绕既定话题，拓展文化知识，内化对话题的理解，运用所学知识与技能、方法策略与思想观念，多角度认识和理解世界；应用类活动升华主题，联系学生生活实际，讨论真实的情景问题，理性表达情感、态度和观点，促进能力向素养的转化。

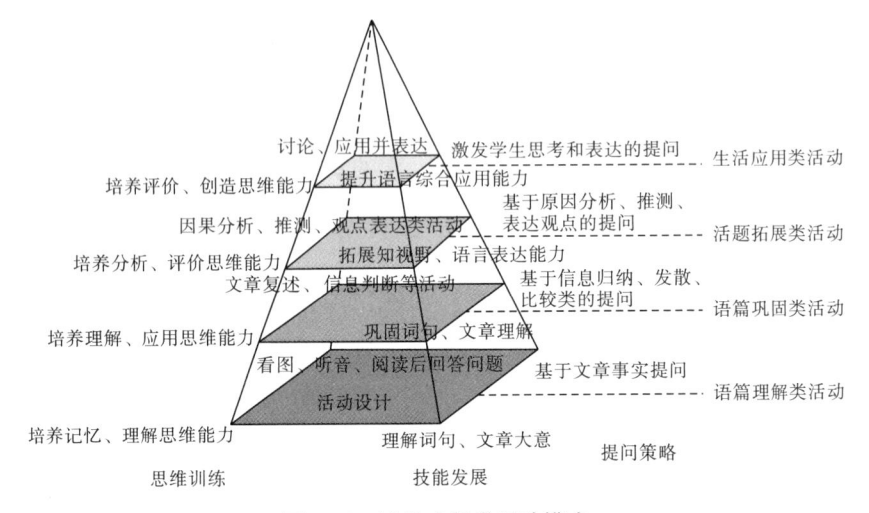

图 5-5　递进式教学活动模式

下面选择生活应用类活动，以人教版（新起点）（一年级起）小学英语四年级下册 Unit 4 Hobbies Story Time 为例具体说明，见表 5-6。

表 5-6　生活应用类活动设计

技能发展	结合单元主题，聚焦学生真实生活话题，使用既有的思维逻辑框架，发表观点，提升语言综合应用技能
思维训练	使用思维导图和语言结构在真实生活情景中迁移使用，表达观点，培养学生评价和创造思维能力
活动设计	学生在已有思维导图和语言结构基础上，围绕一个生活问题设计表达自己的看法和如何解决的活动
提问策略	1. 利用多媒体教学资源联系学生相关生活场景，呈现类似问题、冲突、困扰等情况 2. 教师组织语言，引导学生使用既有语言结构和思维逻辑框架，激发学生思考和表达观点，解决实际问题

【教学过程】

（1）理解对话内容。

T：Let's look at picture one, where are they?

Ss：They're in the playground.

T：What is the girl doing now?

Ss：She is doing an interview.

T：What does the girl say? Let's listen.

Ss：（学生听录音后回答）I am with School News. Can I ask you a question?

T：What does the girl ask?

Ss：What are your hobbies?

T：Yes! Let's listen what Bill's hobby is.

Ss：（学生听音回答）He likes doing jigsaw puzzles.

T：Great! How about Mike?

…

（2）学习对话用于表达，不同角色的准确用语，如何丰富自己的语言。

T：What does the girl say?

Ss：Good afternoon! I am with School News. Can I ask you a question?

从这里告诉我们作为学校记者首先应该打招呼，其次介绍自己的身份，最后委婉询问别人能否问你一个问题。思考记者可以问哪些问题？

What are your hobbies? What hobbies do you have? Why? Do you like? What about you?

设计意图：在当小记者采访他人这个情境下，让学生思考记者可以提哪些问题，培养学生发散思维能力。

（3）在本对话基础上进行创编，进行现场采访。

A：Good morning! I am with School News. Can I ask you a question?

B：Sure.

A：What are your hobbies? /What hobbies do you have?

B：I like …

B：What about you?

A：I like …

B：Thank you all very much!

(4) 对信息进行加工和分析。

T：What hobbies do boys like? Why?

Ss：Boys likes ... because they are exciting ...

T：What hobbies do girls like? Why?

Ss：Girls like ... because girls are quiet.

T：What are right hobbies for you? Give me your reasons.

Ss：I think ... is right hobby. Because ...

Hobby		
Boys' hobbies	Right hobby foryou	Girls' hobbies
football basketball computer games ...	Sports games	singing dancing ...
(cause) powerful exciting ...	(cause) Good for health	(cause) popular super star

设计意图：在讨论爱好这个情境下，对比男生、女生的爱好及其原因，让学生思考哪些爱好对自己是有益的，并给出原因，从而培养学生信息对比、评价、因果分析的能力。

男生、女生由于性别原因，爱好及其原因也不一样。通过 What hobbies do girls/boys like? Why? 这一问题，可以让学生结合自己的思考，谈自己的看法。同时在梳理好男生、女生的爱好之后，我们通过比较男生、女生有哪些相同的爱好和不同的爱好，对信息再次加工和理解，也引导学生对一些爱好进行评价。比如 play computer games，玩游戏过度会影响身体健康，老师借此告诉学生凡事要有度。

(二) 创设话题情境

1. 利用语篇和生活经验设计情境

根据主题大小观念、话题内容和教学目标，分析语篇，设计情境；拓展语篇情境，设计活动，巩固学生对新学语言和观念的认识；联系学生生活实际，如研学计划、制定食谱等，研究相关的现象和问题，设计使用语言、观念和技能去解决实际问题的情境。

2. 营造轻松的交流情境

老师尊重学生，建立师生间轻松的交流关系，鼓励学生用英语表达。在

"我为新年添光彩"主题教学中，日语课、德语课以学生感兴趣的新年庆祝活动为情境，激发学生讨论新年活动的兴趣，引导学生进一步学习不同文化背景下独特的新年庆祝活动。

3. 创造探究的情境

老师要引导学生深度思考，主动探究。利用教材资源，引导学生预测故事的发展等；联系学生生活实际，引导学生迁移创新，使用所学知识、观念和技能去解决问题。特别留意学生意见不一致的问题，让学生去调查研究，进一步研究问题，得出结论。在"Clothes"单元语篇的学习中，老师引导学生观察主人公的衣着和窗外的天气是否合适以及思考为什么哥哥会提醒主人公要换上运动鞋，引发学生关于穿戴衣物需要考虑的因素的思考，创造主动探究的情境。

（三）引导学生展示交流

1. 合理分组

每个学生都有自己思考的角度和"节奏"，老师应积极促进学生以开放的态度，分工合作，实现共同进步。鼓励学生开展四人小组活动，每组学生水平能力均衡，由优等生、中等生和学困生组成。鼓励小组成员之间互帮互助，相互学习，取长补短。调动每个成员的积极性，发挥自己的长处完成小组学习任务。

2. 任务分层

在进行分组后，教师还需要进行话题任务的设计，在充分结合学生学习能力与水平存在差异化前提下，进行难易程度各不相同的任务分层。学生根据自己的能力水平，选择适合自己的任务完成。

3. 思维导图

思维导图是一种有效表达发散性思维的思维工具，通过图文并茂的方式梳理知识之间的复杂关系，建立各部分教学内容之间的记忆链接、激发大脑潜能。思维导图可以帮助学生梳理语篇层次结构、逻辑关系，辅助学生记忆、思考和处理信息，形成结构化的知识结构，促进学生深度学习。

（四）教师耐心点拨探讨

1. 了解小组学习动态

小组交流讨论时，老师除了课堂巡视指导外，更应该积极参与到小组讨论中去，答疑解惑，营造民主和谐的学习氛围，使学生畅所欲言。

2. 鼓励学生表达

在展示交流过程中，对于学生多样的看法和观点，老师要给予充分的肯定和鼓励，促使他们以更积极的态度参与整个学习过程，提高课堂教学质效。

3. 关注学生分层发展

每个学生理解的角度和能力，以及各自的学习感悟也不同，教师应该针对不同层次的学生，提出不同层次的要求，让学生在讨论中树立自我、认识自我、评价自我和完善自我。

4. 积极评价学生学习表现

教师要认真倾听学生的发言，捕捉学生学习过程中的闪光点，使用准确、生动的语言予以评价，促进学生思考，养成积极主动的学习态度，让学生感受学习的乐趣。

三、支持条件

（一）真实性情境

话题式教学的一个基本前提即语言情景的创设。学生只有在具体的语言情景中才能感受到所讨论的主题以及所使用语言的意义，才有可能在情景中进行话题的交流与讨论。缺失语言情景的语言教学必会落到只顾语言形式操练的道路上去。情景创设的主要策略有以下几种。

1. 利用课堂环境资源进行情景创设

在人教版英语四年级下册"Unit 1 My Neighbourhood"这一话题的教学中，我们可以利用教室里现有的资源进行街区场景的构建进行交流与交际，而不必舍本逐末地去运用多媒体进行情景创设。

2. 利用师生资源进行情景创设

在教学人教版英语五年级上册"Unit1 My Classmates"和"Unit2 My Teachers"这一话题时，我们可以利用现有师生资源创设情景，让学生对身边的人进行外貌的描述。

3. 利用教具进行情景创设

在进行部分话题的学习时，我们可以在课前准备教具，进而在课堂中创设出较为真实的语言情景。例如利用购物篮创设在超市购物的情景。

4. 利用课件创设情景

多媒体可以让我们摆脱时空的限制，在视觉与听觉的共同作用下，为学生创设出身临其境的语境。

5. 利用挂图、卡片创设情景

在条件不允许的情况下，挂图和卡片的运用也可以创设出较为真实的情景。

（二）实践性学习任务

实践性学习任务是贯彻落实"学思结合 用创为本"英语学习活动观的重要环节，能够与学生生活有机融合，丰富学生语言学习体验，激发学生学习兴趣，引导学生走进生活，使用已学观念、知识和技能解决生活实际问题。具体操作要点有：提炼单元主题大观念、小观念，设计实践探究活动，开展调查研究。下面以主题"Try+成'竹'在胸"为例进行具体说明。

1. 提炼单元主题大观念、小观念

在进行"Try+成'竹'在胸"单元课程设计时，我们首先对主题进行分析。该主题由赏"竹"之韵、知"竹"之用、传"竹"之美三个板块构成，包括自然之"竹"、文学之"竹"、器用之"竹"、艺术之"竹"、交流之"竹"五个话题。本单元以主题为统领，话题为依托，语篇为载体，由视听、阅读、综合实践学习方式构成，将语言学习与科学、语文、音乐、劳动、美术和人文交流活动相融合，打破学科界限，促进学生在体验和实践中发展语言能力、文化意识、思维品质、学习能力等核心素养。

主题大观念：学生以"竹"为载体，多角度认识竹，增强对中华传统文化的热爱，学会友好交流，坚定文化自信。

小观念1：赏"竹"之韵——知晓竹的科普知识及文学作品	小观念2：知"竹"之用——了解竹的生活用途及竹制品	小观念3：传"竹"之美——以竹为纽带，向外国友人传递天府竹文化
自然之"竹"和文学之"竹"	器用之"竹"和艺术之"竹"	交流之"竹"
学生能够通过实地考察、访谈、查阅网络书籍等方式了解竹的常识和文学作品；能用英语陈述竹种类、大小、颜色、分布；梳理有关竹的诗歌、童谣，体会竹的精神品质，表达自己对竹的态度；拓宽知识面，提高语言表达能力	学生能够通过实地考察、访谈、查阅网络书籍等方式了解竹的用途和竹制品；能用英语表达竹的用途和竹制品；了解竹制品的种类，拓宽生活经验；参与竹筒画的绘制，提高动手能力和语言实践运用能力	学生能够设计竹文化宣传小使者竞选文稿，有主动参与人文交流的意愿；能用英语与国际友人进行交流，介绍竹文化，赠送纪念品，共叙友谊；增强对中华传统文化的热爱，坚定文化自信，传播中华文化

以话题为依托，丰富"竹"这一主题内容，积累语言经验，发展语言能力；了解中华传统，增强文化自信；联系生活实际，提高实践运用能力；调适学习策略，提升学习效率；聚焦核心素养，实现育人价值。

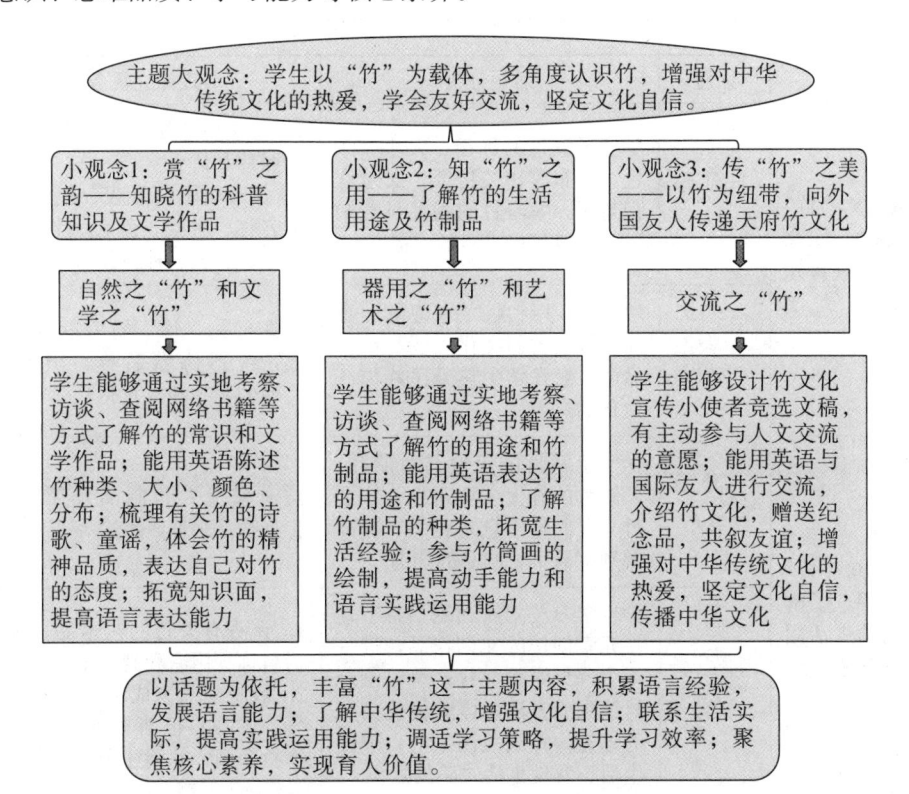

图 5-6 "Try+成'竹'在胸"单元内容框架构建

本单元主题大观念：学生以"竹"为载体，多角度认识竹，增强对中华传统文化的热爱，学会友好交流，坚定文化自信。小观念1：赏"竹"之韵——知晓竹的科普知识及文学作品，包含自然之"竹"和文学之"竹"两个语篇。小观念2：知"竹"之用——了解竹的生活用途及竹制品，包含器用之"竹"和艺术之"竹"两个语篇。小观念3：传"竹"之美——以竹为纽带，向外国友人传递天府竹文化，包含交流之"竹"。

本单元以话题为依托，丰富"竹"这一主题内容，积累语言经验，发展语言能力；了解中华传统，增强文化自信；联系生活实际，提高实践运用能力；调适学习策略，提升学习效率；聚焦核心素养，实现育人价值，如图5-6所示。

2. 设计实践探究任务

为了达成单元育人目标，我们对话题进行分析，并结合学生研学活动，设计了实践探究任务，将课堂语言学习与课外实践探究活动相结合，促进学生核心素养发展，见表5-7。

表5-7 话题分析与实践探究任务

版块	话题	话题分析	实践探究任务
1. 赏"竹"之韵：知晓竹的科普知识与文学作品	自然之"竹"	学生了解竹的种类、大小、颜色、分布等相关特征。通过认识竹子，学习竹的相关科普知识，养成积极思考的习惯	1. 参观望江楼公园或青神研学照片和体会 2. 调查竹子信息表，包括竹子名称、种类、颜色、外形、高度、直径、种植分布等
	文学之"竹"	学生学习有关竹的诗歌、童谣，体会竹的文化内涵与精神品质，激发学生热爱民族传统文化的热情	收集有关"竹"的诗歌或童谣，包括诗歌名称、作者、传递的精神和自我感受
2. 知"竹"之用：了解竹的生活用途和艺术品	器用之"竹"	学生了解竹的用途与竹制品，了解竹的五大主要用途，体会竹与我们生活息息相关，提高辨别生活中竹制品的能力	访谈家里人竹制品及用途，包括物品名称、用途等
	艺术之"竹"	学生学习艺术家利用"竹"这一元素创作的文创作品，进一步了解天府竹文化；学习绘制竹筒画的方法，体验传统文化的魅力，养成关注生活、热爱生活、发现生活之美的意识	1. 调查有关竹的艺术品，包括名称、用途和制作工艺 2. 收集能代表成都文化的符号，选择自己喜欢的符号制作竹筒画，并阐述设计理念

续表

版块	话题	话题分析	实践探究任务
3. 传“竹”之美：以竹为纽带，向外国友人传播天府竹文化	交流之“竹”	学生学习用英语介绍自己和竹文化知识，选择自己喜欢的话题和形式参与竹文化宣传小使者竞选，与外国友人交流，共叙情谊	1. 设计参与竹文化宣传小使者选拔活动的文稿 2. 向外国友人宣传“竹”文化，包括分享竹的常识、文学作品、用途、艺术品，赠送竹简画等

每个话题中的实践探究活动，引导学生走进自然、走进社会、走进生活，实地调查研究、访谈、收集信息、思考解决问题，学生在完成任务过程中发展信息加工、思考探究、创造设计的能力。

3. 开展调查研究

例如，在学习“自然之竹”这一课内容之前，学生利用去青神竹编艺术博物馆研学的时间，完成调查问卷，对竹子的种类、大小、颜色、分布等有了初步感知和了解，学生能够更积极、主动地参与到之后的课堂学习活动中，将课前亲身了解到的竹的特点和课堂所学联系起来，达到更好的学习效果，同时也在此过程中锻炼了学生的信息收集和加工、思考探究的能力，如图 5-7 所示。

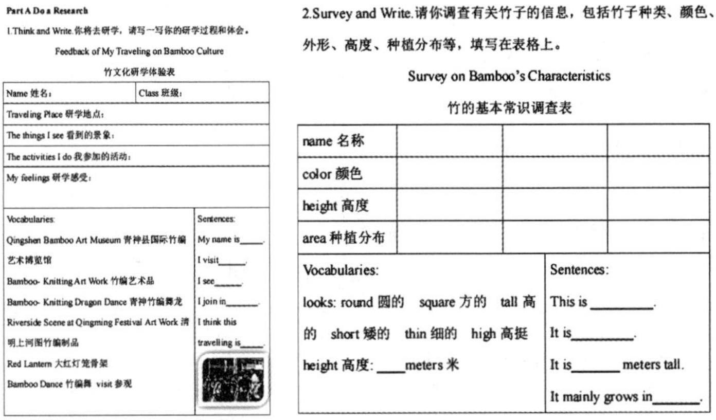

Part A Do a Research

1.Think and Write.你将去研学，请写一写你的研学过程和体会。

Feedback of My Traveling on Bamboo Culture

竹文化研学体验表

Name 姓名：	Class 班级：
Traveling Place 研学地点：	
The things I see 看到的景象：	
The activities I do 我参加的活动：	
My feelings 研学感受：	
Vocabularies: Qingshen Bamboo Art Museum 青神县国际竹编艺术博览馆 Bamboo- Knitting Art Work 竹编艺术品 Bamboo- Knitting Dragon Dance 青神竹编舞龙 Riverside Scene at Qingming Festival Art Work 清明上河图竹编制品 Red Lantern 大红灯笼骨架 Bamboo Dance 竹编舞 visit 参观	Sentences: My name is_____. I visit_____. I see_____. I join in______. I think this travelling is_____.

2.Survey and Write.请你调查有关竹子的信息，包括竹子种类、颜色、外形、高度、种植分布等，填写在表格上。

Survey on Bamboo's Characteristics

竹的基本常识调查表

name 名称			
color 颜色			
height 高度			
area 种植分布			

Vocabularies: looks: round 圆的 square 方的 tall 高的 short 矮的 thin 细的 high 高挺 height 高度: ____meters 米	Sentences: This is________. It is________. It is______ meters tall. It mainly grows in______.

图 5-7　关于竹的调查问卷

四、评价方式

（一）学生学习效果评价

在开展英语话题式教学时，教师必须转变传统英语评价模式，将学生在学习过程中的具体表现纳入教学评价体系中，并拓宽教学评价标准，将学生的学习过程、态度、合作能力、思维发展、语言表达能力等都纳入教学评价标准中，使得教学评价更加全面、客观；面对话题式教学模式的内涵，教师在优化教学评价时，还应注重激励性语言的运用，使学生在教师的点评中获得自信，感受到话题式学习的乐趣。

例如日语，结合锦外学生学习的实际及其特点，围绕学习态度、学习行为、学习效果三个维度，我们编制了16个评价指标，采用自评和他评相结合，教师、家长、学生等多主体共同参与的方式，正确判断每个学生的生长点，激发学生发展潜能，见表5-8。

表5-8 学生日语课堂学习评价

指标描述	学生自评	同伴互评	家长评价	教师评价
1. 能体会到日语学习的乐趣				
2. 敢于开口，表达中不怕出错误				
3. 乐于感知并积极尝试使用日语				
4. 积极参与各种课堂学习活动				
5. 在小组活动中能与其他同学积极配合与合作				
6. 乐于参与各种日语实践活动				
7. 遇到困难时能大胆求助				
8. 能借助图片、图像、手势听懂简单的话语和录音材料				
9. 能在口头表达中做到发音清楚，语调基本达意				
10. 能认读所学词语和句子				
11. 能就熟悉的个人和家庭情况进行简短对话				
12. 能运用一些最常用的日常用语（如问候、告别、致谢、道歉等）				
13. 能借助图片读懂简单的对话或者故事，并养成按意群阅读的习惯				
14. 知道日本地理位置、首都、国旗、典型的饮食名称、国家标志物和重要节假日				
15. 乐于接触日本文化，增强祖国意识				

续表

指标描述	学生自评	同伴互评	家长评价	教师评价
16. 在学习和日常交际中，能初步注意到中日文化的异同				

评价等级说明：基本达成（0~3分）达成（4~6分）完全达成（7~10分）

（二）教师教学评价

通过课堂观察、访谈学生等方式了解教师教学情况，对教师教学理念、教学目标设计、教学活动设计与实施、教学语言、教具准备、学生学习效果等方面进行评价和反馈，帮助教师总结自己教学的得与失，找到改进办法，提升教学质量。

第二节 主题统整的"英语·多语种"体验式活动

外语教育的核心是指向学生核心素养的发展。基于素养导向的外语教育目标，我们以课堂教学和课外活动为抓手，以主题融合、深度体验为思路，围绕核心素养确定外语课程目标，选择课程内容，创新实施策略，改进评价方式。通过主题统整，建构有意义的话题情境，把外语课程与其他学科课程和综合实践活动有机整合，丰富学生的学习体验，促进学生学习方式的转变，全面提升学生核心素养。本节从活动模式、操作流程、支持条件三个方面具体阐述主题统整的"英语·多语种"体验式活动的内涵与操作办法。依据主题意义和育人价值，通过亲身体验把语言学习和实践活动融合起来，从而使学生体验文化内涵，促进学生价值取向和思维方式的形成与提升。

一、活动模式

体验式活动（experimental learning）指学生通过直接参与某项活动，或再现现实生活中的具体情景进行学习的方法。学校在体验式活动的基础上，以"互联网+"交流项目、天府文化研学项目、海外游学项目和系列展示活动等为基础，将外语教育衍生至课外，以项目形式开展，采用体验性学习活动、探究性学习活动和欣赏性学习活动让学生参与体验、实践探究和尝试创造，通过认识、体验、发现、探索、操作等方式，鼓励学生参与体验，开阔视野，提升学生语言应用能力、实践探究和交流合作等综合素养。

（一）活动原则

体验式活动的实施过程体现的是学生通过自主探究解决问题的过程，这一过程虽建立在学生自主性的基础上，但也离不开教师的指导。在活动过程中，教师应遵循以下原则。

1. 合适性

恰当的指导对于活动的开展具有重大的意义。合适性是指教师要根据现场实际情况把握好指导的时机，在恰当的时候给予恰当的指导。以往教师是课堂教学的主宰者，教师可以根据自己的设计对学生进行指导，但是在体验式活动中，学生是活动过程的主宰者，教师的指导计划必须依照学生活动的具体情况进行，所以教师必须抓住指导时机、把握指导方式。指导可以分为提前指导、即时指导和延后指导三种。提前指导指的是教师在活动之前给学生进行有关活动目的、要求和技术方面的指导。这种指导有利于活动的有效开展。即时指导指的是教师在问题出现的第一时间为学生进行的指导。在活动中，学生们可能会普遍反映出在目的、技术、价值观等方面的偏差，这时教师可以选择进行即时指导，以保证活动合目的地开展。延后指导指的是教师在活动结束后针对活动中出现的问题进行的指导。这种指导大多带有总结性，能促进学生对活动的有效反思。教师可以采取的指导方式也是多种多样的，可以是小规模的，即面向单个或部分学生，也可以是大规模的，即面向全体学生。在指导时，教师可以根据问题性质的不同，采用反思、讨论、指引以及宣讲等多种方法。

2. 针对性

针对性是指教师的指导一定要深入指向某种问题。这包含两个层面的意思：指向性和深入性，二者缺一不可。在指导过程中，教师常出现的问题就是未指导清楚。例如，有些教师常常觉得时间有限，因此指导时浅尝辄止，这样做不仅浪费了指导的时机，也没有成效。在综合实践活动中，学生的情绪往往很激动，指导如果没有指向性和深入性，则难以引起学生的注意，只有一针见血地指出问题，才能达到预期效果。在活动中，教师一定要及时指导并指向专门问题，深入指导，如学生出现了什么问题、属于什么性质、根源在哪儿、有哪些危害、是个别现象还是普遍现象、应该怎么改进等，力求使每次指导都取得成效。

3. 反思性

反思性是指指导应给学生留有反思的空间，促进学生由外向内转变。学生对于教师指导的内容需要有一个消化、思考、反省以至转变的过程。教师的指导不是为了让学生在表面上一时接受或改变,而是要让学生内化到自身的思维过程中,所以教师在针对某个学生(小组)的某个问题进行了指导后,应给学生一定的反思时间,让学生反思问题出现的原因和以后改进的方法。

(二)活动内容设计

学校在体验式活动的基础上,以"互联网+"交流项目、天府文化研学项目、海外游学项目和系列展示活动等为基础,将外语教育衍生至课外,以项目形式开展,采用体验性学习活动、探究性学习活动和欣赏性学习活动让学生参与体验、实践探究和尝试创造,通过认识、体验、发现、探索、操作等方式,鼓励学生参与体验,开阔视野,提升学生语言应用能力、实践探究和交流合作等综合素养。

1. "互联网+"交流项目

与法国欧坦市教育活动中心定期开展线上交流活动,围绕语言、文化、艺术、综合实践等主题交流互鉴,拓宽学生国际视野,增强学生跨文化交流意识与能力。

交流前,老师培训学生的语言、文明礼仪与学科技能,制定交流方案;交流中,学生参与游戏式、情感式、操作设计式等体验活动和欣赏性学习活动;交流后,学生总结心得体会。

2. 天府文化研学项目

组织三至六年级学生学习《天府竹韵》《水润天府》《天府茶韵》《百味川菜》读本,每学期设计研学主题如社会实践式、操作设计式体验活动或文献研究、社会调查探究性学习活动,组织学生去青城山、都江堰、蒙顶山、川菜博物馆实地研学,培养学生发现问题、实地调查、收集与分析数据、得出观点与解决问题的能力,同时也增强学生对天府传统文化的理解与热爱,为今后的国际交流打下基础。在天府文化研学项目中,同学们来到都江堰、蒙顶山、青神、川菜博物馆实地研学,体验天府水韵、茶韵、竹编和川菜,增强了对中华传统文化的热爱。学生使用外语演唱中国节日歌曲,讲述中国故事,传播锦江竹文化,增强了对传统文化的理解与传承,如图5-8所示。

图 5-8 研学实践类活动

接待英国奥斯汀法尔思公学和中国香港仁德天主教小学师生代表交流访问，与来宾一起学习"天府文化"课程，体验非物质文化遗产项目，讲述天府故事，制作并展示文创作品，传播天府文化，促进中外文化交流、融合、共生。

3. 海外游学项目

为了帮助学生利用假期开展探究性学习活动，学校开发了《小脚丫行世界——学生国（境）外游学指南》，介绍世界主要国家的情况、风俗习惯和外出安全事项。游学前，老师指导学生查阅资料，给学生进行国外风俗习惯、英语交流、登机、住宿、问路、点餐等方面及注意事项的培训，制订游学计划。游学中，通过微信或者邮件关注学生参与过程，解答学生遇到的问题，指导学生完成计划。游学后，指导学生梳理游学资料并撰写心得体会，制作游学成果。学校举办游学分享会，展示游学成果，传播世界先进文化，开阔师生国际视野。

4. 展示活动

根据小学生兴趣特点，设计欣赏性学习活动如主题演讲、情景表演、作品展示、才艺展演类活动，调动学生感官，主动参与审美活动，提高人文素养。主题演讲类活动主要结合国际体育赛事开展；情景表演类活动主要结合情景剧表演开展；作品展示根据各国历史、地理、风土人情、传统习俗、生活方式、行为规范、文学艺术等知识制作小报；才艺展演主要结合全国中外人文交流小使者和锦江区校园音乐会展示开展。

（1）主题演讲类活动。日语、德语、法语兴趣小组学生参加中央电视台2022北京冬奥会倒计时 1 年宣传视频录制，传递锦外师生对北京冬奥会的祝福。在集体朝会上，学生用英语、日语、德语、法语和中文表达对世界大学生运动员的欢迎和对成都大运会的期待，营造了良好的外语学习氛围，如图 5-9 所示。

图 5-9　主题演讲类活动

（2）情景表演类活动。创编情景剧《不同天空下的儿童节》，学生装扮成英国、法国、日本、德国、俄罗斯等国的小朋友向全校师生介绍各国庆祝儿童节的方式与风俗，表达心中的期待和喜悦，培养了学生尊重文化差异的意识，拓宽了师生的国际视野，如图 5-10 所示。

图 5-10　情景表演类活动

（3）作品展示类活动。学生根据学习的历史地理、风土人情、传统习俗、生活方式、行为规范、文学艺术、科技发展等知识，制作多语种小报，展示学习成果与体会，提高了学习自信心，如图 5-11 所示。

图 5-11　作品展示类活动

(4) 才艺展演类活动。组织学生参加全国中外人文交流小使者展示和锦江区校园音乐会小语种主持，锻炼和培养学生艺术表演、语言表达和沟通合作能力，增强学生自信心，提升学生综合能力，如图 5-12 所示。

图 5-12　才艺展演类活动

(5) 外语趣味游园活动。

为了给学生搭建更好的展示英语才华的舞台，激发学生学习英语的兴趣，增强学生开口讲英语的自信和能力，学校举办了英语游园活动。活动中，教师为学生设计了形式多样，内容丰富的英语活动，目的在于突出学生的参与意识，力求做到人人参与，人人快乐，人人有收获。让每一个孩子在轻松愉快的活动中感受英语，应用英语，享受英语，让每个孩子在活动中找到自信，让英语走进每个孩子，使他们想说，敢说，能说，乐说。

二、操作流程

体验式（experimental learning）指学生通过直接参与某项活动，或模拟再现现实生活中的具体情景进行学习的方法。体验式活动主要有两种方式：一是真实性体验，指学生通过直接参与真实事件的学习，主要包括参观、调查、社会服务等方法；二是模拟性体验，指学生通过情景模拟的方式参与事件而学习，主要有场景模拟与剧本表演等形式。真实性体验具有广泛的适用空间，倡导通过参与现实情境来促进学生能力的发展；模拟性体验更多的借助于"移情"的原理，主要适用于涉及价值取向、社会问题的活动。[1] 进行体验式活动的关键在于学生是否获得符合活动要求的体验，避免学生的体验和感受流于表面，因此教师一定要做好活动的组织和指导动作。

学校体验式活动的操作流程，接下来将以外语游园活动、中法云端交流等

---

[1] 熊梅. 综合实践活动开发与设计 [M]. 北京：高等教育出版社，2006.

学校体验式活动为例，简述学校体验式活动的操作流程，如图5-13所示。

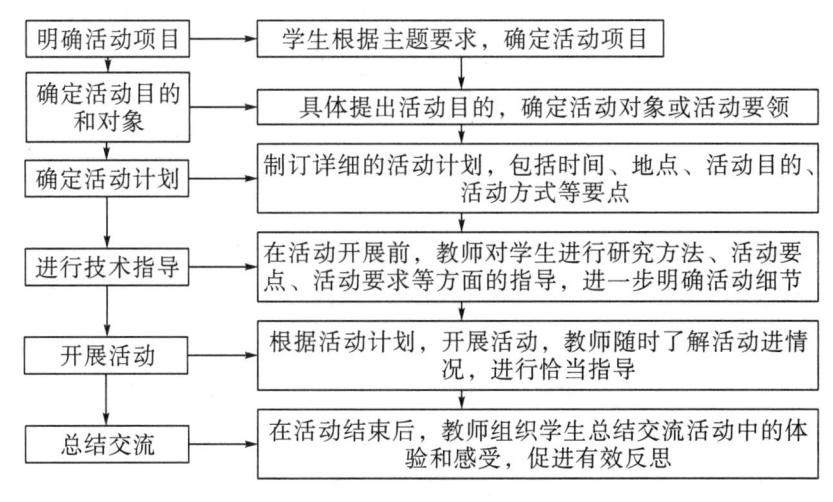

明确活动项目	→	学生根据主题要求，确定活动项目
确定活动目的和对象	→	具体提出活动目的，确定活动对象或活动要领
确定活动计划	→	制订详细的活动计划，包括时间、地点、活动目的、活动方式等要点
进行技术指导	→	在活动开展前，教师对学生进行研究方法、活动要点、活动要求等方面的指导，进一步明确活动细节
开展活动	→	根据活动计划，开展活动，教师随时了解活动进情况，进行恰当指导
总结交流	→	在活动结束后，教师组织学生总结交流活动中的体验和感受，促进有效反思

图 5-13 体验式活动操作流程

（一）明确活动目的

体验式活动作为一种以学生经验与生活为核心的实践性活动，是为了适应学生的个性发展、社会性发展需要而产生的，着眼于发展学生的综合实践能力、创新精神和探究能力。因此，明确体验式活动的目的，需遵循以下几点原则。

1. 个性发展

不同于传统的学科课程活动，体验式活动更加注重学生的个性发展，要求教育和课程为学生个性的发展提供广阔的时空环境，是学生通过与环境的相互作用获得个性的和谐发展。在学校主题统整的"英语·多语种"的体验式活动中，我们强调学生的个性参与，并且注重学生在活动中的体验感。例如在天府文化研学项目中，学生可自主选择研究的素材与方向，教师与学校提供思路与价值的引导；在"互联网+"交流项目中，学生也获得了充分表达自我的机会，提高了个人的学习能力与表达能力。

2. 问题解决

缺乏解决现实问题的基本能力、缺乏面对矛盾和不合理现象的忍耐力和抵抗力，是当今学生所面临的普遍性问题。问题解决能力弱使学生常常陷入无法满足需要的状况，长此以往，造成学生过重的心理压力，对自我产生无力感、无聊感，对他人产生反抗感和不信任感。因此，培养学生问题解决能力成为当代教育课程所面临的一个基本问题。学科课程主要重视的是学问性问题的解决，而综合课程则突出强调社会现实综合性问题的解决，它对于学生的未来生存具有决定性意义。

在体验式活动中，学生能够通过项目式的探究，了解问题的根源，并尝试性地针对问题思考解决办法。例如在天府田园课程中，学生为了了解川菜的制作，通过实地调研、小组讨论、构思方案等多种方式，不仅顺利解决了川菜的制作难题，也通过川菜制作加深了对于巴蜀文化的了解，提高了解决问题的能力。

（二）确定活动目标及对象

体验式活动的总目标为学生通过认识、体验、发现、探索、操作等多种学习和活动方式，发展实践能力，对知识的综合运用能力和创新能力，形成对自然、社会、自我之间内在联系的整体认识，进而养成良好的个性品质。

体验式活动的目标可按态度、能力、知识三个基本维度确定活动目标。态度目标包括体验性（对自然的体验、对人的体验、对社会的体验）、责任感、效力感、合作意识、好奇心、感动心、自律心、共生心等。从能力目标来看，可将体验式活动目标分为认知能力、思考能力、创新能力、自主探究能力、终身学习能力等。从知识目标来看，可分为经验性知识、综合性知识、方法性知识等。

（三）制订活动计划

完成了活动目标及活动对象的确定，接下来是活动计划的制订，下面将以学校"互联网+"云端交流活动为例进行介绍。

1. 活动一：初识天府文化 共感书香翰墨

成都市锦江区外国语小学校是区域第一所公办外语学校，旨在建设为高品质社区的优质学校。为了拓宽学生国际视野，培养学生跨文化交流态度与能力，增进中法师生之间的相互理解，进一步加强学校与国外友好学校的交流与合作，学校和法国勃艮第大区欧坦市教育活动中心于 2022 年 5 月 11 日（周三）开展线上交流活动。

（1）活动方案制定。

①活动时间：2022 年 5 月 11 日。

②活动地点：成都市锦江区外国语小学校（学术厅）。

③参会人员。

法国勃艮第大区欧坦市教育活动中心教师代表、学校行政代表（文芳校长、黄艳副校长）、刘建彬主任、英语组教师、书法教师、信息中心教师。

④活动流程。

活动流程见表 5—9。

表 5-9 活动流程

时间	流程	负责人	备注
16：00—16：10	主持人介绍中法双方参会人员	张文姬	
16：10—16：25	中法方学生代表各 4 人相互问好	唐茜	
16：25—16：55	中方老师介绍中国书法并带领中法双方学生学习中国书法（中方 16 名学生参加交流学习）	王小鹏	
16：55—17：00	中法双方学生代表展示书法作品	王小鹏	
17：00—17：10	总结本次线上交流活动	刘建彬	

（2）交流过程。

文化是一座桥梁，而每一次活动正是桥梁的每一块砖。为了加深中法学生对两国文化的认识和理解，学校用书法的方式，将源远流长、博大精深的中华文化通过书写一个个汉字，传递给了法国友好学校的学生；用"绘画"的方式，将两国城市文化通过城市标识传递给了对方。在相互学习交流的友好氛围中增进了学生对于两国文化的理解，如图 5-14 所示。

①中法文化第一次交融——书写同一个字。

图 5-14 中法第一次线上交流活动

②初识天府文化。

锦外学生代表先用法语向法国的师生介绍成都的特色文化，如：大运会的吉祥物、美食、都江堰水利工程和天府"竹"文化，激起了法国友人对成都的兴趣。同学们还用法语亲切地问候法国师生，表达对美好未来的祝愿，增进了校际友谊。

③共学感书香翰墨。

书法艺术是中国传统文化的瑰宝，更是华夏文明精髓的体现。锦外学生与法国学生在云端共同学习书法，走进中国传统文化的艺术殿堂，感受中华文化的魅力。王小鹏老师向孩子们讲解汉字的起源、书写工具、坐姿和握笔的姿势，带着大家一起学写"天人合一"四个汉字。法国的孩子们积极参与，对中国汉字文化产生了浓厚的兴趣，在老师的帮助下，认认真真书写汉字，近距离感受到了中华文化的博大精深。

④谱写交流乐章。

笔尖传情，翰墨留香，云端共话叙友情。通过此次云端交流活动，锦外师生向法国师生展示了天府文化，传播了中国传统文化，增进了双方师生对中法两国文化的理解。

2. 活动二："艺"动你我"绘"融中法情

为了拓宽学生国际视野，培养学生跨文化交流态度与能力，增进中法师生之间的相互理解，进一步加强学校与国外友好学校的交流与合作，继中法云端书写活动后，学校于2022年6月8日（周三）再次举办中法友好学校交流活动。

（1）活动方案制定。

①活动时间：2022年6月8日16：00—17：00（暂定）。

②活动地点：方庭书店创意山店（会议室）。

③参会人员：法国勃艮第大区欧坦市教育活动中心教师代表、学校行政代表（文芳校长、黄艳副校长）、刘建彬主任、英语组教师、美术教师、信息中心教师。

④活动流程。

活动流程见表5－10。

表5－10　活动流程

时间	流程	负责人	备注
15：30—16：00	调试网络	游学宽	
16：00—16：10	主持人介绍中法双方参会人员	张文姬	
16：10—16：25	中法方学生代表各3人相互问好	唐茜	
16：25—16：55	中方老师介绍成都并带领中法学生制作手工艺术品——城市标志（中方16名学生参加交流学习）	杨邻可	
16：55—17：00	中法双方学生代表展示手工作品	杨邻可	
17：00—17：10	总结本次线上交流活动	刘建彬	

（2）交流过程。

继中法云端书写活动后，学校再次举办中法友好学校交流活动，如图5—

15 所示。这一次，丰富精彩的法国文化将随着一个个城市徽章走进每一个锦外娃的心里。

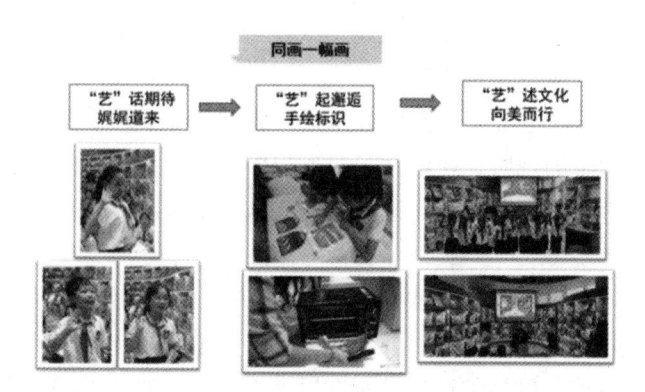

图 5-15 中法第二次线上交流活动

① "艺"话期待，娓娓道来。

活动伊始，中法学生代表用中文和法语相互介绍自己，孩子们像老朋友一样亲切而热情地打招呼。

② "艺"起邂逅，手绘标识。

法国老师向孩子们介绍欧坦市的人文历史以及城市标识的含义，并教孩子们手绘欧坦市的标识。紧接着我校杨邻可老师向法方师生介绍成都的历史文化和城市标识——太阳神鸟的起源及寓意，并带着孩子们一起制作。

③ "艺"述文化，向美而行。

通过本次线上手工课程，孩子们用绘画的形式呈现了城市之美，艺术之美。这不仅拓宽了孩子们的国际视野，还展现了学校师生互学共生的开放姿态，锦外学生对世界多元文化有了更深入的理解。

（四）总结交流

学校与法国勃艮第大区欧坦市教育活动中心线上交流活动的成功举行，从多方面培养了学生的外语学科素养、人文交流素养，提高了学生的全球胜任力，同时也为从小培养学生国际视野和世界胸怀、人文素养、跨文化交流沟通能力以及语言运用能力奠定了扎实基础。

1. "语言是一座桥梁"——培养学生的外语学科素养

在交流活动中，学生注意倾听、乐于交流、大胆尝试，同时学会了自主探究、合作互助，认识到了法语与汉语的异同，逐步形成语言意识，积累语言经验，进行了有意义的沟通与交流。除此之外，学生还初步从多角度观察和认识世界、看待事物、有条理地表达观点，树立了正确的外语学习目标，并主动参与语言实践活动。

2. "互相理解、互相尊重"——增强学生的人文交流素养

在交流活动中，学生理解并认同"以人为本、开放平等、尊重包容、交流互鉴、合作共赢、秉持正确义利观和实现可持续发展"的中外人文交流理念。通过对比"成都－欧坦市"两座城市文化，加深了学生对本民族文化的认同与热爱，开阔了学生的视野，也增强了对世界多元文化多样性和差异性的认识和理解，培养了学生的国际意识、国际素养和基本的国际交流与合作能力。

3. "合作与学习"——提高学生的全球胜任力

在活动中，学生与法国小伙伴一起学习书法、介绍城市文化、制作城市标志，以实践探究的方式参与项目，合作讨论解决过程中出现的问题，培养了学生合作与探究精神，提高了学生批判性思维能力、沟通能力和合作能力。

三、支持条件

（一）家长资源

家长是校外课程资源的重要组成部分，是课程资源开发的社会网络系统得以建立的根本依据，在课程资源开发与利用中扮演着不可或缺的重要角色。

家长是隐性的助学者。家长在孩子的成长过程中用"看不见的手"为其营造了适宜的发展氛围，撑起有助于孩子自主发展的一片晴空。同时家长配合教师组织开展各种活动，帮助学生拟定活动计划或活动提纲，不仅可以提高对学生的教育效果，还可以使学生家长发现自己孩子的优点、长处和潜力，提高他们培养孩子的信心。

家长是课程改革的支持者。综合实践活动的实施与开展，需要家长和社会的理解与支持。家长在社会上从事各种各样的职业，具有各种各样的知识和技能，是学校可以大力开发的课程资源宝库，可以把学生家长作为课程资源的开发源泉，采取请家长来学校给学生讲课的方式，让他们介绍自己或所在工作部门在社会生活和工作中的动人事迹及感受以教育学生。

家长是学校与社会的联络员。家长可以作为学校与一些社会机构的联络员，提供更多的机会让孩子接触社会、了解社会。

在学校体验式活动中，家长志愿者随处可见。在"互联网＋"线上交流活动中，家长成为活动的桥梁，帮助线上学生的云端相见；在外语游园活动中，家长既走近了学生，也成了助力活动开展的志愿者；在天府田园项目中，家长

参与了课程建构，与学校一同推进校本课程的开发。开发家长资源是人力资源开发的重要内容，当家长资源被有效开发时，家长会成为综合实践活动的支持者，也会助力学校教育的发展。

（二）校外文化资源

校外文化资源从空间上讲包括家庭文化资源和社会文化资源。家庭是构成社会的基本单位，家庭文化是社会文化的载体，其文化形态不仅表现在家庭经济生活之中，更浓缩、散发于家庭文化教育之中，成为开拓社会文化的行为载体。家庭的精神文化如家庭信仰、价值观念、家庭情趣、道德风尚等对学生的成长和发展起着重要的作用。大部分家庭文化资源以家庭教育的方式隐性地存在，对于家庭文化资源的开发可适当参照有关开发家长资源的论述。社会文化资源主要表现为在长期发展的过程中，在特殊的自然环境、经济模式和意识形态等条件作用下所形成的社会的思维模式、知识结构、价值观念、伦理规范、行为方式、审美情趣等文化习惯和文化积淀。

学校在进行体验式活动时，加强了与社区及社会文化团体的沟通。例如在进行天府田园项目时，学校联系了与"竹"文化相关的社会机构进行沟通，并根据专业的建议修正了部分内容。同时，学校也适当安排了与社会文化活动相契合的内容，根据社会文化活动的性质及学生研究、发展的需要适当安排与调整综合实践活动的时间与研究内容，以便学生从社会文化活动中获得更多的资源和更深入的理解。例如天府田园研学项目，通过学生对于巴蜀文化的喜爱与了解，抓住学生的兴趣点，同时与英语学科相结合，既融合了社会文化活动相关的内容，也贴合了外语学习的主题。此外，学校还组织学生参与了社会文化活动，增强学生的社会服务能力与服务意识。

（三）经费保障

在课程建设中，提供硬件、师资、资料等费用保障与支持，在政策允许的前提下，争取学校项目资金支持，保障外语课程正常运行。

四、评价方式

为了让核心素养落地，必须有与之相匹配的评价作为保障，建立有效的评价体系，才能促使教学活动切实促进学生核心素养发展。核心素养背景下的教学评价要更加多维度、综合化、多元化和多样化，发挥评价促学、促教的功能。为此，我们根据多维度的评价目标、综合化的评价内容、多元化的评价主体、多样化的评价方法四个原则，针对学生体验式活动做出如下评价体系的设计。

学生参与"英语·多语种"体验式活动的评价是描述性评价，对学生收集、整理、分析资料的能力，与他人合作完成学习任务的能力和成果展示交流情况进行评价，见表5—11。

表5—11 "英语·多语种"体验式活动学生自主评价表

活动主题			姓名	
评价项目		★★★		指导老师对你说
1. 参与态度	自评			
	互评			
2. 信息收集情况	自评			
	互评			
3. 发现问题、解决问题的能力	自评			
	互评			
4. 与他人合作探究情况	自评			
	互评			
5. 成果展示情况	自评			
	互评			
实践体验：				
家长寄语：				

优秀：★★★　良好：★★　一般：★

通过分析学生参与跨文化交流活动的评价结果，我们发现学生参与跨文化交流活动的态度非常积极，乐于去学习了解他国文化，在沟通交流中也积极表达自我观点；能有效通过求助他人、查询书籍、搜索网络资源等各种渠道收集相关资源，但需要在老师的帮助下进行科学的筛选与整合；在参与跨文化交流活动的过程中，学生能够充分发挥主观能动性和小组合作探究能力，积极地发现问题，提出解决问题的办法并付诸实践，最后在老师的指导下呈现特色鲜明的个人作品，与同伴交流总结活动经验。学生在跨文化交流活动中，拓宽了国际视野，增强了文化自信，促进了跨文化沟通交流能力的提升；学校在承办跨文化交流活动的过程中，拓宽了对外交流渠道，展现了学校的外国语特色，加强了中外人文交流特色学校建设，得到了学生、家长及社会各界的一致好评。

第六章　典型案例

成都市锦江区外国语小学校外语组教师秉承《义务教育英语（日语、俄语）课程标准（2022年版）》的理念，以教育使命为己任，为学生的全面素质发展奠定坚实基础，外语组老师们不断探索和创新，不仅丰富了学校教育实践，更为其他教育者提供了宝贵的经验。在教学工作中，他们以学生为中心，倡导构建积极互动、深入思考的学习环境，通过具有创新性的教学方式和活动，注重主题统整、跨学科教学和跨文化交流，在日常的教学实践中探索，培养学生的语言能力、学科素养和跨文化交流能力，为学生的综合素质发展提供了有力支持。外语组的老师们在教学过程中积极探索，取得了一系列令人瞩目的成果，涌现出多个典型案例，包括话题式教学案例和体验式活动案例。优秀的教学案例展示了教师们如何通过启发性的问题、多媒体教具等，引导学生深入思考，主动探究，从而实现知识的内化和理解。从丰富的活动案例中，我们可以看到学生通过参与丰富多彩的活动，不仅提高了语言表达能力，还增进了对不同文化的理解。

第一节　话题式教学案例

话题式教学是一种以特定主题为核心的教育方法，旨在激发学生深度思考、批判性思维和跨学科探索。在这个教学模式下，教师通过导入一定的教学主题，引发学生的思考和讨论，通过教师和学生之间的沟通交流，对教学问题进行深入思考，提升教学综合水平。在主题选取上，英语教师结合教材特点、学生兴趣和社会热点，在教学体系框架内，有针对性地设计主题内容，让学生通过自主探究或者小组合作的方式，围绕英语主题进行研讨，在充分研讨基础上，教师发挥引领作用，帮助学生厘清话题脉络，提升话题式教学模式的实效性，让学生真正融入英语课堂的主题中来，提高学生综合学习效果。基于学生核心素养的发展，以主题意义为统领，依据学段特点和子主题内涵，本章节将呈现话题式教学的三个典型案例，包含了"人与自然""人与自我"以及"人与社会"三大范畴，覆盖了小学三个不同的学段。案例一主题为"Weather"，属于第一学段"人与自然"范畴下的"自然生态"主题群，涉及子主题内容为"天气与日常生活"。案例二主题为"争做公园守护人"，属于第二学段"人与自我"范畴下"做人做事"主题群，涉及子主题内容为"公民道德"。案例三主题为"try+成'竹'在胸"，该主题属于第三学段"人与社会"范畴下的"社会服务与人际沟通"主题群，涉及子主题内容为"文化使者"。以下是三个案例的详细介绍。

一、"Let's Go! 教学设计"案例[①]

本案例主题为"Weather"，属于第一学段"人与自然"范畴下的"自然生态"主题群，涉及子主题内容为"天气与日常生活"。

本案例旨在帮助学生掌握有关询问和回答天气情况的英语表达，学生能够听懂、会说有关询问和回答天气情况的功能句：What's the weather like today? It's ... 能联系前后学习的知识进行描述天气的表达，能够综合实践，运用新旧知识谈论出游的计划与准备，为了实现这些目标，教师准备了课件、视频和道具，并将脑育训练纳入课程，以下是案例的详细介绍。

（一）单元内容分析

单元内容分析见表6-1。

表6-1 单元内容分析

课时内容	Unit 2 Weather Let's Go!
课时教材解读	在学习了Playtime单元的词汇与功能句型后，进入Unit 2 Weather，本单元的天气描写词汇是日常生活中常见且使用频率较高的。其中功能句What's the weather like today? It's ... Let's go and ... 能够运用于实际的生活场景中，使得学生能够将书本所学，迁移到日常生活中，达到语言学习的运用目标。 在新课标大单元教学设计的导向下，本册书前三个单元教学主题都围绕"People and Nature（人与自然）"这一核心话题，其中Unit 1 Playtime教授学生使用主题句"Can you ...? Yes, I can. /No, I can't."来表达自己的能力；

[①] 该案例在成都市2023年小学英语教学优秀论文及案例评比中荣获一等奖，主要由朱冬蕊老师完成。

续表

课时内容	Unit 2 Weather Let's Go!
课时教材解读	Unit 2 Weather 学生使用主题句 "What's the weather like today? It's ... Let's go and ..." 来描述天气,并谈论在不同的天气情况下能够做什么;Unit 3 Seasons 则使用主题句 "What's your favorite seasons?" 来描述四季。在大单元教学中,每个单元再细分每课时教学目标,以 Unit 2 Weather 为例,第一课时为 Weather in life,通过介绍常见的天气来进行单词教学;第二课时为 Activities in weather,通过讨论不同天气情况能够做的事情来进行主题句的教学;第三课时为 Enjoy the weather,通过 Story Time 的故事进行绘本教学;第四课时为 I can do in different weather,学生尝试描述在不同的天气情况下能够完成的事情,复习提升,达到操练和拓展运用能力。授课内容围绕本单元主题核心,同时联系一至六年级相关知识,进行整合和铺垫
课时学情分析	二年级的学生,生性活泼好动,模仿能力强,跟读习惯好,倾向于直观形象的学习方式,对游戏、竞赛等课堂活动特别感兴趣。二年级是小学生学习英语的基础阶段,这一阶段的重要任务在于激发并保持学生学习英语的兴趣。因此,在设计课堂教学活动时应根据学生的情况,采用灵活多样的教学方法来吸引学生的注意力,努力营造"玩中学、学中玩"的教学情境 本单元是二年级下册二单元,学生经过上学期的英语学习能够熟悉老师的课堂用语以及相关的课堂活动模式,学生已有一定的英语基础。本单元内容贴合学生的实际生活,所学天气词汇是日常生活中常见且使用频率较高的,学生在学习过程中会有较浓厚的兴趣,且愿意使用所学知识在情景中解决问题
课时教学目标	通过本课时学习,学生能够: 1. 通过观察本单元情景图,借助视频、活动等学习运用本单元句型(学习理解)。 2. 在教师的引领下,在课文情景中,运用气泡图和本课知识,描述不同天气(应用实践)。 3. 在真实的情景中,在教师引领下,运用本课知识进行天气预测,谈论天气,从而发现自然的美等概念(迁移创新)
课时教学重难点	1. 能够听懂、会说有关询问和回答天气状况的功能句:What's the weather like today? 2. 能够在实际情景中运用所学知识解决问题 3. 能够在单元情景中灵活运用关于天气描述的新知与旧知

（二）教学设计

教学设计见表 6-2。

语通世界 文润童心
——小学"英语·多语种"课程建设

表 6-2 教学设计

学科	英语	年级	二年级
教学目标	1. 能够听懂、会说有关询问和回答天气情况的功能句：What's the weather like today? 2. 能联系前后学习的知识进行描述天气的表达 3. 能够综合实践，运用新旧知识谈论出游的计划与准备			
教学重难点	能够听懂、会说有关询问和回答天气情况的功能句：What's the weather like today? It's ...			
教学准备	课件、视频、道具			
脑育训练	时长：15 分钟 位置：（课前/课中/课后） 内容：注意力、记忆力、反应力 训练点：①听英语口令句的训练。②英语练习：What's the weather like in ...? ③口语练习			
教学环节	教学流程			能力培养点
^	教师活动		学生活动	^
Step 1 Warming up	1. Greeting T: Boys and girls! Good afternoon. 2. Free talk T: Look at the window. What's the weather like today? T: What can we do on a sunny day? T: How about other weathers? Let's enjoy a video.		Ss: It's ... Ss: We can ...	本教学环节旨在通过 Free Talk 和《What's the weather like today?》运用歌曲和动画进行热身，拉近和学生的距离，营造轻松的学习氛围；在歌曲中复习词汇

140

续表

学科	英语	年级	二年级
Step 2 Presentation and Review (学习理解)	1. Watch a Video T: In different weather we can do different things. What's the weather like? T: What can we do on a windy day? T: Can you ...? T: If you go to swim, what do you need? 2. Lead in Questions T: Look! Bill also wants to play with his dad. What does he want to do? Let's check and review it! 3. Watch a video T: Bill wants to ... T: Bill wants to play football with his dad. So he says: Let's go and play football.	Ss: It's _____. Ss: We can _____. Ss: Yes, I can. /No, I can't. Ss: Don't forget ... Ss: Play football.	在此环节除了复习基础的天气词汇，也整合学习内容，复习巩固运用二下第一单元的词汇，让学生灵活运用所学知识 本环节通过复习 Lesson 2 第一课时内容，再次重温主题句 What's the weather like today? 为后面的迁移提升做铺垫
Step 3 Practice and Consolidation (应用实践)	1. A trip around Chengdu T: Do you want to play with your friends? Where do you want to go? T: Here are some places in Chengdu. Where is it? T: Before wego we need to check the weather. T: What's the weather like in ...? T: Now you can invite your friend to go with you. And you can say: let's go and ... For example, who want to go to Tianfu square with me? T: You can say: Let's go and play football. T: Can you invite your friend now? T: It's your show time!	Ss: This is Tianfusquare/ Tazishan Park/Panda Base/ People's Park. Ss: Bill is at home. Ss: It's ...	本阶段学习活动引导学生在归纳和整理核心语言的基础上，通过口语交际讨论"成都天气"，促进语言内化，从学习理解过渡到应用实践，为后面的真实表达做准备 练习中强调整句的输出 教师先做示范，再引学生进行表达

续表

学科	英语	年级	二年级
Step 3 Practice and Consolidation (应用实践)	T: What's the weather like in …? 2. Trip in China T: That's so funny in Chengdu. How about other cities in China? Do you want to go with me? Before our trip, we need to know the weather. (Watch a video) T: I like Beijing very much. I want to go to Beijing today. What's the weather like in Beijing? T: What can we do? T: So let's go and … But it must be so cold. What do we need? T: It's your time to invite your friends to go with you! Let's learn how to prepare. T: We can talk about weather/activities/don't forget your…. And you can use these sentences: Hi！ Hi, what's the weather like in _____? It's _____. Let's go and _____. Don't forget your _____. T: Now it's your show time!	Ss: It's … Ss: It's snowy. Ss: We can make a snowman. Ss: Don't forget your… Ss: What's the weather like in …? Ss: It's … Ss: Let's go and …	本阶段学习活动旨在帮助学生在迁移语境中，创造性地运用所学语言讨论Let's go 的目的地。学生从课本走向现实生活，在使用学习的知识介绍天气的过程中，运用语用能力，初步形成对于人与自然关系的认识和理解。 游戏环节通过脑育中的专注力和反应力训练，复习操练第一课时生词，为后续学习打好基础。 从谈论成都到谈论中国其他城市，综合练习从学习理解到实践应用到迁移创新，层层递进。

142

续表

学科	英语	年级	二年级
Step 4 Summary and Homework (迁移创新)	1. Summary T: Today we talk about weather. When it's rainy we can smell the rain. When it's sunny we can dance. When it's snowy we can make a snowman. No matter the weather is, we can enjoy our life! 2. Homework T: Next month our school has a spring trip. Can you make a weather report like this? And try to talk to your family.		本阶段学习复习以及课后作业的布置旨在回顾总结本节课，通过在真实情景中运用本节课所学语言，达到获得知识、提升能力、发展思维、塑造品格的目标

143

(三) 案例评析

该教学案例针对二年级学生的英语课程进行了详细设计，旨在帮助学生学会询问和回答天气情况，同时培养他们的口语表达能力，并能够应用这些语言技能来谈论出游计划和准备。教学目标方面，本案例包括口语交际方面的目标：学会询问和回答天气情况以及与实际生活相关的目标，谈论出游计划和准备。这符合义务教育英语新课程标准的要求，即培养学生的英语交际能力，并将英语应用到实际情境中。教学准备方面，案例中使用了多种教具和资源，如课件、视频、道具和脑育训练。这些教学准备的使用有助于丰富课堂教学，提供多样化的学习体验，引发学生的兴趣。脑育训练部分有助于培养学生的认知能力，使他们更容易吸收和理解所学内容。教学流程方面，共分为四个明确的步骤，包括热身、呈现和复习、实践和巩固、总结和作业。这有助于学生更好地理解课程结构，教师也能够有计划地进行教学。其中，口语练习和互动环节有助于培养学生的口语表达能力。综合应用方面，案例强调了学生将所学应用于实际情境中，特别是在讨论出游计划和准备方面，这是一个积极的教学方法，可以帮助学生将语言技能与实际生活联系起来。任务导向方面，案例设计以任务为导向，学生通过实际任务来学习和应用语言，这是一个有效的教学方法。学生被鼓励谈论不同天气情况下的活动和出游计划，从而培养了他们的语言应用能力。总之，这节英语课程的设计在很大程度上符合义务教育英语新课程标准的要求，它注重口语交际，使用多媒体和教具支持教学，有明确的教学步骤，鼓励实际应用并采用任务导向的教学方法。另外，增加更多的应用练习和任务导向的指导也将有助于提高学生的语言运用能力。

二、"争做公园守护人"案例[①]

本案例主题为"争做公园守护人"，属于第二学段"人与自我"范畴下"做人做事"主题群，涉及子主题内容为"公民道德"。

扬礼仪之帆，行规则之船。公共场所的文明礼仪，更是一个国家良好社会秩序的坚实保障。而公园作为社会人群经常聚集、供公众使用或服务于人民群众的活动场所，是城市文明的集散地，公园的文明礼仪程度也在一定程度上反

[①] 该案例主要完成教师：陈桑妮。

映整个城市的精神文化面貌。在本案例的教学中，老师引导学生观察公园中的不良行为，思考其产生原因和解决方式，充分发挥主观能动性，积极进行小组合作，共同研讨，制定科学有效、实用性强的公园规则，以此约束不良行为，督促自身及他人遵守公共场所的行为规范，讲究公共场所的文明礼仪，维护公共场所的公共秩序，践行小学生应尽的社会义务和责任。

（一）语篇分析

本课语篇基于日本小学道法课文《公園のきまりを作ろう》设计。语篇类型为配图短文，图片展示公园里常见的不良行为和不文明现象，学习主题相关词汇和句型；再通过文本信息引导学生从地形环境、公园建设、民族特征等方面思考不良行为的产生原因和解决办法，从中对比中日文化在公共场所礼仪、市政建设、人际交流等方面的异同。通过小组合作、自主探究等方式，借鉴两国优秀经验，引导学生用简单的日语制定合理的公园文明守则，进行相关的口语表达和书面绘制。

（二）学情分析

教师具体从认知与观念、语言技能、行为、方法和策略、可能存在的困难这五个方面的核心素养的表现来对学生进行学情分析，见表6-3。

表6-3　学情分析

素养的表现形式	学习前	学习后	可能存在的困难
认知与观念	学生对日本的礼仪文化有一定了解，但对具体场合的一些礼仪规则缺乏深刻认识；对日本城市市政建设以及民族特征、常见行为等方面认识较浅，不能客观多元地看待文中涉及现象	学生对日本的礼仪文明有了更深刻的认识，尤其对公共场所这一领域的相关行为准则有更全面的了解	能运用所学语言较准确、完整地描述图文信息，并表达自己的观点及情绪；关注现象背后的原因，并能联系客观实际提出解决办法
语言技能	学生能掌握部分与公园相关的事物单词，对肯定类祈使句的掌握程度较好，对劝阻否定类祈使句的掌握较浅	学生能进一步熟悉相关词汇，并掌握祈使句用法，能用简单祈使句表达或书写规则	
行为	学生对规则的理解还停留在概念上，没有参与规则的商讨制定，体验不足	学生从多层次、多角度了解公园相关文明礼仪，在教师的引导下联系生活实际，结合中日文明礼仪特征，制定合理规则	
方法和策略	学生只粗略的学习相关的知识文化，未进行系统梳理内化	学生能在教师的指导下使用对比、归纳、总结等方法，整体建构、内化所学知识	

（三）教学目标

1. 语言能力

通过听说读写各项活动，使学生学会用「てください」「ないでください」表达意思，并深入理解，不断积累、内化、整合知识，促进学生运用日语开展跨文化沟通与交流。

2. 文化意识

通过对于中日文化差异的感知和认识，加深学生对于文明和不文明行为的理解，培养学生的家国情怀以及尊重与包容不同文化的态度，坚定文化自信，使其树立规则意识，主动承担保护公共场所的责任和义务。

3. 思维品质

通过梳理、归纳、推断等方式，能清楚分辨文明行为和不文明行为，培养其思辨能力，提高其发现问题、分析问题和解决问题的能力。

4. 学习能力

学生通过在课堂中能自主或与其他同学合作完成任务，保持学习兴趣，增强自主学习与合作学习的意识，合理安排小组分工，规划时间，形成可持续发展、终身学习的优良品质。

（四）教学设计

教学设计见表 6-4。

第六章 典型案例

表 6-4 教学设计

教学环节	教学目标	教师活动	学生活动	设计意图	时间
导入	运用视频、图片等基本信息（学习理解——概括与整合）	1. 播放日本国立公园视频，引出这一主题情景 2. 询问学生视频中的不良行为，观察其中的视觉和情绪感受 3. 展示语篇中的国立公园图片，询问学生的情绪变化，引导大家思考守护公共场所、树立规则意识的必要性	观察视频和图片中不同的公园场景，用已学习的词汇与句型描述内心感受，建立冲突和规则良行为的规则意识	利用对比强烈的图片和视频，复习公园场景、情绪词汇与句型，并激发学生主动制定文明行为准则的内驱力	5 mins
呈现和练习	通过阅读图片文本，勾选关键信息，梳理语篇信息；通过听音观察、内化语言结构，学习语言知识（学习理解——感知与注意、梳理与整合） 根据音频和句型结构进行口语交际（应用实践——描述与阐释）	1. 引导学生圈出图片中的不良行为，观察相应词组短语的假名，汉字书写形式并进行图文配对 2. 呈现公园管理员，引导学生猜测他会如何劝阻，播放音频、句型发音 3. 呈现句型结构，教授句型构成、词汇变形等要素 4. 利用句型结构，替换关键信息，引导学生根据图片进行操练，强化训练	学生通过词汇短语的汉字和假名进行图文配对，再次感知汉字和日文的联系。通过听读学习劝阻类祈使句"…ないでください"，观察句型结构，利用语篇图片进行替换表达和巩固强化	学生运用汉字基础学习新的语言知识，通过听音、跟读、观察字形结构等多元化方式，巩固强化语言知识，提高表达，提高学习效率	15 mins

147

续表

教学环节	教学目标	教师活动	学生活动	设计意图	时间
	根据对产生不良行为原因的探讨，引导学生全面辩证看待事物；思考中日文化差异，借鉴优秀经验，提高文化自信（迁移创新——批判与评价）	1. 引导学生思考语篇中公园不良行为产生的原因，鼓励大家从客观景观原因进行思考，避免片面臆断 2. 展示北京社区公园的景观照片和日常活动照片，对比中日文化在城市建设、日常行为、人际相处中的差异，引导学生思考其中值得借鉴的经验，并利用肯定类祈使句进行表达 3. 引导学生小组讨论并利用祈使句，针对语篇公园的真实场景和现象，可以为它制定哪些公园准则	1. 学生从多维角度思考语篇中公园不良行为的原因，如公园建设的不合理之处、缺乏规则的提示标牌、日本人行为特征、主客观在中日人际交往中的距离感 2. 体验中日差异，学会借鉴优秀经验，结合语篇公园的实际情况，利用"…てください"句型提出合理化的建议 3. 小组研讨如何制定公园准则，利用"…てください"和"…ないでください"进行鼓励和劝阻行为，并呈现口语表达	1. 学生通过对不良行为产生原因的多维度思考，拓宽思维，学会辩证客观地全面看待事物和现象 2. 学生通过图片对比分析中日文化异同，增强国际理解意识，提升国际文化自信 3. 小组研讨合作，利用所学句型制定规则，再次强化语言知识联系情景的实际应用，从中激发思维，提高合作互助能力	20 mins
课后	制作公园规则，提高劳动实践能力，并尝试在社区推广（应用实践——设计与创造）	布置课后作业，调查社区公园，根据其实际情况制作公园准则鼓励学生与所在社区交流	小组调研讨论、查漏补缺，制作公园规则，并尝试交予社区进行推广	从学生实际出发，提升参观调研能力和人际沟通能力	15 mins

（五）案例评析

本案例主题为"争做公园守护人"，属于第二学段"人与自我"范畴下"做人做事"主题群，涉及子主题内容为"公民道德"。本课语篇来源于日本本土道德课程的教材，具有真实的日语行文风格，图片逼真，语言简短，非常适用于锦外的日语必修课堂。同时，该主题涉及文明礼仪，社会约束，行为准则等多方面公民道德知识，符合我国五育并举，全面培养核心素养，实现育人价值的教育理念。

本课语篇场景为贴近学生生活的公园，通过图片呈现日常生活中普遍发生的不良行为，引导学生思考产生原因及解决办法。在教学过程中，通过强烈的对比，激发学生真实的情绪感受，从而激发他们制定规则，遵守规则，爱护公共场所的决心和主观能动性；展示中日相同场景的不同现象，引导学生感知中日两国在城市建设、人际交往上的异同，鼓励学生借鉴双方优秀经验，避免片面狭隘的单方面判断，同时，树立国际意识，坚定文化自信。通过任务驱动，引导学生自我探究和小组合作，促进不同思维的相互碰撞，鼓励学生通过口语交际或书面形式表达自我观点，并积极争取对外呈现，增强主人翁意识，树立榜样作用，在人际交往中迁徙创新语言学习，内化主题概念。学生通过本课的学习，从语言行为方面，掌握了主题相关的词汇句型，能够运用肯定和否定类祈使句进行建议和劝阻，主动制定合理的公园准则；从思维能力方面，学会了深入调研，辩证看待，多维度的思考问题。文化意识方面，通过制定规则，提升公民道德意识，从而推动学生践行爱护环境，明理遵规的社会公德，助力国家精神文明建设。

三、"'竹'够精彩"案例[①]

本案例主题为"try+成'竹'在胸"，该主题属于第三学段"人与社会"范畴下的"社会服务与人际沟通"主题群，涉及子主题内容为"文化使者"，该项目相关信息见表6-5。

[①] 该案例2024年3月在课程教材研究所"英语新课标实验项目"锦江实验区展示，主要完成教师有刘建彬、苟媛媛、陈桑妮、唐悦芹、李晓娇、唐茜、裴莎、宋梦晨、史欣然、何婧、黄秀敏、周柠君。

表 6-5 项目基本信息卡

项目主题	传播中华竹文化
项目教师	成都市锦江区外国语小学五年级英语老师
学生年龄及群体	五年级学生
学科	英语
核心驱动问题	如何在 2024 世界园艺博览会向外国友人传播中华竹文化
项目成果	中华竹文化的英语介绍（形式可选用 PPT 演示文稿、小视频、小报或者竹文创作品演示并解说等）
成果展示方式	口头演讲、文创作品展示
高阶认知策略	调研、创造性见解、问题解决

（一）项目设计思路

本项目学习目标为：小组合作设计在 2024 成都"世园会"期间介绍中华竹文化的宣传文稿；熟知竹的外形特征、竹所代表的精神品质和竹的文创作品、成都竹文化打卡地等英语词汇，掌握和运用词汇和句型描述竹的种类、高度、分布、诗歌、品质、文创作品、竹文化打卡地。谈论竹的知识，思考竹的文化价值，完成宣传中华竹文化的文稿，向外国友人口头介绍中华竹文化，进行文化的积累、思考和交流传播。

1. 提炼主题意义

单元主题意义见表 6-6。

表 6-6 单元主题意义

单元话题	选定主题	主题意义	相关教学单元	相关跨学科教学单元
传播中华竹文化	中国主要城市及家乡的地理位置与自然环境	热爱自然，认同中华文化，向世界展示丰富多彩、生动立体的成都形象	人教版英语（新起点）（一年级起）五年级上册 Unit 3 Animals	科学教科版四年级下册 语文人教版五年级上册五单元 美术人美版五年级上册第十课

2. 确定目标体系

目标体系见表 6-7，观念构建流程如图 6-1、图 6-2、图 6-3 所示。

表 6-7　PBL 目标体系

项目目标	了解、调查、探索成都竹文化并向外国友人介绍			
课程目标	年级	学科	教材单元	单元学习目标
^	五年级上册	英语	Unit 3 Animals	1. 熟练表达描述事物外形、颜色、分布地（居住地）、食物等 2. 描述自己最喜欢的事物
^	四年级下册	科学	一单元 植物的生长变化	1. 观察并描述植物的生命活动，学会观察与探究 2. 了解植物的生长周期和生长条件，理解植物生长的基本原理和规律 3. 掌握植物繁殖的基本过程和特点 4. 通过实验探究，了解环境因素对植物生长的影响 5. 养成热爱自然、关注生命和爱护环境的习惯
^	五年级上册	语文	五单元 说明文	1. 能用恰当的说明方法，分段介绍竹子的不同方面，写清楚竹子的主要特点，写清楚竹子的精神品质 2. 能和同学分享习作并交流各自的感受
^	五年级上册	美术	第 10 课 "色彩的色相"	1. 知晓徽章圆形构图的绘画方法和技巧，制作出一个有竹元素的五彩徽章 2. 学习竹子谦虚、正直、顽强的品质，感受竹子艺术的魅力，增强对传统文化的喜爱
PBL 素养目标	BESMART 维度	能力表现		
^	有效沟通与合作	能够通过有效的交流达成自己的目的（通知、说服、询问、激励等） 能够与他人合作共同实现一个目标		
^	论证和解决问题	具备发现问题、解决问题的逻辑闭环 能够在真实情景中建构知识、运用知识		
^	主动探究和实践	积极开展实践活动，在实践中应用知识、验证想法、探索世界		
^	技术使用和信息素养	能够通过技术手段支持自己的学习和探索 应用信息，通过信息进行交流和问题解决		
^	审美创造	可以通过语言、艺术、设计等方式来表现美、创造美		

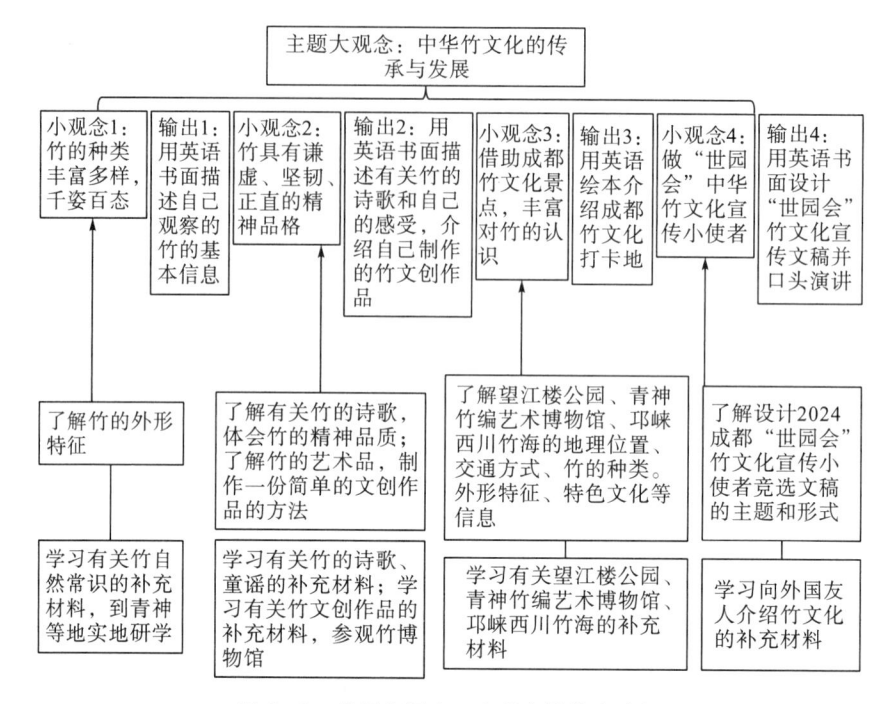

语通世界 文润童心
——小学"英语·多语种"课程建设

```
                    主题大观念：中华竹文化的传承与发展
     ┌──────────┬──────────┬──────────┬──────────┬──────────┬──────────┬──────────┐
  小观念1：      输出1：      小观念2：    输出2：      小观念3：    输出3：      小观念4：    输出4：
  竹的种类       用英语       竹具有谦    用英语书      借助成都     用英语       做"世园      用英语书
  丰富多样，     书面描       虚、坚韧、  面描述有      竹文化景     绘本介       会"中华      面设计
  千姿百态       述自己       正直的精    关的诗歌      点，丰富     绍成都       竹文化宣     "世园会"
                 观察的       神品格      和自己        对竹的认     竹文化       传小使者     竹文化宣
                 竹的基                   的感受，      识          打卡地                   传文稿并
                 本信息                   介绍自己                                           口头演讲
                                          制作的竹
                                          文创作品

  了解竹的外形              了解有关竹的诗歌，     了解望江楼公园、青神     了解设计2024
  特征                       体会竹的精神品质；     竹编艺术博物馆、邛崃    成都"世园会"
                             了解竹的艺术品，制    西川竹海的地理位置、    竹文化宣传小
                             作一份简单的文创作    交通方式、竹的种类、    使者竞选文稿
                             品的方法              外形特征、特色文化等    的主题和形式
                                                   信息

  学习有关竹自               学习有关竹的诗歌、     学习有关望江楼公园、    学习向外国友
  然常识的补充               童谣的补充材料；学    青神竹编艺术博物馆、    人介绍竹文化
  材料，到青神               习有关竹文创作品的    邛崃西川竹海的补充      的补充材料
  等地实地研学               补充材料，参观竹博    材料
                             物馆
```

图 6-1 单元主题大、小观念的构建流程

第六章 典型案例

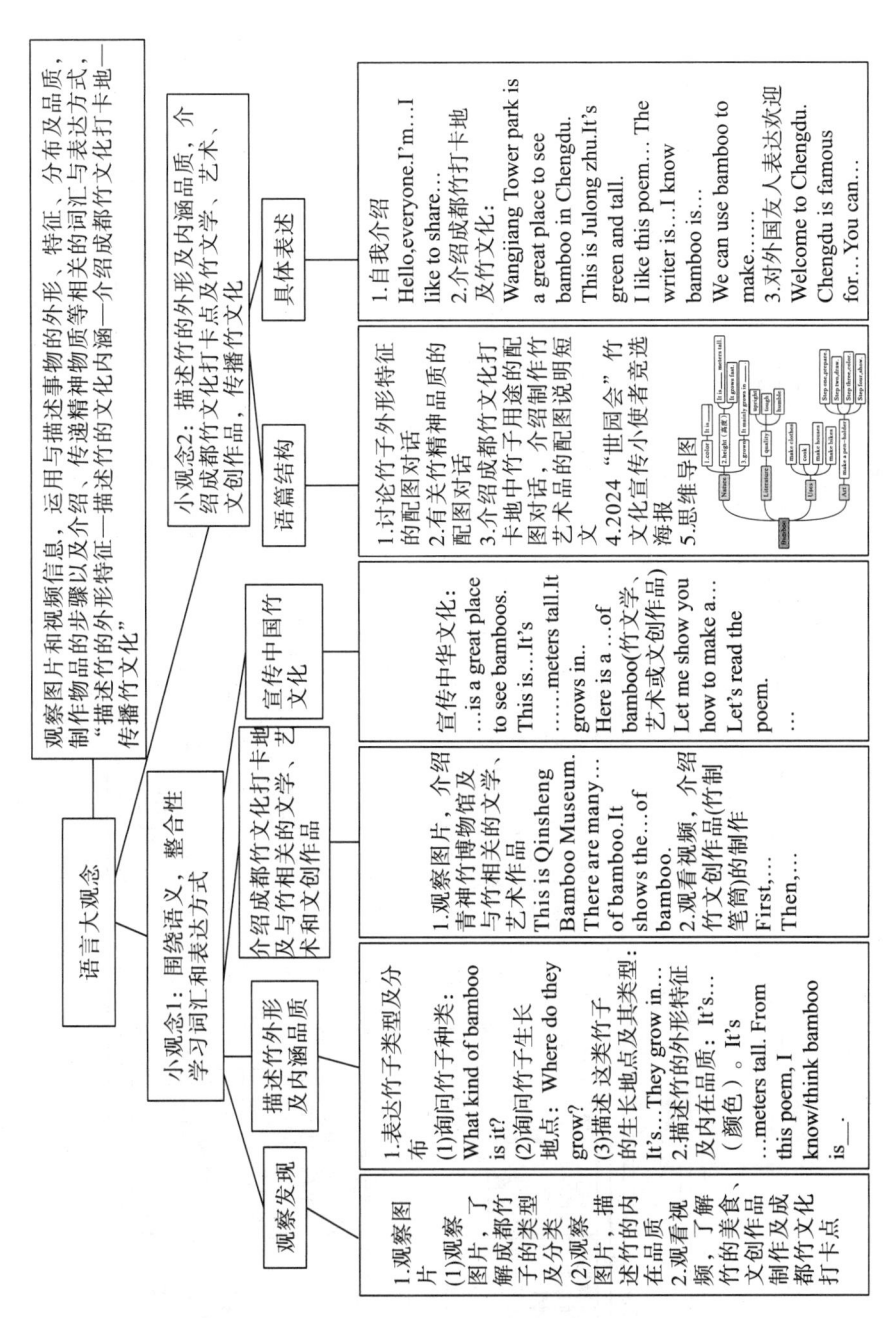

图 6-2 单元语言大、小观念的构建流程

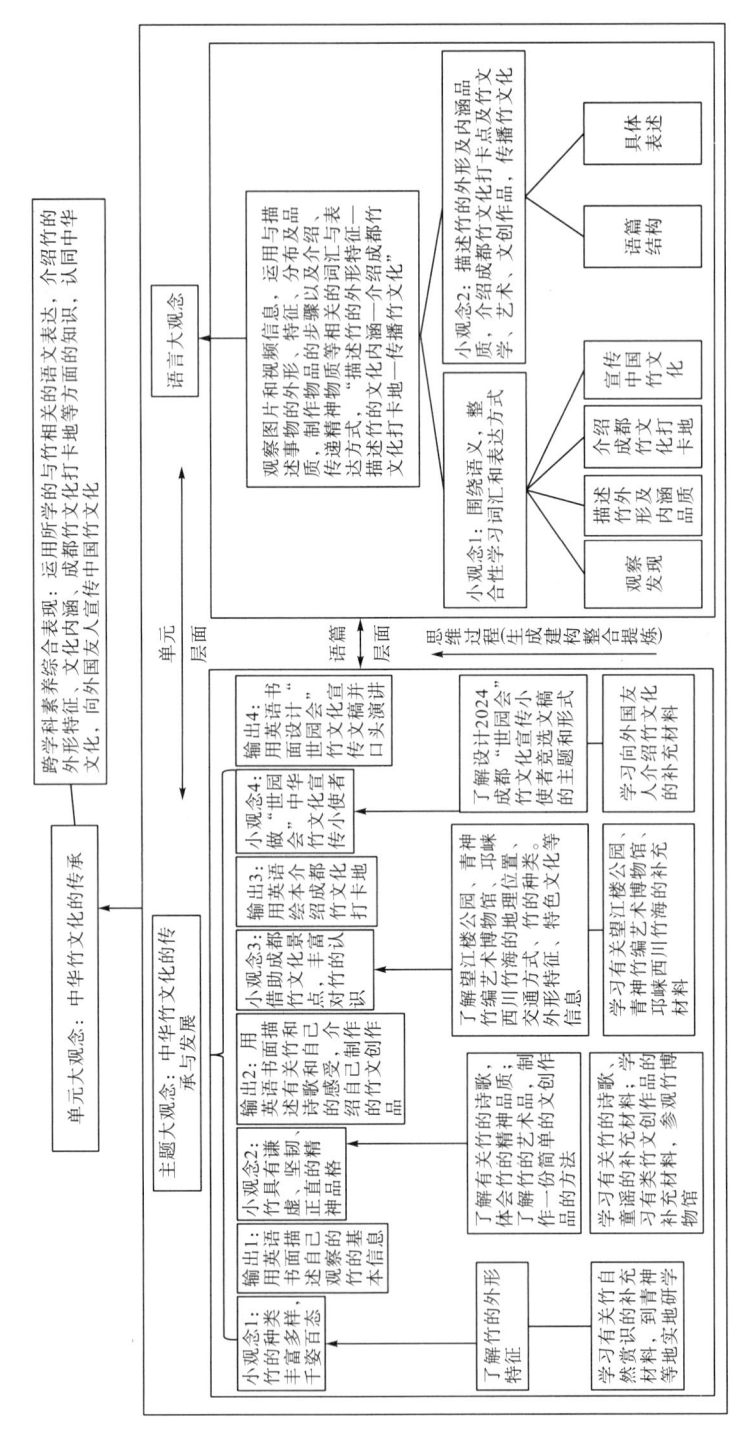

语通世界　文润童心
——小学"英语·多语种"课程建设

图 6-3　单元大观念的构建流程

通过本项目的学习，学生的跨学科素养发展体现在以下方面。

（1）语言能力：围绕"竹"这一主题，领悟主题意义，运用所学语言表达竹的外形特征、品格、用途、文创作品、成都竹文化景点，表达看法和观点，实现与外国友人交流。

（2）文化意识：能够用画笔等材料制作竹的文创作品，体现竹的品格，有主动参与中外人文交流活动的意愿，能够用简单的英语单词、短语和句子传播中华竹文化。

（3）思维品质：观察所学语篇中的语言和文化现象；能够使用访谈、调查、实地考察等方式获取竹的信息，归纳主要特征；具有问题意识，能提出自己的想法，有条理地表达观点。

（4）学习能力：有参与"中华竹文化宣传小使者"竞选活动的意愿，能够联系实际生活借助图表来收集和归类信息，得出结论；利用校园活动、博物馆、公园、视频等资源在生活中学习英语，提升自己。

3. 确定项目成果和评价方案

（1）项目成果。

项目成果表现见表6-8。

表6-8 关键产品/表现

核心驱动问题	分解驱动问题	关键产品/表现
如何在2024世界园艺博览会向外国友人传播中华竹文化	竹的外形特征有哪些	观察日记
	竹的文化内涵是什么	小报、竹文创作品
	我们推荐的成都竹文化打卡地在哪里	绘本
	怎样向外国友人介绍中华竹文化	口头演讲

（2）评价方案。

评价方案见表6-9。

表6-9　PBL评价方案

关键产品/表现	知识/素养目标	证据	评价方式	评价时机	评价主体
观察日记	1. 能够在科学老师的带领下，小组合作，设计有关竹子外形特征的调查问卷 2. 能够在研学地点收集、记录目标数据并进行一定的分析 3. 能够正确运用英语完成观察日记	1. 问卷调查维度的完整性、科学性 2. 数据的准确性 3. 观察日记的正确性、全面性	教师反馈表评价量规	形成性评价（里程碑1）	教师、各科辅导导师
小报、竹文创作品	1. 能够通过语文阅读材料知道竹的精神品质 2. 能够用英语表达自己对竹精神品质的理解，制作英语主题小报 3. 能够在美术老师带领下欣赏与竹相关艺术品 4. 能够尝试制作竹文创作品，并用英语进行口头介绍	1. 语言表达的规范性 2. 情感表达的准确性 3. 文创作品的完整性、创造性、艺术性	教师反馈表	终结性评价（里程碑2）	教师、各科辅导导师
绘本	1. 能够通过信息收集、实地考察等方式，游览成都有名的竹文化打卡地：望江楼公园、青神竹编艺术博物馆、邛崃西川竹海 2. 能够选择一个打卡地，以绘本的方式制作旅游攻略，包含景点地址、交通方式、竹的种类、特色文化、美食等信息	1. 调研数据的完整性、科学性 2. 绘本语言的规范性，插图的生动性	团队交流反馈	形成性评价（里程碑3）	教师、学生、各科辅导导师
口头演讲	1. 能够选择自己喜欢的话题与形式，运用恰当的语言知识，设计"世园会"竹文化宣传小使者竞选文稿 2. 能够在模拟的与外国友人交流情景中，热情、积极、自信地宣传中华竹文化	1. 演讲语言的准确性和合理性、仪态的得体性 2. 行为文明有礼，尊重文化差异	团队交流反馈	终结性评价（里程碑4）	教师、学生

（3）设计学习体验。

创设与主题意义相关的真实情境为：2024年世界园艺博览会在成都召开，作为天府文化代表的竹，在其中扮演了不可或缺的重要角色。锦外学生作为"世园会"竹文化的宣传小使者，向外国友人传播中华竹文化，帮助他们领略天府文化的魅力。学生作为宣传小使者，要设计观察方案，以学校研学活动为契机，学习竹子相关的自然科学知识，收集并分析数据，撰写观察日记。阅读竹子相关文学作品，欣赏与竹有关的艺术品，完成小报，设计文创作品，领会竹子的外在气质和内在精神，了解竹子的文化内涵；结合自己经历以及整理的成都竹文化打卡地，实地考察对比后确定推荐地点；在选拔"竹文化宣传小使者"情景中，学生进行竹文化演讲，制作主题小报，积极宣传竹文化，分享竹文化知识。在此过程中，教师引导学生联系生活情景，主动探究，互助合作，运用所学目标语言和知识进行整体输出、迁移创新，发展语言能力，拓展思维方式，形成健康向上的价值观念，提升学习能力。

首先，为了帮助学生进行语言建构，教师梳理教材中相关的语言。其次，在完成项目所需的材料和资源支持的基础上，联合科学、语文、美术等学科老师为学生完成跨学科知识学习提供支持，帮助学生做好知识建构。最后，指导学生使用英语设计问卷，联合科学、语文、美术老师完成观察日记、小报、文创作品、绘本等，为学生实践活动提供支持，丰富学生体验，激发其学习动力，促进项目完成。

项目式学习的实施，如图 6-4 所示。

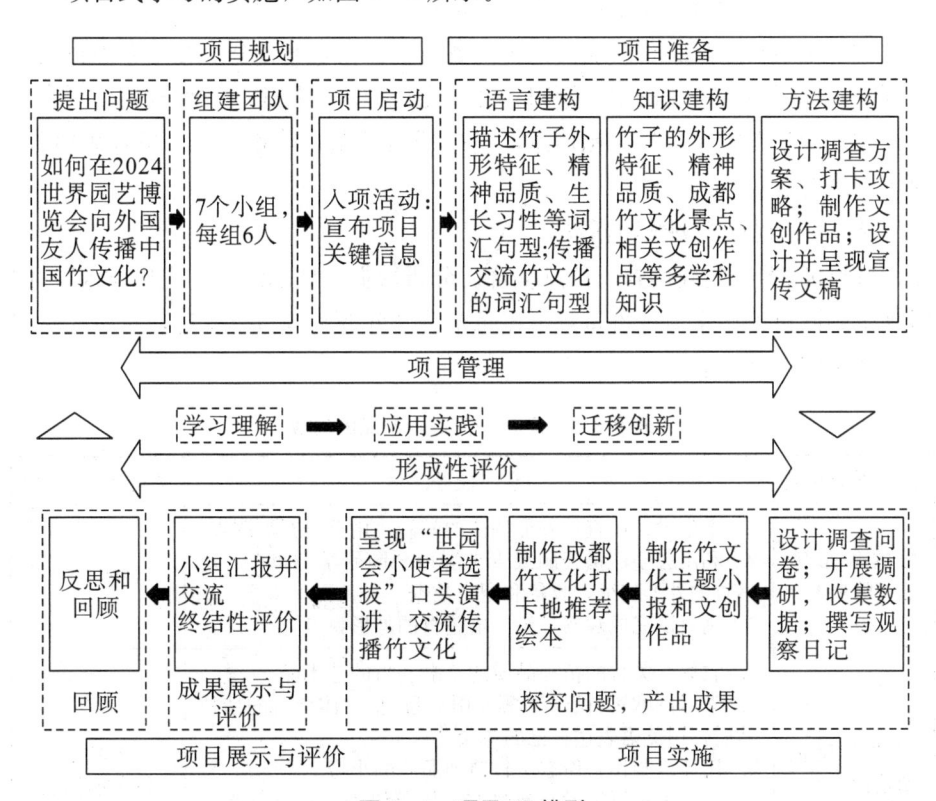

图 6-4　项目 4P 模型

（二）项目规划

1. 入项活动

步骤1：提出核心问题。

确定项目主题：传播中华竹文化。

制定调查问卷：调查学生关于竹文化传播的思考和建议，如传播方式、传播内容、呈现形式，收集相关数据。

整理、分析、总结调查数据，提出核心驱动问题：如何在2024世界园艺博览会向外国友人传播中华竹文化？

步骤2：说明示范项目及项目要求。

示范举例：教师举一个已完成项目开展的例子，帮助学生更好地感受学习项目的方式及结果呈现方式。

教师提出项目学习的具体要求如下。

（1）成果呈现有实物辅助、有口头汇报。

（2）小组每个成员都要参与其中，各自承担角色和任务。在整个项目完成过程中，保留每个阶段的所有资料，并在完成项目时提交过程性资料。

（3）商量并宣布项目关键信息，包括开始日期、截止日期、里程碑事件、评价方式等。

步骤3：讨论规划学习活动。

"设计问卷—实施调查—信息整合、分析数据—展示结果—提出建议"，同时师生共同讨论出学习评价量规，以每个分解问题为项目里程碑，对应的学习任务和关键产品见表6-10。

表6-10 问题—任务—产品的对应

分解驱动问题	学习任务	关键产品/表现
竹的外形特征有哪些？	1. 学生设计调查竹外形特征的问卷，用英语开展调查 2. 利用去望江楼公园或青神湿地公园研学的机会，观察竹的外形特征，收集和记录数据 3. 用英语完成观察日记，描述竹的外形特点	观察日记
竹的文化内涵是什么？	1. 收集有关竹的精神品质的诗歌和竹的艺术品 2. 学习诗歌《竹石》《酬人雨后玩竹》，体会竹的精神品质，用英语表达自己的体会 3. 用英语制作一份有关竹精神品质的小报 4. 学习了解竹艺术品有哪些，用英语表达自己喜欢的艺术品 5. 制作一份自己喜欢的艺术品，并用英语介绍	小报、 竹文创作品

续表

分解驱动问题	学习任务	关键产品/表现
我们推荐的成都竹文化打卡地在哪里？	1. 收集成都有名的竹打卡地：望江楼公园、青神竹编艺术博物馆、邛崃西川竹海的信息，包括竹子的种类、外形特征、竹文化、竹艺术品、美食、主要景点等 2. 选择一个景点，制作绘本，向外国友人介绍当地竹的种类、外形特征、竹文化、艺术品、美食、主要景点等	绘本
怎样向外国友人介绍中华竹文化？	1. 小组讨论，选择自己喜欢的话题和形式，设计竞选文稿，参加学校举行的"竹文化宣传小使者"选拔活动 2. 辅以PPT或者文创作品，口头介绍竹文化，参加小使者选拔活动	口头演讲

2. 制定评价量规

评价量规见表6-11，小组项目展示效果评价表见6-12。

表6-11 小组项目完成自评量规

评价因素 \ 效果	Excellent	Good	Less improved
积极参加课堂活动，乐于与他人交流合作			
认真负责完成项目任务			
交流活动中语言运用准确得体			
语言表达清晰流畅			
小组讨论中有自己的独特见解			

表6-12 小组项目展示效果评价表

评价因素	1组	2组	3组
选材内容：积极向上，内容丰富，引人入胜（20分）			
逻辑架构：符合逻辑，结构合理，情节清晰（20分）			
语言表达：语言地道，语法正确，表达流利（20分）			
创意设计：创意新颖，形式美观，设计精妙（20分）			
成果展示：协同合作，精神饱满，表达自然（20分）			
总分（100分）			

（三）项目准备

1. 语言建构

与教材相关语言结构梳理见表6-13，对应的核心语言见表6-14。

表6-13 语言结构梳理

语言要点	教材相关内容所在单元和册次	功能句	词汇
描述竹的种类	Unit1 School Book1 Unit4 Numbers Book1 Unit5 In the Park Book3	使用句型 This is _____. 介绍物品 使用句型 How many _____ are there? five/six 询问数量 使用句型 There is/are _____ in the _____. 描述某地有某物	one, two, three, four, five, six, seven, eight, nine, ten.
	无	无	JulongZhu, Fang Zhu, Qingsihuang Zhu
描述竹的高度	无	使用句型 It is _____ meters tall. It grows very fast. 描述竹的高度	ten, twenty, thirty, forty, thirty-five, fifty, meters
描述竹的分布	无	使用句型 It mainly grows in _____. 描述竹的主要分布地	Wangjiang Pavilion Park Qingshen County
描述竹的外形	Unit3 MyFriends Book3 Unit5 Colors Book 1	使用句型 What does he look like? He's tall. 询问人物外形及回答 使用句型 What colour is it? It's red. 询问颜色及回答	tall, short, yellow, brown, green
	无	使用句型 It is hollow. 描述竹子是空心的	hollow
介绍与竹相关的诗歌和作者	Unit3 Food Book5 Unit5 Famous People Book11	使用句型 I like _____. 描述自己的喜好 使用句型 The writer is _____. 描述诗歌的作者	poem, Zhushi, Chourenyuhouwanzhu, Xue Tao, Zheng Xie
描述自己喜欢的诗句和竹的品质	无	使用句型 I like these sentences _____. From this poem, I think/know bamboo is _____. 表达自己喜欢的诗句和竹子代表的品质	humble, tough, upright

续表

语言要点	教材相关内容所在单元和册次	功能句	词汇
谈论竹的艺术品	无	使用句型 We can use bamboo to make _____ , like _____ . It's beautiful. 描述竹的艺术品	bamboo picture, bamboo pen holder, bamboo bell, bamboo cup, bamboo fan, bamboo peacock
描述成都竹文化打卡地	Unit3 Travel Plans Book 8 Unit1 In China Book 11	使用句型 You can/eat/drink/visit/watch _____ . 来表达可以做哪些活动 使用句型 _____ is famous for _____ . 来介绍景点因什么闻名 使用句型 You can go to _____ by _____ . 来介绍交通方式	take photos, visit museum, drink tea, see pandas, row a boat, go shopping, by car, by bus, by subway
	无	无	special snack, specialty, folk art, humanheritage
描述制作竹文创作品的步骤	Unit2 Special Days Book10	使用句型 First, _____ . Then, _____ . Next, _____ . Last, _____ . 来描述制作竹文创作品的步骤	make, draw, cut, first, second, third, then, last, prepare, draw, colour, show
介绍自己的文创作品	无	使用句型 I like _____ . So I draw _____ on the _____ . It's _____ . 介绍自己的文创作品	hot pot, panda, monkey, Sichuan Opera, cute, lovely
征求他人参与竹文化宣传小使者选拔的愿意	Unit3 Food Book 5	使用句型 Do you want _____ ? Yes, I do. No, I don't. 征求意见	have a try, join in, talk about
描述自己参加小使者选拔的主题	Unit3 Food Book 5	使用句型 I want to _____ . 表达自己选择的主题	share, talk about
	无	无	bamboo in nature, bamboo in uses, bamboo in literature, bamboo in art
描述自己参加小使者选拔的形式和具体内容	Unit3 After School Activities Book 6	使用句型 I'm going to _____ . 表达自己呈现的形式和内容	make a speech, recite a poem, sing and dance, show a handicraft,

161

语通世界 文润童心
——小学"英语·多语种"课程建设

表6-14 对应课时的核心语言

课型	驱动问题	核心短语	核心句式
导引课（入项课）	项目核心驱动问题：如何在2024世界园艺博览会向外国友人传播中华竹文化	——	
探究课 Period 1-3	Period 1 子驱动问题：竹的外形特征有哪些	竹的种类的外形特征、分布等：kinds of bamboo, fast, green, yellow, hollow	使用以下句型介绍竹的常识： This is ＿＿. It is ＿＿.（颜色） It is ＿＿ meters tall. It mainly grows in ＿＿.（生长于）
	Period 2 子驱动问题：竹的文化内涵是什么	竹子的品质：humble, upright, tough 竹子用途词汇：make clothes, cook, make houses and bridges, make rafts and bikes 成都文化符号词汇：hot pot, tea, panda, Wuhou temple	使用以下句型介绍竹的文学作品和代表的精神品质： I like ＿＿. The writer is ＿＿. I like these sentences, ＿＿. From this poem, I know/think bamboo is ＿＿. 使用以下句型介绍竹的艺术品：We can use bamboo to make ＿＿, like ＿＿. It's beautiful. 使用以下句型介绍自己的文创作品：I like ＿＿. So I draw ＿＿ on the ＿＿. It's ＿＿. Chengdu is famous for ＿＿.

162

续表

课型	驱动问题	核心短语	核心句式
探究课 Period 1–3	Period 3 子驱动问题: 我们推荐的成都竹文化打卡地在哪里	成都竹文化打卡地词汇: Wang Jianglou Park, Qingsheng Bamboo Art Museum, West Sichuan Bamboo Forest 竹子种类词汇: Ci Zhu, Julong Zhu, Fang Zhu, Fodou Zhu, Qingsihuang Zhu 竹文创作品词汇: bamboo picture, bamboo pen holder, bamboo bell, bamboo cup, bamboo fan, bamboo peacock	使用以下句型 Welcome to Chengdu. _____ is famous for _____. You can go there by _____. There are _____ kinds of bamboo in it. This is _____. It is _____. And there are some handicrafts about bamboo, like _____. It's beautiful. _____ is famous for _____. You can buy/eat/make _____ there. 介绍成都竹文化打卡地
展示课 Period 4	子驱动问题: 怎样向外国友人介绍中华竹文化	归纳竹子的外形特征、精神品质与艺术品、打卡地的词汇: 1. looks: green, tall, yellow, eating, grow fast, hollow. 2. qualities: humble, upright, tough 3. art works: painting, bamboo pen holder, panda, lovely 4. beautiful sites: Wang Jianglou Park, Qingsheng Bamboo Art Museum, West Sichuan Bamboo Forest	使用以下句型设计文稿,参与竹文化宣传小使者选拔,介绍竹的外形特征、品格、艺术品或者竹文化打卡地,并开展国际交流。 Hello, everyone. My name is _____. I like bamboos. It's tall and green. It grows very fast. Today I want to show you a bamboo _____. Chengdu is famous for _____. I draw a _____ on it. It's _____. I hope you will like it.

163

2. 知识建构

在项目学习的过程中涉及的学科知识比较多，如科学知识——竹的生长习性，语文知识——有关竹的诗歌和竹代表的精神品质，美术知识——竹的文创作品和制作方法，其他学科的老师都可以成为学生的辅助导师。

开展跨学科学习的过程中，英语老师与科学、语文、美术老师合作备课，对接"科学四年级下册一单元　植物的生长"，让学生了解竹的外形特征，培养学生观察力；对接"语文五年级上册五单元　说明文"，让学生学会描写竹子的精神品质，同时对接"美术五年级上册第十课　色彩的色相"，了解竹艺术品的文化内涵，学习制作竹的五彩徽章，通过学生的制作、欣赏和评述活动，让其在感受、体验和理解过程中，形成审美情趣、发现和传播文化意蕴。

3. 方法建构

团队协作技能，文创产品设计、语言表达、信息搜索技能，宣传文稿的写作方法，问卷及评价量表的编制。

（四）项目实施

项目里程碑1：竹的外形特征有哪些？

设计调查问卷：在科学老师的带领下，学生进行小组合作，设计有关竹子外形特征的调查问卷。

研学调查：学生前往望江楼公园或青神湿地公园研学，观察竹的外形特征，收集信息并记录相关数据。

观察日记：学生根据研学收集的竹相关信息，用英语描述竹的外形特点，完成观察日记。

项目里程碑2：竹的文化内涵是什么？

诗歌收集：学生收集有关于竹的精神品质的诗歌以及竹的艺术品。

诗歌学习：学生学习诗歌《竹石》《酬人雨后玩竹》，体会竹的精神品质，并用英语表达自己的体会。

创作小报：学生根据诗歌学习后的体会，创作一份有关竹精神品质的英文主题小报。

艺术品制作：学生制作一份与竹相关的艺术品，并用英语对其进行口头介绍。

项目里程碑3：我们推荐的成都竹文化打卡地在哪里？

收集竹打卡地：学生通过信息收集和实地考察等方式，了解成都有名的竹文化打卡地：望江楼公园、青神竹编艺术博物馆以及邛崃西川竹海。

制作绘本：学生选择一个景点，以绘本的方式制作旅游攻略，包含景点地址、交通方式、竹的种类、特色文化、美食等信息。

项目里程碑 4：怎样向外国友人介绍中华竹文化？

选拔准备：学生分小组进行讨论，确定竹相关话题和介绍形式，并设计撰写"世园会"竹文化宣传小使者竞选文稿。

小使者选拔活动：学生通过口头介绍竹文化的方式参与小使者选拔活动，并辅以 PPT 演示或文创作品展示。

项目成果展示与评价如下。

步骤 1：项目作业成果展示，将成果呈现与学生具体的语言实践相结合。

（1）模拟"2024 世园会"竹文化宣传小使者选拔场景，学生向外国友人口头介绍竹文化，辅以图片、实物或多媒体（视频、PPT）等。

（2）实物展示：竹文创作品。

步骤 2：项目作业成果评价。

各小组呈现项目研究成果，教师和其他小组成员提问或表达感受，展开交流互动。小组参考制定的量表对其他小组项目成果进行评价并反馈。教师肯定各小组在项目研究过程中的积极因素，并对还需要注意调整的地方给予指导意见。

评价过程中，应注意评价的多样性和多元化。评价应该不仅包括学生的成果，还应包括学生的学习过程、思考能力、创新能力和合作能力等方面的评价。评价主体应该多元化，以自评、他评、师评相结合的方式对学生学习成果进行评价，多方面反馈学生的学习成果，帮助学生找到能力的增长点。

课上核心活动评价见表 6－15、表 6－16、表 6－17。

表 6－15　口头表达评价

发音准确	内容	语法	语气、语调恰当	声音洪亮
★★	★★	★★	★★	★★

表 6－16　创意作品评价

项目	评价内容	分值				
		1	2	3	4	5
内容	观点新颖独到					
	选材有趣、有效					
	设计精当					
创新或亮点	创新表现					

表6-17 小组项目展示效果评价表

评价因素	1组	2组	3组
选材内容：积极向上，内容丰富，引人入胜（20分）			
逻辑架构：符合逻辑，结构合理，情节清晰（20分）			
语言表达：语言地道，语法正确，表达流利（20分）			
创意设计：创意新颖，形式美观，设计精妙（20分）			
成果展示：协同合作，精神饱满，表达自然（20分）			
总分（100分）			

（五）课时教学设计示例

教学设计示例见表6-18、表6-19、表6-20、表6-21。

表6-18 教学设计示例

本单元第一课时	Bamboo in Nature
	语篇研读
	本课为英语项目式学习 "竹" 够精彩 我是"世园会"竹文化宣传小使者" 的第一课时,语篇类型为对话;语篇的内容为研学途中主人公围绕竹子种类和外形进行的描述。主题意义为赏"竹"之美 [What]: A 部分记录学生研学体验,调查竹子的科普常识;B 部分以对话形式讨论竹的自然常识;C 部分是基于语篇生活的实践应用活动 [Why]: 认识大自然中的竹,宣传竹的科普常识,加深学生对竹的认识 [How]: A 部分使用了表格的形式让学生在学前进行调查研究;B 部分根据时间顺序并以对话形式讨论竹的基本信息;C 部分是基于语篇理解的书面练习和联系生活制作信息卡
	学情分析
	五年级孩子处于小学高段,不但可以大胆地开口表达自己的所思所想,还能结合自己的经验与想象内化课堂知识。课后也能主动查阅相关资料等来拓宽课堂相关的知识。从语言知识来讲,他们积累了一定的词汇和句型知识,如 How many …? What does it look like? There is ... There are ... 等。从语言学习能力来讲,他们掌握了一定的学习策略,能够通过观察图片、听音、阅读学习方法等抓取关键信息,掌握文段大意。他们也能根据阅读到的信息,以口头书面方式给予评价和回复。他们的创造性思维和批判性思维也有所凸显,合作的意识和能力逐步加强。具体表现为可以有效地去合作、去讨论、去交流
	教学目标
单元教学目标	课时教学目标
通过观察、记录竹的种类、颜色、高度、了解竹的相关科普知识 通过观察、识别竹的文学作品,感知竹的文化内涵与竹精神品质,激发热爱民族传统文化的热情 了解竹的用途与竹制品,体会竹与我们生活息息相关 了解艺术家利用"竹"这一元素创作的文创作品,学习绘制竹简画的方法 体验传统文化的魅力 选择自己喜欢的话题和形式参与竹文化宣传和形式参与竹文化宣传小使者竞选,与外国友人交流,传播中华文化	1. 通过观察、记录竹的种类、颜色、高度,了解竹的相关科普知识(学习理解) 2. 通过阅读语篇,总结,归纳不同品种竹子的特征:颜色、生长地、高度等(应用实践) 3. 根据不同种类竹子的特征设计信息卡(迁移创新)

续表

教学重难点	1. 学生能够以对话的形式讨论竹的自然常识 2. 学生能够基于语篇联系生活实际制作信息卡		
教学过程（第1课时）			
教学目标 (建议在每条目标后标注活动层次)	教学活动及互动方式（时间）	设计意图	效果评价
	1. Students watch a video about bamboo culture in Chengdu and answer a question. Q: What's the video about? 2. Q: What do you know about bamboo? 3. Students share their thoughts about bamboo.	为学生创造真实情景（竹的自然特性）	观察学生回答问题的表现，根据其具体信息了解其对本课时所需语言的掌握情况
学生能够进入情境，并用英语回答与竹相关的信息（学习理解）	1. think and answer What do you want to know about bamboo? where / how / why / what / ...		学生从文段中寻找出问题答案

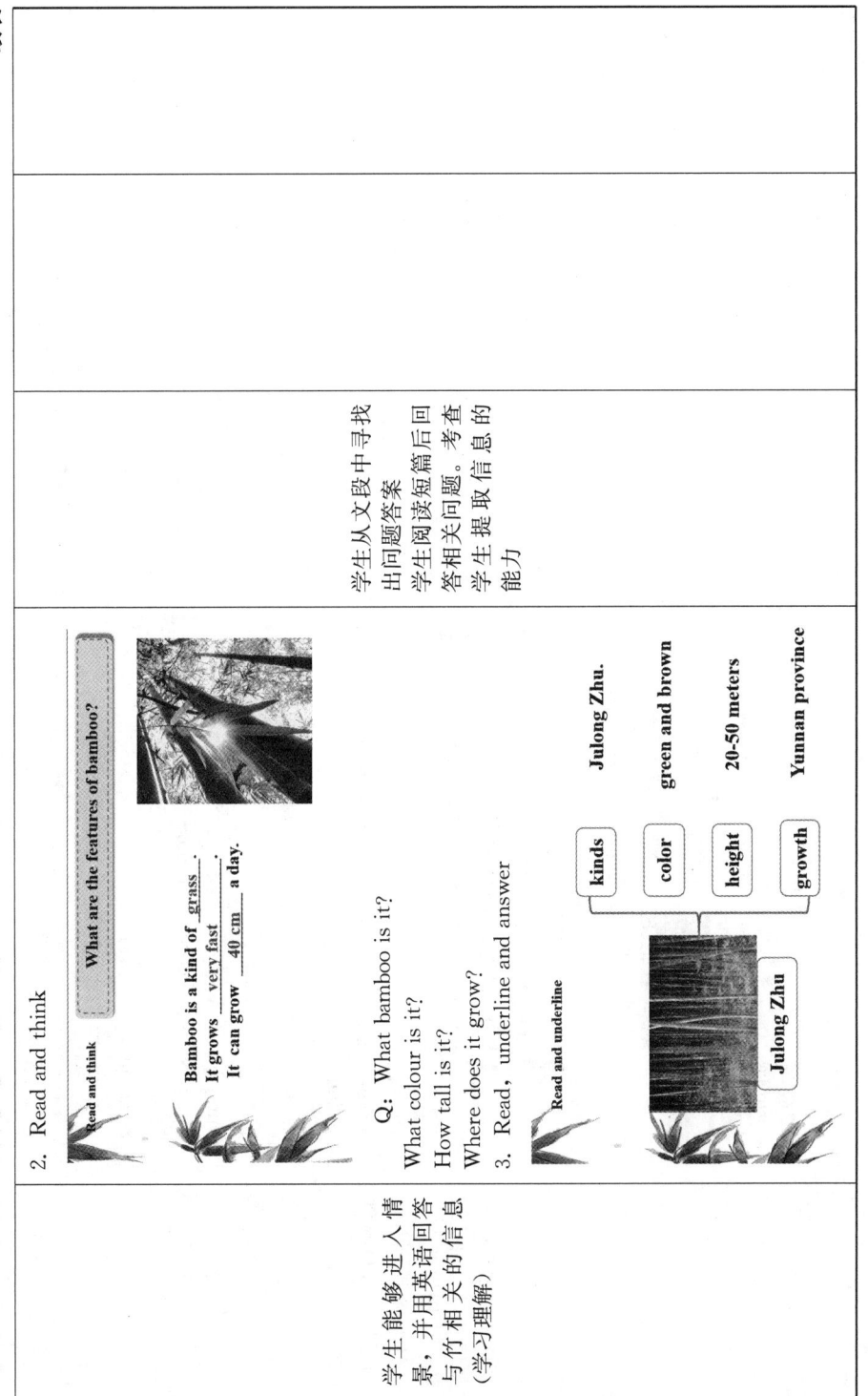

续表

2. Read and think **Read and think**　**What are the features of bamboo?** Bamboo is a kind of __grass__. It grows __very fast__. It can grow __40 cm__ a day. Q: What bamboo is it? What colour is it? How tall is it? Where does it grow? 3. Read, underline and answer **Read and underline** kinds —— Julong Zhu. color —— green and brown height —— 20-50 meters growth —— Yunnan province Julong Zhu	学生从文段中寻找出问题答案 学生阅读短篇后回答相关问题。考查学生提取信息的能力	学生能够进入情景，并用英语回答与竹相关的信息（学习理解）

169

续表

获取、梳理竹的主要信息以及句型结构（应用实践、内化与运用、描述与阐释、分析与判断）	1. Teachers and students introduce Julong Zhu together Let's introduce kinds —— Julong Zhu. color —— green and brown height —— 20-50 meters growth —— Yunnan province This is ___Julong Zhu___. It is ___brown and green___. It is ___20-50___ meters tall. It mainly grows in ___Yunnan province___. 2. Read and introduce 4 students a group, use the sentence pattern to introduce Fang Zhu. This is _____. It is _____. It is _____ meters tall. It mainly grows in _____. 3. Group work: choose one bamboo to introduce. 4. Homework: Make an information card.	学生根据语篇并联系生活实际介绍竹的相关信息	观察学生提问的情况，了解学生的学习需求 观察学生能否运用听力技能完成任务 观察学生根据任务单分享的主题和形式并及时引导、评价
	前往望江楼公园或者青神湿地公园等研学地点观察竹并完成观察日记	综合运用所学进行语言输出	观察学生制作的观察日记，并及时给予评价

170

续表

课时教学板书设计及说明

Lesson 1 Bamboo in Nature

Read and underline

Julong Zhu

kinds —— Julong Zhu.
color —— green and brown
height —— 20-50 meters
growth —— Yunnan province

课时作业设计及说明

（提供课时作业，可以选取教材中的配套作业，或者提供自编作业；注意体现作业类型的丰富性。阐述说明本课时作业设计的目的和作用、思路及实现过程。特别是要说明与学习目标的关联，与前、后课时作业的关系等）

1. 课时作业

Group work: Choose and introduce

kinds 种类	color 颜色	height 高度	growth 分布
慈竹	brownish green	20-25meters	福建、贵州、云南、台湾
青皮竹	yellow and green	6-12meters	广东
孝顺竹	green	4-7meters	中国
麻山慈竹	brown and yellow	8-12meters	四川、贵州
大眼竹	green	6-12meters	广东、广西
美浓麻竹	green	2-5meters	四川
苦竹	yellow and green	20-35meters	日本、美洲
日垂岩竹	green	3-5meters	四川
冷箭竹/八月竹	green	2-3meters	四川、山东、海南

This is _____.
It is _____.
It is _____ meters tall.
It mainly grows in _____.

Homework: Make an information card

Information Card

Chengdu is famous for bamboo. Look! There are 400 kinds of bamboo in Chengdu. They are _____. My favourite bamboo is _____. It's _____. It grows in _____.

Draw it!

2. 课后作业：完成观察日记

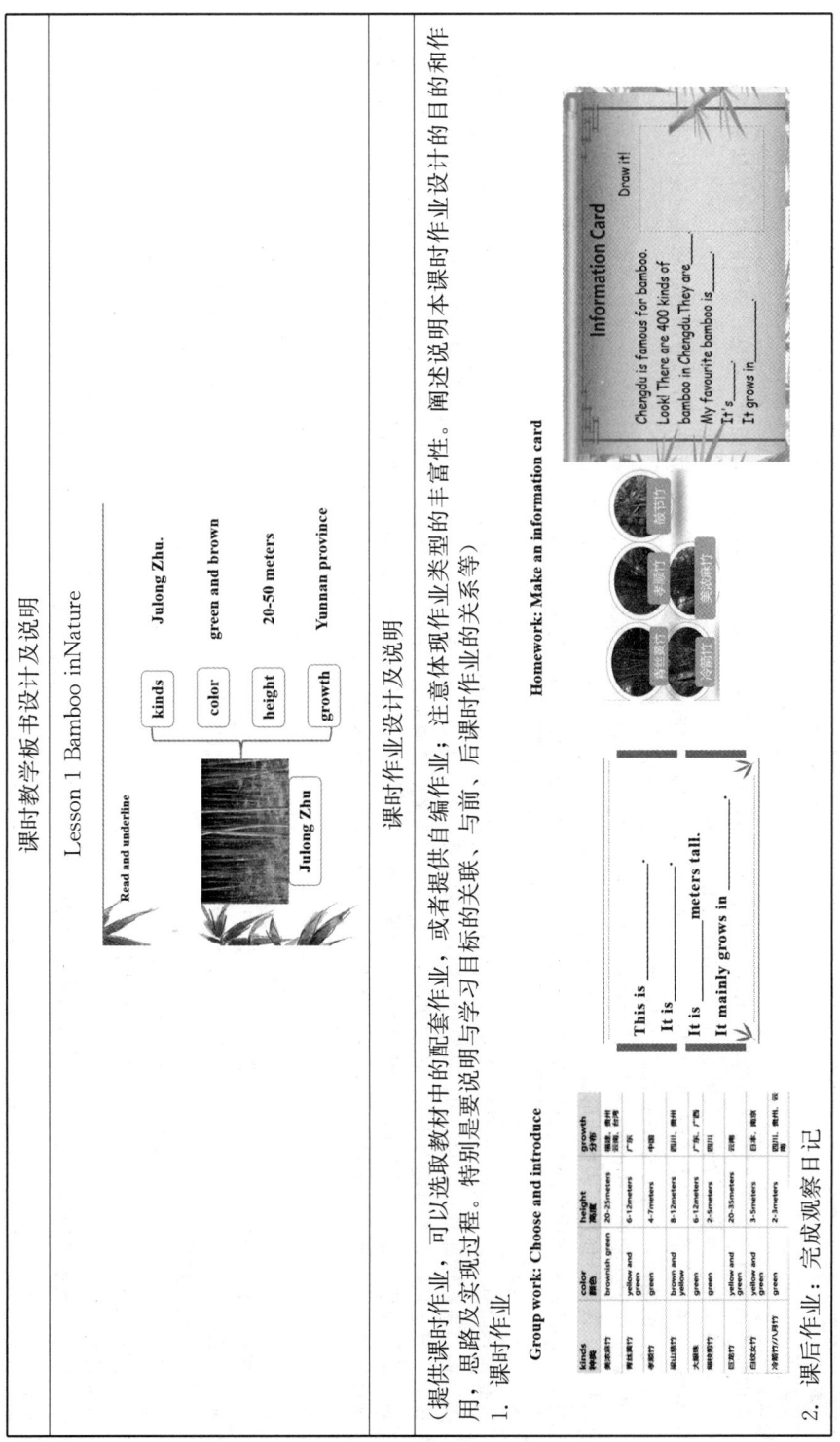

语通世界 文润童心
——小学"英语·多语种"课程建设

表6-19 教学设计示例

Lesson 2 Bamboo in Literature and Art

本单元第二课时	语篇研读
本课为英语项目式学习""竹"够精彩 我是'世园会'竹文化宣传小使者"的第二课时，语篇的内容为研学途中主人公了解竹文化，围绕竹与竹相关的诗句，总结竹文化的内涵 [What]: A部分收集学生了解到的与竹文化相关的文学作品和艺术作品，感悟竹文化传递的精神；B部分以对话形式讨论竹的诗歌，总结文化的精神；C部分是基于语篇的巩固练习和联系生活的实践应用活动 [Why]: 认识文学作品中的竹，宣传竹文化，加深学生对竹的认识 [How]: A部分使用了表格的形式让学生在学前收集有关竹的诗歌、童谣、音乐；B部分根据时间顺序并以对话形式讨论竹的诗歌以及竹这一形象在诗歌中传递的精神内涵；C部分是基于语篇理解的书面练习和制作诗歌书签	

学情分析
五年级孩子处于小学高段，不但可以大胆地开口表达自己的所思所想，并能结合自己的经验与想象内化课堂知识。课后也能主动查阅相关资料等来拓宽课堂相关的知识，并愿意在课堂上做公开分享。从语言知识来说，他们积累了一定量的词汇和句型表达，如 I like ...、It's ...等。从语言学习能力来讲，他们掌握了一定的学习策略，能够通过观察图片、听音、阅读等学习方法抓取关键信息，掌握文段大意。他们也能根据阅读到的信息，从口头和书面给予评价和回复。他们的创造性思维和批判性思维也有所凸显，合作的意识和能力逐步加强。经过第一课时的学习，学生对竹子的种类、颜色、高度等科普知识有所了解

教学目标
单元教学目标
通过观察，记录竹的种类、颜色、高度，了解竹的相关科普知识 通过观察，识别竹的文学作品，感知竹的文化内涵与精神品质，激发热爱民族传统文化的热情 了解竹的用途与竹制品，体会竹与我们生活息息相关 了解艺术家利用"竹"这一元素创作的文创作品，学习绘制竹简画的方法 体验传统文化的魅力 选择自己喜欢的话题和形式参与竹文化宣传小使者竞选，与外国友人交流，传播中华文化

课时教学目标
1. 通过观察、阅读竹的文学作品，了解竹的用途、了解竹子所传递出的精神内涵与精神品质（应用实践） 2. 通过阅读语篇，总结诗歌中竹子的形象与内涵（学习理解） 3. 根据文学作品中竹子的形象与内涵设计具有特色的诗歌书签（迁移创新）

续表

教学重难点				
教学重点：能够用英语介绍与竹有关的诗句，表达诗歌中的竹所传递的精神品质和文化内涵 教学难点：在语境中，运用所学语言，选择自己喜欢的诗句设计诗歌书签				
教学过程（第 * 课时）				
教学目标	教学活动及互动方式（时间）	设计意图	效果评价	时间
通过观察、阅读竹的文学作品，了解竹的文化内涵与精神品质（学习理解）	1. Students watch a video about bamboo culture and answer a question. Q: Why do Chinese people love bamboo? Why do Chinese people love bamboo? — has a long history in China. 2. Students talk about bamboo culture and share information about bamboo culture. Q: What do you know about bamboo culture?			

173

语通世界 文润童心
——小学"英语·多语种"课程建设

续表

通过观察，阅读竹的文学作品，了解竹的文化内涵与精神品质（学习理解）	3. Students ask some questions about bamboo culture. What do you want to know about bamboo? What do you know about bamboo culture? / poems / songs / paintings / quality / ... What do you want to know about bamboo culture? / who / how / why / what / ...	聚焦主题根据学生生活经验激活已有的知识储备，建立文本和真实生活体验的联系，激发学习动机，结合自身生活经验谈论与竹有关的艺术作品、文化作品	观察学生是否能结合自身已有经验参与互动，进行主动参与交流，进行追问或给予鼓励
通过阅读语篇，总结诗歌中传递出竹的精神内涵（应用实践）	1. Students read the dialogue and answer questions. Q: Who write this poem? Which sentence does Kuankuan like? What does he know from this poem?	学生从文段中寻找出问题答案。总结竹的精神品质和文化内涵，加深学生对诗歌的理解	听取学生的分享和评价，给予指导和反馈

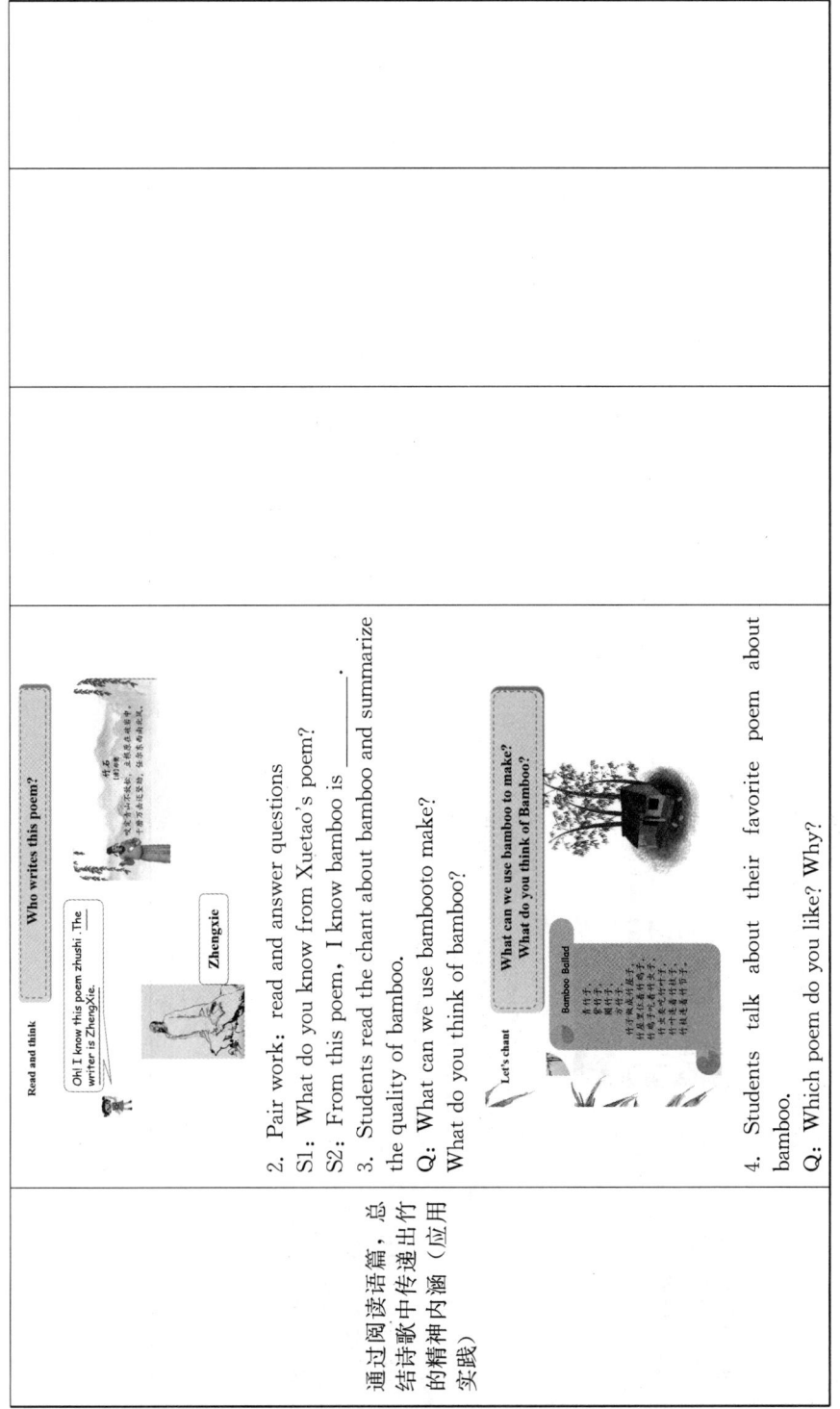

续表

通过阅读语篇，总结诗歌中传递出竹的精神内涵（应用实践）

Read and think　Who writes this poem?

Oh! I know this poem zhushi. The writer is ZhengXie.

Zhengxie

2. Pair work: read and answer questions
S1: What do you know from Xuetao's poem?
S2: From this poem, I know bamboo is ＿＿＿＿.
3. Students read the chant about bamboo and summarize the quality of bamboo.
Q: What can we use bamboo to make?
What do you think of bamboo?

Let's chant　What can we use bamboo to make?
What do you think of Bamboo?

Bamboo Ballad
竹子做成什么子。
种竹子，看竹子，
画竹子，写竹子，
竹子变成什么子？
竹子变成椅子。
竹根变成笔子。

4. Students talk about their favorite poem about bamboo.
Q: Which poem do you like? Why?

175

语通世界　文润童心
——小学"英语·多语种"课程建设

续表

通过阅读语篇，总结诗歌中传递出竹的精神内涵（应用实践）	Discuss **Which poem do you like? Why?** I like _____ The writer is _____ I like these sentences, _____ From this poem, I know bamboo is _____	观察学生对竹文化的介绍，并及时给予评价
根据文学作品中竹子的形象与内涵设计具有特色的诗歌书签（迁移创新）	1. Learn bamboo's uses Q: What can we use bamboo to make? 2. Students make bookmarks about bamboo. Homework: Let's make bookmarks I know the poem _____ about bamboo. I like those sentences _____. From this poem, I know bamboo is _____	本阶段学习活动旨在帮助学生在迁移的语境中，创造性地运用所学语言，关联学生实际生活

176

续表

课时教学板书设计及说明

Lesson 2 Bamboo in Literature and Art

writer	poem	quality

咬定青山不放松，
立根原在破岩中。

tough

Zhengxie

啸人雨后玩竹

humble

Xuetao

I like _____
The writer is _____
I like these sentences, _____
From this poem, I know bamboo is _____

续表

课时作业设计及说明

1. 课前作业，学生收集与竹有关的诗歌、童谣或音乐，为学习做好铺垫和知识储备

Poems and Songs About Bamboo
有关竹的诗歌、童谣、音乐

Name 名称	Writer 作者	Content 内容	Quality 传递的精神	My feelings 感受

Vocabularies:

humble 谦逊的　tough 坚韧　upright 正直　interesting 有趣的

Sentences:

I know the poem _____ about bamboo.

The writer is _____.

I like these sentences _____.

From this poem, I know bamboo is _____.

续表

2. 课中作业，介绍自己喜欢的诗歌以及喜欢这首诗歌的原因
I like _____. The writer is _____. I like these sentences, _____.
From this poem, I know bamboo is _____.
3. 课后作业，巩固课堂学习内容，制作诗歌书签

I know the poem _____ about bamboo. I like these sentences _____. From this poem, I know bamboo is _____.

语通世界 文润童心
——小学"英语·多语种"课程建设

表6—20 教学设计示例

本单元第三课时	Bamboo in Chengdu
	语篇研读
本课为英语项目式学习""竹""够精彩 我是'世园会'竹文化宣传小使者"的第三课时。语篇的内容为谈论在穿戴、烹饪、建筑、交通等方面的用途。主题意义为学生了解了竹的用途广泛，与人民日常生活信息相关。 [What]: A部分有关成都文化符号的调查和设计竹筒画的思考；B部分介绍竹筒画的制作方法。灵灵在博物馆看到了竹编画和笔筒，对绘制竹筒画很感兴趣，询问了制作竹筒画的步骤及方法；C部分联系生活，画一画自己了解的竹的艺术品，设计制作自己喜欢的竹筒画。 [Why]: A部分联系生活，画一画自己了解的竹的艺术品，设计制作自己喜欢的竹筒画；B部分介绍性短文，涉及使用功能句 How to make a pen-holder? Step one, prepare. Step two, colour. Step three, draw. Step four, show. 以及词汇 bamboo pen holder, pencil, colour pen, picture 等等绘制竹筒画的方法和步骤；C部分基于语篇，描述自己知道的其他竹工艺品，描绘制自己喜欢的竹筒画的方法和含义
	学情分析
五年级的学生进入了小学英语学习阶段的巩固提升时期，他们具备一定的英语学科素养。从语言知识来说，他们积累了一定的词汇和句型表达。例如，三上 U3 Food Do you want _____ ? Yes, I do. No, I don't. 征求意见。Unit 3 Food Book 5 句型 I want to _____. 表达自己选择的主题。从语言学习能力来讲，他们掌握了一定的学习策略，能够通过观察图片、听音、阅读等学习方法抓取关键信息，掌握文段大意。他们也能根据阅读到的信息，以口头和书面方式给予评价和回复。通过前两课的学习，学生对竹的种类、诗歌、生活用途、竹制品有了一定的了解。学生有了主动了解中国传统文化"竹"的意愿；对竹有了一定的认识，但还未全方位了解成都的各种表现形式，并未系统梳理竹文化在成都的具体体现

180

续表

教学目标	
单元教学目标	课时教学目标
通过观察、记录竹的种类、颜色、高度，了解竹的相关科普知识 通过观察、识别竹的文学作品，感知竹的文化内涵与精神品质，激发热爱民族传统文化的热情 了解竹的用途与竹制品，体会竹与我们生活息息相关 了解艺术家利用"竹"这一元素创作的文创作品，学习绘制竹筒画的方法，体验传统文化的魅力 选择自己喜欢的文化宣传小使者竞选，参与竹文化宣传小使者竞选，与外国友人交流，传播中华文化	1. 能够理解语篇对话，回答问题，借助手工艺品介绍竹子（学习理解） 2. 能够运用所学知识，结合提供的词句填写本课时的调查表格（应用实践） 3. 在与外国友人交流情景中，能够用英语与国际友人进行交流，介绍中国传统优秀文化，赠送礼品，共叙友谊（迁移创新）

教学重难点	
教学重点：在与外国友人交流情景中，能够用英语与国际友人进行交流，介绍中国传统优秀文化 教学难点：在语境中，运用所学语言，选择自己喜欢的话题和形式用英语访谈调查不同种类的竹制品	

181

续表

教学目标（建议任每条目标后标注活动层次）	教学活动及互动方式（时间）	设计意图	效果评价	时间
学生能够进入情景，并用英语回答出竹制品的相关信息（学习理解）	1. Students watch a video about bamboo culture in Chengdu and answer aquestion. Q: What's the video about? Where can we enjoy bamboo in Chengdu? 2. go to Wangjiang Tower Park，Qionglai Bamboo Forest and Qingsheng Bamboo Art Museum, learn the bamboo there Ss: This is _____. It's famous for _____. We can see _____. 3. Students look at the picture of the museum which is about bamboo exhibit and answer the question. Q: What bamboo wares do you see? 4. Students share their thoughts about bamboo. Q: What do you want to know about bamboo wares?	为学生创造真实情景（成都竹文化） 学生回答成都"竹制品"相关问题 学生分组进行小组汇报，激活相关知识储备，导入主题	观察学生回答问题的表现，根据学生说出的具体信息了解其前一课时对语言的掌握情况	

续表

	1. Read the passage about Qingsheng Bamboo Art museum, Skim and answer: (The students are at the museum.) **Teacher:** Bamboo is widely used in our daily life. What can we make with bamboo? **Lingling:** We can use bamboo to make clothes, like skirts, dresses and vests. **Kuankuan:** We can use bamboo shoot to cook. Bamboo shoot is very delicious. **Zhuozhuo:** We can use bamboo to make houses and bridges. Q: What are these topics? Where are they? What are they talking about? 2. Can you introduce the diverse bamboo wares?	学生从文段中寻找出问题答案 学生根据任务单,设计思考自己想分享的主题和形式,为下面活动提供思路 学生根据图片和对话模仿介绍竹制品
学生能够进入情景,并用英语回答出竹制品的相关信息(学习理解)		

183

续表

获取、梳理竹制品的主要信息以及句型结构（应用实践——描述与阐释，内化与运用，分析与判断）	1. Students survey in group and say: fill in the chart and discuss in pairs. Things made of Bamboo Interviewee 访谈对象 / Things 物品名称 Vocabularies: chair, table, fan, mat, hat, pen holder(笔筒), stovepipe(炉), basket, vase, handbag, umbrella, dress, vest(马甲), clothes nail(橙衣杆), spoon/raft (竹筏), flute, chopsticks Sentences: We can use bamboo to make _____ .	学生课前访谈家人、朋友、同学等完成表格 学生根据任务单的主题和形式，设计思考自己想分享的主题和形式，为下面活动提供思路	观察学生提问的情况，了解学生的学习需求 观察学生能否运用听力技能完成任务 观察学生根据任务单分享的主题和形式并及时引导、评价

结合生活情景，运用已知信息介绍者或竹文化打卡地或简画（应用实践——内化与运用）	2. Students work in group, design bamboo pen holder and share in groups.
	Studentschoose one topic and make a speech.
	
	Group work: choose one topic and make a speech
	1. Introduce the sites about bamboo in Chengdu
	  This is _____ . It's famous for _____ . We can see _____ .
	2. Introduce your bamboo pen holder
	  This is my bamboo pen holder. I draw a _____ on it. Chengdu is famous for _____ . It's _____ . You can enjoy bamboo in _____ . I hope you will like it.
		引导学生对语言结构和竹文化进行内化，综合运用所学进行语言输出	观察学生介绍制品并及时给予评价

184

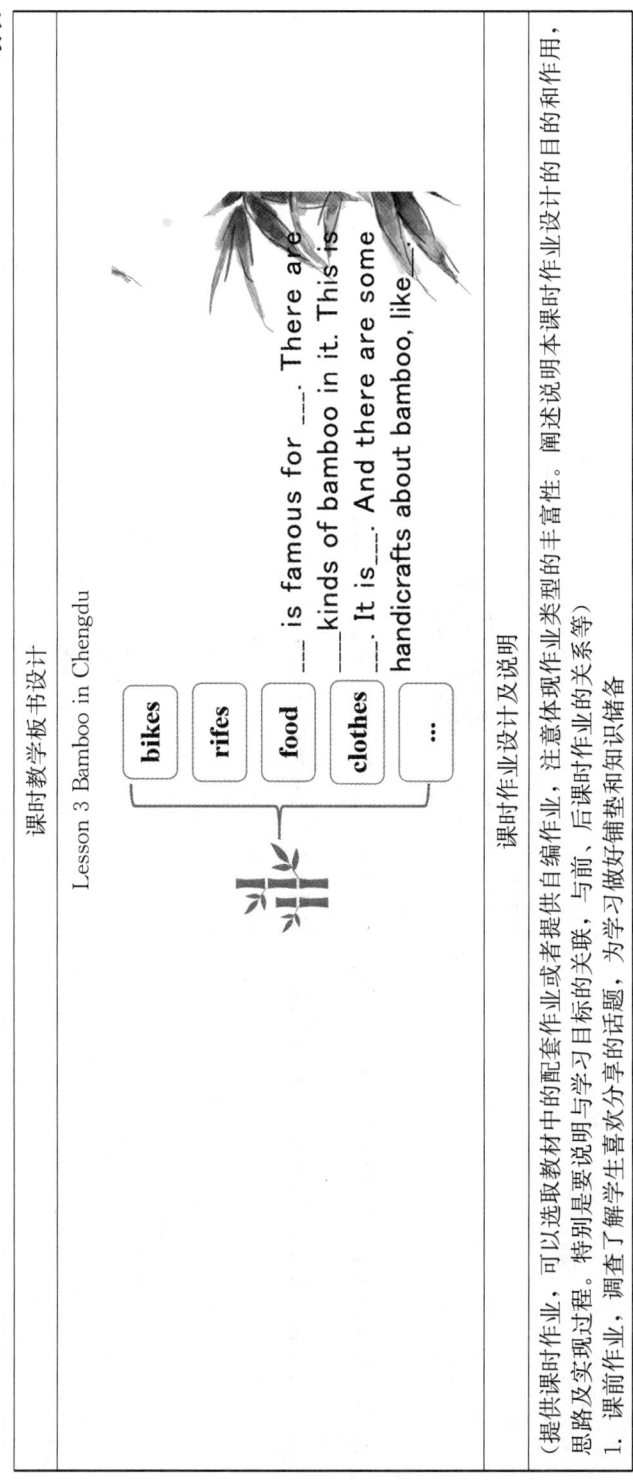

续表

课时教学板书设计

Lesson 3 Bamboo in Chengdu

- bikes
- rifes
- food
- clothes
- ...

___ is famous for ___. There are ___ kinds of bamboo in it. This is ___. It is ___. And there are some handicrafts about bamboo, like ___.

课时作业设计及说明

(提供课时作业，可以选取教材中的配套作业或者提供自编作业，注意体现作业类型的丰富性。阐述说明本课时作业设计的目的和作用，思路及实现过程。特别是要说明与学习目标的关联，与前、后课时作业的关系等)
1. 课前作业，调查了解学生喜欢分享的话题，为学习做好铺垫和知识储备

续表

竹制品调查

Things made of Bamboo

Interviewee 访谈对象	Things 物品名称

Vocabularies: chair, table, fan, mat, hat, pen holder(笔筒), stovepipe(炉), basket, vase, handbag, umbrella, dress, vest(马甲), clothes rail(蓑衣 衫), spoon/raft〈竹筏〉,flute, chopsticks

Sentences:
We can use bamboo to make _____.

2. 课中作业，设计介绍竹文化打卡地，联系前期学习内容，在情景中提升学生语言应用能力
This is _____. It's famous for _____. We can see _____.

3. 课后作业，巩固课堂学习内容，联系实际生活需要制作抖音短视频，宣传中华竹文化打卡地

Homework: choose one topic and make a short video

1. Iuntroduce the sites about bamboo in Chengdu
This is _____. It's famous for _____. We can see _____. Chengdu is famous for _____. I hope you will like it.

2. Iuntroduce your bamboo pen holder
This is my bamboo pen holder. I draw a _____ on it. You can enjoy bamboo in _____.

表 6-21　教学设计示例

本单元第四课时	Ambassador for Bamboo Culture
\	语篇研读
\	本课为英语项目式学习 "'竹'够精彩 我是'世园会'竹文化宣传小使者"的第四课时，语篇类型为海报和独白，语篇内容为竹文化宣传小使者的竞选文稿。主题意义为中华竹文化的传承。 [What]：讨论竹文化宣传小使者竞选活动，海报介绍了竞选活动的主题、形式、时间和地点，独白是 Hehe 参加竹文化宣传小使者的竞选文稿。 [Why]：学生参加竹文化宣传小使者竞选活动，增强参与中外人文交流的意愿，培养学生"用外语讲好中国故事、传播中国声音"的能力。 [How]：以海报和独白的形式讨论竹文化宣传小使者竞选活动，使用功能句来表达自己参加竞选的主题、形式和内容。
\	学情分析
\	五年级的学生进入了小学英语学习阶段的巩固提升时期，他们具备一定的英语学科素养。从语言知识来说，他们积累了一定量的词汇和句型表达。例如，三上 U3 Food Do you want ____? Yes, I do. No, I don't. 征求意见。Unit 3 Food Book 5 句型 I want to ____ 表达自己选择的主题。从语言学习能力来讲，他们掌握了一定的学习策略，能够通过观察图片、听音、阅读等学习方法抓取关键信息。他们也能根据阅读到的信息，以口头和书面形式给予评价和回复。通过前四课时的学习，学生对竹的种类、诗歌、生活用途、竹制品有了一定的了解。学生有了主动了解中国传统文化"竹"的意愿，对竹有了整体的认识。学生掌握了制作竹艺术品的方法，但还不能与国际友人就竹的相关知识进行交流。

187

续表

教学目标	
单元教学目标	课时教学目标
通过观察、记录竹的种类、颜色、高度，了解竹的相关科普知识 通过观察、识别竹的文学作品，感知竹的文化内涵与精神品质，激发热爱民族传统文化的热情 了解竹的用途与竹制品，体会竹与我们生活息息相关 了解艺术家利用"竹"这一元素创作的文创作品，学习绘制竹简画的方法，体验传统文化的魅力 选择自己喜欢的话题和形式参与竹文化宣传小使者竞选，与外国友人交流，传播中华文化	1. 能够阅读海报，回答问题，学习介绍竹子及其手工艺品（学习理解） 2. 在学校竹文化宣传小使者选拔情景中，能够从竹的常识、品格、用途、艺术品中选择自己喜欢的话题和形式进行英语介绍，设计竞选文稿（应用实践） 3. 在与外国友人交流情境中，能够用英语与国际友人进行交流，介绍中国传统优秀文化，赠送礼品，共叙友谊（迁移创新）
教学重难点	
教学重点：在与外国友人交流情景中，能够用英语与国际友人进行交流，介绍中国传统优秀文化 教学难点：在语境中，运用所学语言，选择自己喜欢的话题和形式进行英语介绍，设计竞选文稿	

续表

教学过程（第 4 课时）

教学目标 (建议在每条目标 后标注活动层次)	教学活动及互动方式（时间）	设计意图	效果评价	时间
观察学生回答问题的表现，根据其说出的具体信息了解其对前一课时对语言的掌握情况	1. Students read some pictures about Chengdu Expo and ask some questions about the expo. What do you want to know about Chengdu Expo? What can we enjoy? When does it start? Where can we go? Who will come?	以一组成都世园会在美国费城花展的图片引出 2024 成都园艺博览会	观察学生回答问题的表现，根据其说出的具体信息了解其对前一课时所学语言的掌握情况	2mins
		学生提出关于成都世园会的问题	观察学生提问的情况，了解学生的学习需求	3mins
	2. Students watch a video about International Horticultural Exhibition Expo and answer a question. Q: What's the video about? When does it start?	播放宣传片，引出成都世园会会徽		2mins

189

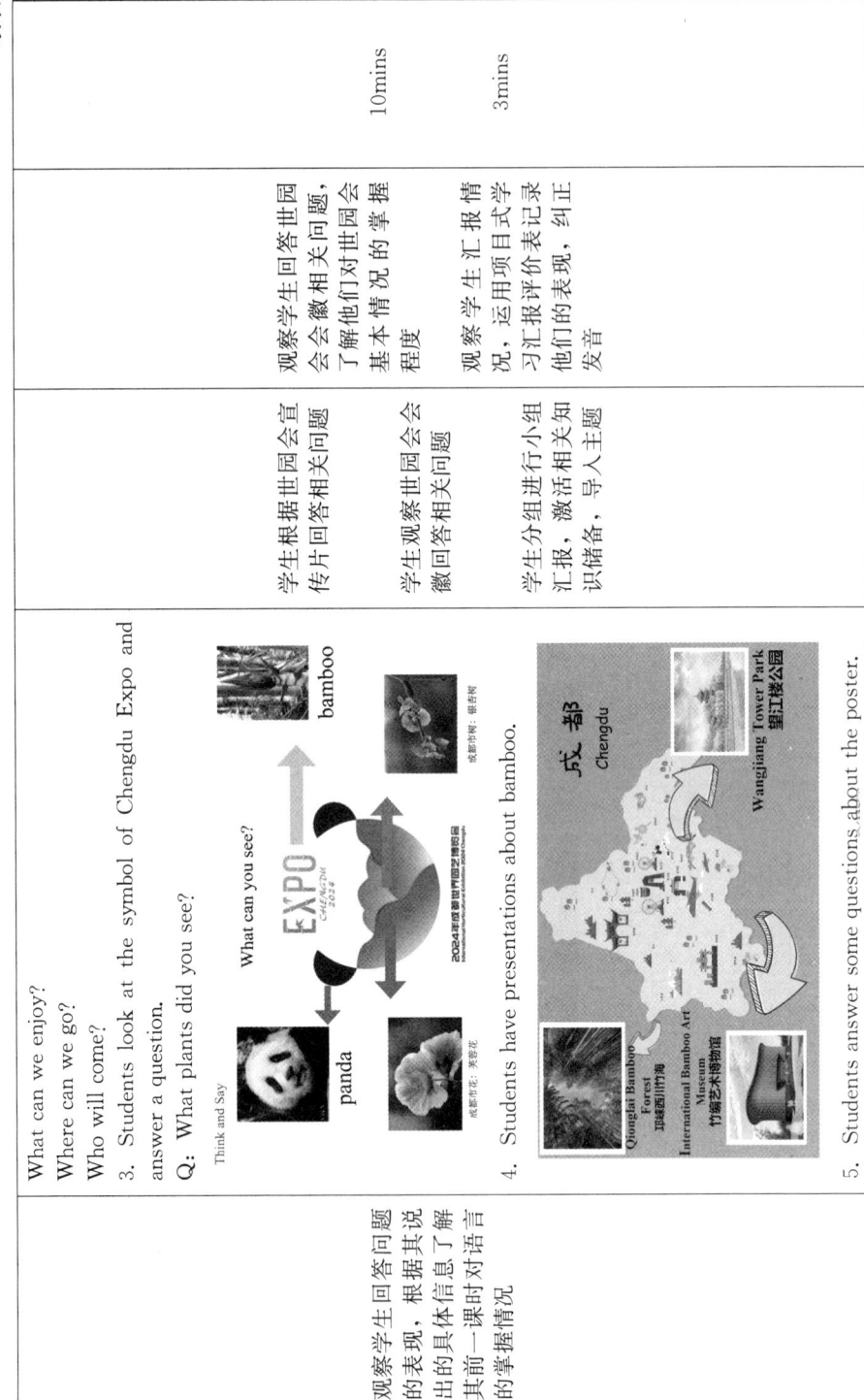

续表

What can we enjoy? Where can we go? Who will come? 3. Students look at the symbol of Chengdu Expo and answer a question. Q: What plants did you see? Think and Say What can you see? panda　bamboo 成都市花：芙蓉花　成都市树：银杏树 2024年成都世界园艺博览会 EXPO CHENGDU 2024 4. Students have presentations about bamboo. 成都 Chengdu Qionghai Bamboo Forest 邛崃西川竹海 International Bamboo Art Museum 竹编艺术博物馆 Wangjiang Tower Park 望江楼公园 5. Students answer some questions about the poster.	学生根据世园会宣传片回答相关问题 学生观察世园会会徽回答相关问题 学生分组进行小组汇报，激活相关知识储备，导入主题	观察学生回答问题的表现，根据其说出的具体信息了解其课前对语言的掌握情况 观察学生回答世园会会徽相关问题，了解他们对世园会基本情况的掌握程度 观察学生汇报情况，运用项目式学习汇报评价表记录他们的表现，纠正发音	10mins 3mins

续表

观察学生回答问题的表现，根据其说出的具体信息了解其课前一课时对语言的掌握情况	Read and Answer
	
	"世园会"竹文化小使者选拔会
	
	Cartoon Videos for Bamboo Culture
	Welcome of the selection! We are waiting for your show!
	Topics: bamboo in nature bamboo in uses
	         bamboo in literature bamboo in art
	Ways: the speech about bamboo
	      the picture book about bamboo
	      the handicraft about bamboo
	      Choose a way you like!
	Time: 18th December—22nd December
	Place: Sihai Hall
	Come to enjoy the show!
	
	What are these topics (主题)?
	
	1. Read and answer
	Q: What are these topics?
	What ways can you try?
	When does the show start?
	Where can you enjoy the show?
	
	2. Students listen to Hehe's speech. And try to answer a question.
	What topics did she share?
	
	Read and Answer
	(Hehe is showing at Sihai Hall)
	
	Hehe: Hello, everyone. My name is Hehe. I like bamboo. It's tall and green. It grows very fast. Today, I want to show its handicraft. Look! This is a bamboo pen-holder. Chengdu is famous for the panda. I draw a panda on the pen-holder. It's very cute. I hope you will like it.
	(bamboo in nature) (bamboo in uses)
	Thank you!
		学生读海报回答问题
		
		学生欣赏和主题演讲，分析其演讲主题
				2mins
				
				2mins

			观察学生能否读懂海报，回答问题	

191

语通世界 文润童心
——小学"英语·多语种"课程建设

续表

获取、梳理竹文化 使者选择话活动的 主要信息以及句型 结构（应用实 践——描述与阐 释、内化与运用、 分析与判断）	1. Students fill in the chart and discuss in pairs. Pair-work Activity 1: Fill in the chart and share your idea.（四人一组，读一读你想选择的活动的话题和做法） 2. Students design content about the poster and share in groups. Group-work Activity 2: According to the poster, design your content.（四人一组，分享你的活动内容）	学生根据任务单， 设计思考自己想分 享的主题和形式， 为下面活动提供 思路 学生根据海报的要 求，运用简单的句 子介绍竹子	观察学生提问的情 况，了解学生的学 习需求 观察学生能否运用 听力技能完成任务 观察学生根据任务 单分享的主题和形 式并及时引导、 评价	2mins 4mins
结合生活情境、运 用已知介绍竹文化 （应用实践——内 化与运用）	Students share their speech.	引导学生对语言结 构和竹文化进行内 化、综合运用所学 进行语言输出	观察学生介绍竹文 化并及时给予评价	5mins

续表

板书设计
Lesson 4 Ambassadors for Bamboo Culture I like ___. The writer is ___. ___ I like these sentences, ___ From this poem, I know bamboo is ___. We can use bamboo to make ___. Today, I want to show a... bamboo in Lifestyle / bamboo art / Bamboo in Generation / bamboo in nature I like ___. It's tall and green. ... 成都 Chengdu Qionglai 邛崃 International Bamboo Art Museum 国际竹艺博物馆 Wangjiang Tower Park 望江楼公园

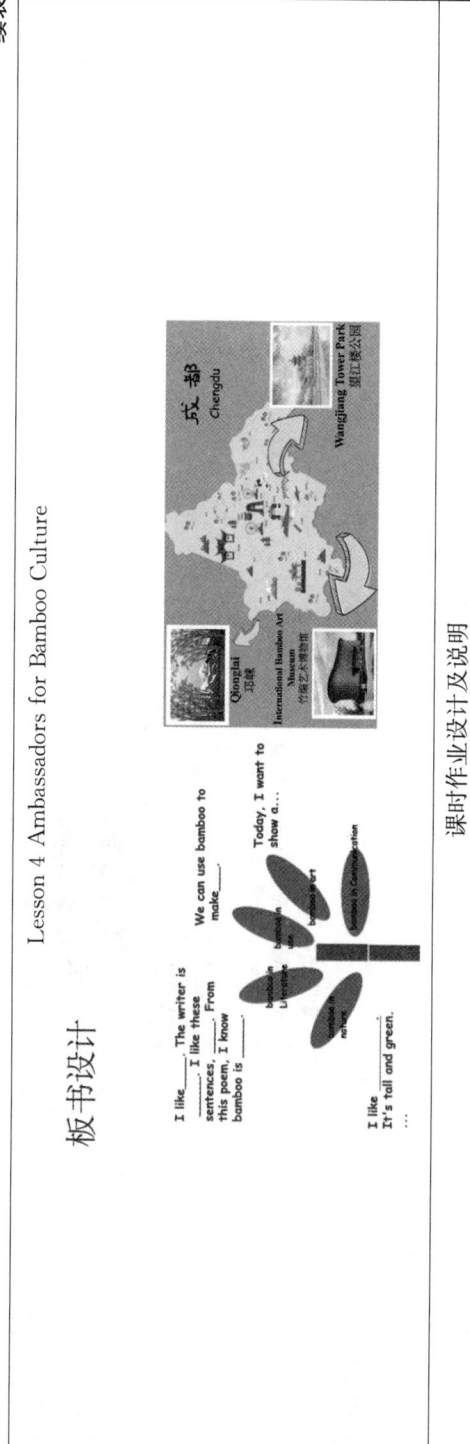

课时作业设计及说明
（提供课时作业，可以选取教材中的配套作业，或者提供自编作业。注意体现作业类型的丰富性。简述说明本课时作业设计的目的和作用，思路及实现过程。特别是要说明与学习目标的关联，与前、后课时作业的关系等）

193

语通世界 文润童心
——小学"英语·多语种"课程建设

续表

课前作业

Topics You Want to Share with Foreigners
与外国友人交流话题调查表

Name 姓名	Class 班级	
	Topics 话题	Reasons 原因

Vocabularies:
green, meter, grow, upright, humble, tough, make, pen-holder

Sentences:
I want to talk about _____.
Because I think _____.

课中作业

Group-work

Activity 2: According to the poster, design your content. (四人一组,分享你的演讲内容)

Hello, everyone. My name is _____. I like bamboo.

I hope you will like it.

I like _____. The writer _____. I like these sentences, I know _____. From this poem, I know bamboo is _____.

I like _____.
It's tall and green.
...

Today, I want to show a...

We can use bamboo to make _____.

194

续表

课后作业	Homework Please make a Tiktok video to introduce bamboo culture.

（六）案例评析

本案例是成都市锦江区外国语小学校的校本课程案例，在这个全球化的时代，中华传统文化的传承和弘扬显得尤为重要。学校的"天府田园"校本课程开设了"天府竹韵"主题，以"竹"为纽带，围绕"勇于尝试、深度探究、以生为本、融合创新"的理念，注重学生的实践和应用能力，旨在增强学生对传统文化的热爱与认同。

案例的主题合理，内容丰富，体现了跨学科的特点，学生把主题学习融入实际生活中去解决实际生活中的问题。"天府竹韵"主题的明确性和内容的丰富性是这个教学设计的一大优点。以"竹"为纽带，将学习内容围绕竹展开，涵盖了赏"竹"之韵、知"竹"之用、传"竹"之美三大板块。这种明确的主题设置使得学生在多个角度深入了解"竹"，从不同层面认知和感受中华传统文化中独特的"竹"文化。

采用PBL教学模式，以传播中国竹文化项目作为教学载体，综合性教学，促进综合素养。教学设计的综合性是另一个值得肯定的优点。将语言学习与科学、语文、音乐、美术和劳动等多个学科领域融合在一起，形成了综合性的教学体系。这样的综合性教学促进了不同学科之间的相互渗透和交叉应用，使学生在学习中能够形成全面的认知和理解。

实践探究，增强动手能力。教学设计中设置学生实践探究活动是非常可取的一步。学生通过实地调查研究、访谈和信息收集等任务，在实践中学习和探究"竹"。这样的活动不仅增加了学习的趣味性，还能培养学生的动手能力和实践能力。实践探究活动使学生能够通过亲身参与和实际操作，更深入地理解"竹"的特点和应用。在绘制竹筒画的活动中，学生不仅能体验绘画的乐趣，还能将自己的创意融入作品中。这样的实践活动有助于激发学生的创造力和想象力，培养学生综合运用知识解决问题的能力。

表现性评价，激发学生学习积极性。这种评价方式更加注重学生学习过程中的参与和表现，而不仅仅关注学生的成绩。学生知道自己的学习表现会得到认真评价，这激发了学生学习的积极性和主动性。通过表现性评价，学生在学习中更加主动地参与课堂活动，积极表现出自己的想法和创意。这种积极参与促进了学生之间的学习互动和交流，形成了积极的学习氛围。同时，表现性评价也有助于教师及时发现学生的学习进步和不足，给予及时的指导和帮助，促进学生全面发展。

综合而言，这个"天府竹韵"主题教学设计对于在全球化时代中传承和弘扬中华传统文化具有重要意义。通过综合性教学促进综合素养的培养，通过实践探究增强学生的动手能力，采用表现性评价方式激发了学生的学习积极性和主动性。每个课时的教学设计，梳理出了核心语言点，进行了核心语言的架构。小学生的语言量没有达到，但是通过语言铺垫式的学习，有情景地让学生学习语言。在每个课时中，让学生运用所学语言进行一些前期的调查，在课堂学习中去理解和巩固，课后再去实践，最终联系生活实际去学习。这些优点使得教学设计更加符合当代学生的学习需求和特点，能够增强学生对语言的理解和应用，同时增强学生对传统文化的理解，也让学生明白在21世纪，要加强对传统文化的热爱与认同。

2024年4月，成都举办了世界园艺博览会，"竹"是其中不可或缺的元素。因此学校修改了课程，以"'竹'够精彩……"为主题，利用这个契机向国际友人传播竹文化，让他们了解、理解中华竹文化，以增进国际友谊。通过团队的协助，该项目得到了天津市英语教研员张宏丽老师的高度肯定和表扬。张老师认为锦外的英语项目式学习为区域英语跨学科主题学习提供了良好的范例，具有学校的办学特色，也契合英语新课标所倡导的精神。

第二节 体验式活动案例

体验式活动是让学生通过实际参与和亲身体验来深入学习各种知识、技能的教育方法，通过实践活动，学生在真实情景中探索问题和解决问题。体验式活动鼓励学生积极参与，学生通过亲自动手，更深刻地理解知识。体验式活动可以涵盖各种学科，有助于将不同学科的知识相互关联，促进跨学科学习。体验式活动能够激发学生的兴趣和参与度，学生被激发去寻找解决方案，培养问题解决能力和创新思维。在体验式活动中，通过实际体验学生更容易将所学知识转化为具体的经验，有助于记忆和理解，从而更深入地掌握知识。体验式活动还培养了学生的终身学习能力，使他们更愿意主动探索新知识和技能，这种学习方式强调学习的乐趣，使学生在未来的学习过程中更加自信和积极。该章节呈现了体验式活动的单个案例，包含了"人与自然"，"人与自我"和"人与社会"三大范畴，涵盖了小学阶段三个不同学段。案例一属于第一学段"人与自然"主题范畴，涉及"自然生态"。案例二属于第二学段"人与自我"主题范畴，主题群为"生活与学习"，与该主题相关联的子主题"乐学善学，勤于反思，学会学习"。案例三属于第三学段"人与社会"范畴下"社会服务与人际沟通"主题群，涉及子主题内容为"文化使者"。以下是三个案例的具体介绍。

一、"My First Weather Calendar"案例[①]

该实践活动案例属于"人与自然"主题范畴,涉及"自然生态"第一级。

My First Weather Calendar 是我校在英语一二年级开展的一次英语综合实践活动。孩子们通过小组合作记录一周天气的方式认识天气和天气的变化,知道天气对人类生活、生产的重要影响,在生活中运用星期和天气的词汇,并激发学生对天气现象的兴趣和探索。

(一)活动内容

实践活动围绕"天气"设计并实施,活动设计力求将语言学习与科学教育、艺术教育融合,引导学生在体验和实践中发展综合素质。学生通过演唱、话题讨论、阅读了解天气的多样性和重要性。通过制作天气卡片、记录天气日历,体会动手实践、科学记录的过程。在小组合作并汇报一周城市天气的过程中,认识天气的变化和不同地方天气不一样,知道人们要根据天气安排生活、生产活动。

(二)活动目的

通过参与"My First Weather Calendar"实践活动,学生能够完成以下活动。

(1) 阅读绘本,知道天气的多样性和重要性。

(2) 独立或与同伴合作制作天气卡片,学习记录天气,能记录一周天气报告。

(3) 根据天气记录,与同伴合作用英语描述一周中每天的天气。

(三)实施过程

阶段一:学唱一首关于天气的儿歌,阅读一本关于天气的绘本。

[①] 该案例主要完成教师:杨庆、肖小杰。

阶段二：介绍活动，布置任务。

向全班同学展示当前的天气情况，讨论与天气相关的话题，例如，你认为天气在人们的生活中重要吗，为什么？你最喜欢的天气和最讨厌的天气，为什么？

阶段三：制作天气卡片，记录一周天气。

将学生分成小组，每个小组由 7 名学生组成。分工合作绘制天气卡片，并在图片旁边写下相应的天气描述词，如 sunny, rainy, cloudy, windy stormy foggy 等。鼓励学生使用彩色粉笔或标记笔在卡片上进行绘画和装饰，以增加趣味性。

小组成员分工记录所选城市一周中的天气，并用英语描述出相应的天气。

阶段四；分享汇报。

每个小组向全班同学分享他们记录的一周城市天气。

This was the weather in　Beijing/Chengdu/Shanghai ... last week.

On Monday, it was ＿＿＿.

On Tuesday，it was ＿＿＿.

On Wednesday，it was ＿＿＿.

On Thursday, it was ＿＿＿.

On Friday，it was ＿＿＿.

On Saturday，it was ＿＿＿.

On Sunday，it was ＿＿＿.

阶段五：活动总结。

教师总结活动内容，颁发奖状和奖品。鼓励学生在日常生活中继续关注天气变化，根据天气情况安排自己的着装和出行。

（四）学习效果评价

教师在活动实施过程中，随时观察、提问并与学生讨论交流，反馈学生任务完成情况。

观察学生演唱歌曲的情况。

观察学生学习绘本的情况，并提问互动。

观察学生制作天气卡片的情况。

观察学生小组分工协作情况。

观察学生小组汇报城市天气的过程。

通过各个学习任务学生完成情况的观察，及时发现学生的收获和困难，进行有针对性的指导和策略的调整，并及时进行反馈。

（五）案例评析

本案例以天气为主题，在英语学习中融入科学教育和艺术教育。学生能用英语表达不同的天气现象，如 sunny, rainy, cloudy, windy, stormy, foggy, cloudy 等，知道天气的多样性，感悟到大自然的奇妙。在绘本学习和问题讨论的过程中发现天气现象无时无刻不影响着我们的生活。通过天气卡片的制作培养学生的拼写，书写能力和审美创造能力。通过小组的分工合作完成一周的天气记录和一周天气汇报，培养学生的合作、实践能力。

本案例在设计和实施过程中，丰富了学习资源，运用了演唱、阅读、绘画、书写、汇报等活动形式，在完成不同任务的过程中，学生认识到天气的重要性，它和人类活动密切相关。天气是变化的，不同地方有不同的天气，它决定了农作物的生产和生长，还决定了我们穿什么，出行方式和户外活动。更好地应对和适应各种天气变化，能提高我们的生活质量。本案例能够有效地促进学生语言能力，思维品质和学习能力的协同发展。

二、"外语趣味游园"案例[①]

本案例属于"人与自我"，主题群为"生活与学习"，与该主题相关联的子主题"乐学善学，勤于反思，学会学习"。

锦江区外国语小学校为了给学生搭建更好的展示英语才华的舞台，激发学生学习英语的兴趣，增强开口讲英语的自信和能力，学校定期举办英语游园活动，为学生设计了形式多样、内容丰富多彩的英语活动。其目的在于突出学生的参与意识，力求做到人人参与，人人快乐，人人有收获，让每一个孩子在轻

[①] 该案例主要完成教师：王岚婷、唐茜。

松愉快的活动中感受英语、应用英语、享受英语；让每个孩子在活动中找到自信，让英语走进每个孩子，使他们想说，敢说，能说，乐说。

（一）游园活动方案

1. 活动主题

"语"你相伴 缤纷世界——成都市锦江区外国语小学校 2023 年外语趣味游园活动。

2. 活动时间

2023 年 3 月 16 日至 3 月 17 日下午 3：30－5：00。

3. 活动地点

月季校区银杏园及一带一路区域。

4. 活动内容

6 个闯关游戏（根据 6 个国家设置点位，分别为中国、美国、澳大利亚、英国、俄罗斯、埃及。每个点位一个游戏）。

5. 活动参与对象

三、四、五、六年级学生。

6. 活动流程

（1）主持人宣布游园活动开始。

（2）各班级按广播顺序进行闯关游戏。

（3）各班同学登记积分。

（4）主持人宣布游园活动结束。

7. 闯关密码

（1）三、五年级活动见表 6－22、表 6－23、表 6－24、表 6－25、表 6－26、表 6－27。

表 6－22　第一关：This is me. 这就是我！（I can introduce myself）

考查要点	考查要求	游戏规则	游戏素材准备
能够用简短的英语介绍自己	在规定时间进行自我介绍	一分钟内，一名学生进行自我介绍，自我介绍至少有三句，发音准确，语音语调自然，赢取积分卡	1. 评委引导语：Please introduce yourself. You can talk about your name, class, age, hobbies. 2. 评委评价语言：good/excellent/wonderful/well done/nice …

续表

考查要点	考查要求	游戏规则	游戏素材准备

计分标准：
1. 语音语调自然，发音标准，内容丰富，获得三个印章
2. 语音较准确，语调较自然，语言符合主题内容，获得两个印章
3. 语音基本正确，语调流畅，语言基本符合主题，获得一个印章

表 6-23　第二关：This is my body. 这是我的身体！（I can say.）

考查要点	考查要求	游戏规则	游戏素材准备
能够用英语介绍自己的身体部位	在规定时间进行身体部位的介绍	一分钟内，一名学生进行身体部位介绍，介绍至少包含五个身体部位，发音准确，语音语调自然，赢取积分卡	1. 评委引导语：Please introduce your body. You can say this is my ___ . / I have ___ . 2. 学生用语：This is my ___ (face/nose/mouth) I have ___ (two eyes/ears/legs) 3. 评委评价语言：good/excellent/wonderful/well done/nice ...

计分标准：
1. 语音语调自然，发音标准，内容丰富，获得三个印章
2. 语音较准确，语调较自然，语言符合主题内容，获得两个印章
3. 语音基本正确，语调流畅，语言基本符合主题，获得一个印章

表 6-24　第三关：These are my three meals. 我的一日三餐！

考查要点	考查要求	游戏规则	游戏素材准备
能够结合健康饮食理念，设计并介绍自己的一日三餐	设计并介绍自己的一日三餐	一分钟内，选取食物图片，合理安排自己的一日三餐，进行均衡搭配	1. 评委引导语：What do you want for ___ （breakfast/lunch/dinner)？（学生选一餐回答即可） 学生用语：I want some ___ for breakfast/lunch/dinner. 2. 教师准备一些常见的食物图片 3. 评委评价语言：good/excellent/wonderful/well done/nice ...

计分标准：
1. 语音语调自然，发音标准，内容丰富，获得三个印章
2. 语音较准确，语调较自然，语言符合主题内容，获得两个印章
3. 语音基本正确，语调流畅，语言基本符合主题，获得一个印章

表 6-25　第四关 Animals world

考查要点	考查要求	游戏规则	游戏素材准备
考察动物特征和外观描述	抽取卡片完成相关问题	游戏规则：一组呈现三张卡片，参与者任选（盲选）一张卡片后交给评委，学生可以进行提问，评委根据动物特点进行回答	1. 动物卡片 2. 学生用语：What animal is it? What color is it? Big or small? How about the body? What can it do? 3. 评委用语：It's yellow/green/white … It has four legs/two eyes/two wings … It can fly/swim/jump …

计分标准：
1. 语音语调自然，发音标准，内容丰富，获得三个印章
2. 语音较准确，语调较自然，语言符合主题内容，获得两个印章
3. 语音基本正确，语调流畅，语言基本符合主题，获得一个印章

表 6-26　第五关：What word is it?

考查要点	考查要求	游戏规则	游戏素材准备
考察衣服词汇	在字母表里圈出相关单词	本关呈现的是与服饰有关的词汇，学生需要在 1 分钟内在字母表里找出词汇，找得越多获得的印章越多，如 cap，trousers，coat，gloves，jacket，sweater，shoes …	1. 单词卡和词汇表 2. 评委用语：What word is it? Can you spell it? 3. 评委评价语言：good/excellent/wonderful/well done/nice …

计分标准：
1. 语音语调自然，发音标准，内容丰富，获得三个印章
2. 语音较准确，语调较自然，语言符合主题内容，获得两个印章
3. 语音基本正确，语调流畅，语言基本符合主题，获得一个印章

表 6-27　第六关：My Birthday is in _____.

考查要点	考查要求	游戏规则	游戏素材准备
考察句型和词汇的综合运用	运用句型 My Birthday is in _____.	学生需要用句型 My Birthday is in _____ 来表达自己生日所在的月份	1. 评委引导语：When is your birthday? What do you want to do? 2. 学生用语：My Birthday is in _____. I want to _____. 3. 评委评价语言：good/excellent/wonderful/well done/nice …

续表

考查要点	考查要求	游戏规则	游戏素材准备
计分标准： 1. 语音语调自然，发音标准，内容丰富，获得三个印章 2. 语音较准确，语调较自然，语言符合主题内容，获得两个印章 3. 语音基本正确，语调流畅，语言基本符合主题，获得一个印章			

（2）四、六年级活动见表6－28、表6－29、表6－30、表6－31、表6－32、表6－33。

表6－28　第一关：Listen and do！听指令做动作！

考查要点	游戏规则	评委用语	素材
能够听懂相关英语指令，并作出相应动作	Listen and do. 6个指令中做对3个指令动作获得一枚印章	引导语：我将朗读以下英语指令，每个指令读2次，请你做出正确的动作，至少正确3个可过关 I say sentences. You do the actions. 评价语：good/ exercise/ wonderful/well done/nice	提醒：评委提前制作好句子卡片和背景
计分标准： 1. 语音语调自然，发音标准，内容丰富，获得三个印章 2. 语音较准确，语调较自然，语言符合主题内容，获得两个印章 3. 语音基本正确，语调流畅，语言基本符合主题，获得一个印章			

表 6-29　第二关：Colorful World. 缤纷世界！

考查要点	游戏规则	评委用语	素材
能够对常见英语国家有所熟悉，听音选词	1. 在 40s 内，评委持续朗读国家名称，可打乱顺序读，学生快速打地鼠 2. 至少正确拍打两个国家名称获得一枚印章	引导语： 1. 以下是 6 个常见国家的英文名称，我将随机读出国家名称，请正确拍打。40s 内至少正确 2 个可过关 I say the words. You hit the right picture. 2. Which country do you like? 评价语：good/exercise/wonderful/well done/nice	提醒：评委提前制作好句子卡片和背景

计分标准：
1. 语音语调自然，发音标准，内容丰富，获得三个印章
2. 语音较准确，语调较自然，语言符合主题内容，获得两个印章
3. 语音基本正确，语调流畅，语言基本符合主题，获得一个印章

表 6-30　第三关：Choose and Answer！（抽签回答问题）

考查要点	游戏规则	评委用语	素材
掌握所学句型的含义，并能根据实际情况进行回答	1. 抽签盒里放 6 张句子卡片 2. 学生随机抽取 2 张卡片，评委用抽到的句子对学生提问，学生可多次抽签，根据实际情况答对 2 句获得一枚印章	引导语： 1. 请你在盒子里随机抽取一张卡片，随后我用卡片上的句子对你提问，请根据实际情况作答 2. Choose two questions and answer. 3. 可多次抽签，答对两句过关 评价语：good/exercise/wonderful/well done/nice	提醒：评委提前制作好抽签盒和句子卡片

续表

考查要点	游戏规则	评委用语	素材
计分标准： 1. 语音语调自然，发音标准，内容丰富，获得三个印章 2. 语音较准确，语调较自然，语言符合主题内容，获得两个印章 3. 语音基本正确，语调流畅，语言基本符合主题，获得一个印章			

表6－31　第四关：Look and say！（抽签回答问题）

考查要点	游戏规则	评委用语	素材
学生能够听懂有关问路的句型，能观察社区平面图说出指路的句子	1. 评委根据社区图对学生进行问路，并告知出发地点 2. 评委问2个地点，学生至少正确回答一句获得一枚印章	引导语： 1. Look at the map and answer questions, how can I get to the Chengdu bank? 2. How can I get to the restaurant? 3. 至少正确回答一个问题可过关 评价语：good/exercise/wonderful/well done/nice	答案1：Go straight and turn left. 答案2：Go straight and turn right. 评委提前准备好地点平面图
计分标准： 1. 语音语调自然，发音标准，内容丰富，获得三个印章 2. 语音较准确，语调较自然，语言符合主题内容，获得两个印章 3. 语音基本正确，语调流畅，语言基本符合主题，获得一个印章			

表 6-32　第五关：Let's find!（找一找）

考查要点	游戏规则	评委用语	素材
学生能够通过观察图片用英语句型回答图中有哪些物品	1. 评委提问，学生回答 2. 能用完整句子 I can see a/an/some … 进行回答，至少正确回答三句获得一枚印章	引导语： 1. Look! What can you see in the picture? 2. What else can you see? 3. 至少正确表达三个物品过关 评价语： good/exercise/wonderful/well done/nice	提醒：评委提前准备相关实物或者彩绘卡片

计分标准：
1. 语音语调自然，发音标准，内容丰富，获得三个印章
2. 语音较准确，语调较自然，语言符合主题内容，获得两个印章
3. 语音基本正确，语调流畅，语言基本符合主题，获得一个印章

表 6-33　第六关：I can sing an English song!（我会唱英文歌！）

考查要点	游戏规则	评委用语	素材
1. 提升学生对英语的兴趣和热爱 2. 自信大方的培养	1. 学生选择一首自己喜欢的英文歌曲 2. 自信大方地唱出来可获得一枚印章	引导语： 1. 请你选择一首喜欢的英文歌曲，自信大方、声音洪亮地唱出来 Please sing an English song. 2. 若有困难，你也可以唱出歌曲的一部分 评价语： good/exercise/wonderful/well done/nice	

续表

考查要点	游戏规则	评委用语	素材
计分标准： 1. 语音语调自然，发音标准，内容丰富，获得三个印章 2. 语音较准确，语调较自然，语言符合主题内容，获得两个印章 3. 语音基本正确，语调流畅，语言基本符合主题，获得一个印章			

（二）案例评析

成都市锦江区外国语小学校举办的英语游园活动与2022年版的义务教育英语新课程标准一致，强调了学生的英语语言运用、兴趣培养、跨文化素养等关键方面。本次活动三五年级以"语"你相随，点亮未来为主题，四六年级以"语"你相伴，缤纷世界为主题，分别设置生肖和国家的闯关关卡。学生们需要完成每一个关卡对应的英语游戏，拿到印章和积分，进而完成所有的闯关任务。三年级各班学生分成小队，在班主任老师的带领下，有序排队，按照规划路线，整齐划一地奔向一个个闯关点。来自五年级的小评委们早早地在各个关卡等待着闯关小勇士们的到来。老师们根据三年级学生的情况，设计了不同层次的英语小游戏，如"This is me!" "This is my body." "I can say!" "I can design my three meals!" "Animal World" "My birthday"六个闯关卡，各关卡将创新性、学习性及趣味性相结合，在欢快的活动之中渗透了核心素养的培养。根据四年级孩子的英语水平，老师们设计了 Color world 缤纷世界，Listen and do 听指令做动作，Choose and answer 抽卡片回答问题，Look and say 观察图片、Look and find 看地图指路，Sing an English song 演唱英语歌曲等丰富多样的体验活动。四年级的小评委是六年级的哥哥姐姐们，他们认真亲切地向四年级的学弟学妹们介绍游戏的规则，并根据同学们的英文表达内容、准确程度和流利度来评分。本次游园以丰富多彩的外语实践活动为载体，营造轻松愉悦的外语学习氛围，让小朋友在活动中体会"学外语、用外语"的快乐。

三、"当'法国蓝'遇上了'锦外红'"案例[①]

本案例主题属于第三学段"人与社会"范畴下"社会服务与人际沟通"主题群,涉及子主题内容为"文化使者"。

在经济全球化的今天,教育国际化已经成为全球教育发展的必然趋势。这一背景下,本文论述了成都市锦江区外国语小学校在推进国际化教育方面的努力和成就。首先,通过国际理解教育,学校旨在培养具备国际视野的学生,增强他们的国际意识和跨文化交流能力,同时强调对中华传统文化的传承与认同。案例详细介绍了学校的基本做法,包括在培养学生核心素养方面的工作,以及如何设计和实施这些活动。其次,还强调了这些努力的主要成效,包括提高学生的外语学科素养、人文交流素养和全球胜任力。最后,突出了中法文化交流活动,以及通过书法和绘画传递文化的成功案例。这一系列活动有助于学生更好地理解和尊重不同文化,并促进了跨文化交流与合作的能力。

(一)工作背景

在经济全球化背景下,教育国际化已成为世界教育发展的重要特征和必然趋势。为加快建设开放型区域中心和国际化城市,国际理解教育成为全市中小学校推进国际化的重要工作之一,也是深入实施素质教育的本质要求。教育要有助于培养"面向世界"的人,国际理解教育旨在培养兼具传统性和包容性的国际化人才。通过开展中小学国际理解教育,使学生在对中华民族传统文化深刻认同的基础上,更好地理解世界的多元性,增强学生国际意识,提高跨文化交流及沟通能力,学会尊重、共处与合作,培养学生关心人类面临的共同问题和共同发展的情操,有利于学生形成正确的世界观、人生观、价值观,促进全面发展。

成都市锦江区外国语小学校是锦江区第一所公立外国语学校,成都是西南地区的中心城市之一,其教育水平居于西南地区前列,但与北京、上海、广州等城市相比,差距较明显。百年大计,教育为本。为了实现区域性的发展,需要在区域层面探索教育国际化的规划和对外合作方向,也需要在学校层面上建立多元的交流机制,加大对外交流的力度。通过国际理解教育视阈下的中法两国学生联动,培养学生的国际视野与意识,使学生成为通晓国际规则和惯例的

[①] 该案例已被《中外青少年人文交流成果案例汇编》收录,主要由朱冬蕊老师完成。

现代人。让世界融入学校，让学生走向世界，体现锦外的国际化办学特色，为成都市的国际理解教育发展贡献力量。

在此背景下，学校秉承"融·和"教育的理念，践行"情系中华魂，融汇四海心"的办学理念，依据外语工具性和人文性的特点，把语言学习与中外人文交流活动相融合，开展英语、日语、俄语、德语、法语、西班牙语等外语学习，贯彻"语通世界　文润童心"的外语教学主张，从小培养学生国际视野和世界胸怀、人文素养和跨文化交流沟通能力以及语言运用能力，为培养德智体美劳全面发展且具有国际视野的新时代青少年奠定扎实基础，如图6-5所示。

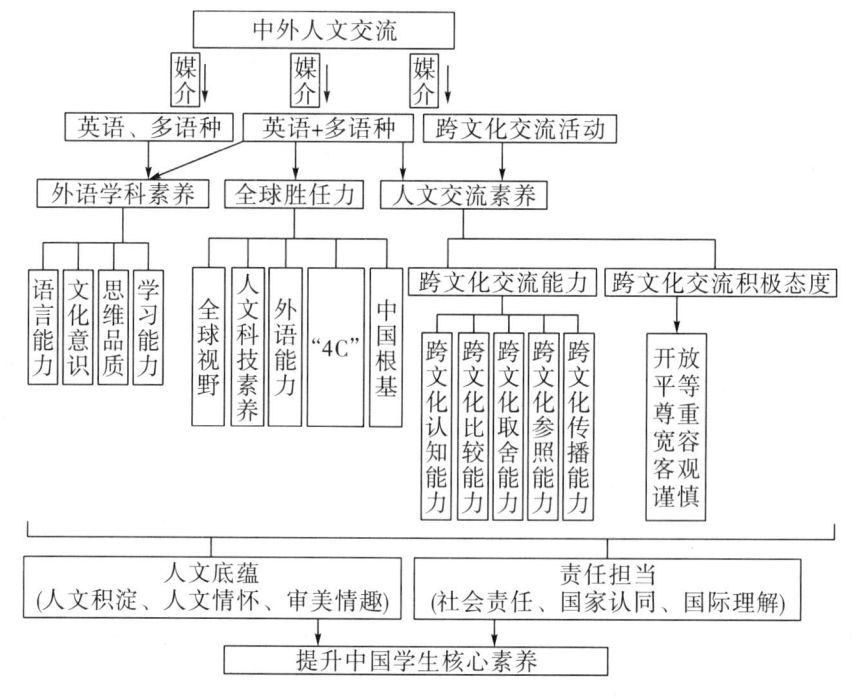

```
                        中外人文交流
            ┌───────────────┼───────────────┐
          媒介↓            媒介↓            媒介↓
        英语、多语种      英语+多语种     跨文化交流活动
            ↓                ↓                ↓
        外语学科素养      全球胜任力       人文交流素养
    ┌───┬───┬───┬───┐  ┌───┬───┬───┬───┐  ┌──────────┬──────────┐
   语  文  思  学      全  人  外  "   中   跨文化交流能力  跨文化交流积极态度
   言  化  维  习      球  文  语  4   国   ┌───┬───┬───┬───┐  ┌──────┐
   能  意  品  能      视  科  能  C   根   跨  跨  跨  跨      开平尊宽客谨
   力  识  质  力      野  技  力  "   基   文  文  文  文      放等重容观慎
                          素              化  化  化  化
                          养              认  比  取  参  传
                                          知  较  舍  照  播
                                          能  能  能  能  能
                                          力  力  力  力  力
    └──────────────────────┬──────────────────────┘
        ┌─────────────────┴─────────────────┐
        人文底蕴                          责任担当
   (人文积淀、人文情怀、审美情趣)    (社会责任、国家认同、国际理解)
                        ↓
                 提升中国学生核心素养
```

图6-5　中外人文交流与外语学习、学生核心素养之间的关系

（二）基本做法

在学校政策与教育部文件的指导下，学校在习近平总书记人类命运共同体的思想引导下，立足于培养学科核心素养及人才的综合核心素养，活动设置从学科内整合到跨学科整合，再到最后的项目式学习，探索出后疫情时代国际理解交流新思路。

1. 如何认识——以学生核心素养发展为目标

2022年4月21日，《义务教育英语课程标准（2022年版）》正式颁布，确定了未来十年的英语教育将更加聚焦学科核心素养。核心素养是课程育人价值的核心体现，是学生通过课程学习逐步形成适应个人终身发展和社会发展需要的正确价值观、必要品格和关键能力。一是以学生的多样兴趣为驱动，开展跨学科学习活动。二是以学生的学习需要为导向，拓宽课程学习内容。三是以学生的核心素养发展为目标，实施项目式学习。四是创设真实情境，增加挑战性任务，促进学生批判思维的同时，融会贯通学科核心素养，并贯彻观察—分析—沟通—行动的全球胜任力的养成，在活动中树立各国互利共赢、和谐发展的理念，形成全球共同生存的意识。

2. 如何设计——从低阶思维到高阶思维的转变

学校结合习近平总书记人类命运共同体的思想与联合国 17 个人类可持续发展的目标，通过介绍—分享—辨析—辩论—总结等环节，在活动内容上层层递进；在教学方法上从单向介绍到多向探讨；在学生培养上，从低阶思维上升到高阶思维；最终达到中外人文交流的目的。此次活动是课堂学习的外延和提升，旨在通过认识、体验、发现、探索、操作等方式，丰富学生参与体验，开阔视野，发展对知识的综合运用能力和创新能力，提升学生语言应用能力、实践探究和交流合作等综合素养。

学校紧密结合新课标下的培养学生核心素养要求，从培养学生语言能力、文化意识、思维品质和学习能力方面进行活动设计。

在语言能力培养方面，学校以法语课堂上学习的法语知识，鼓励学生参与中法课堂上的交流，并使用已学习的语言知识进行跨文化沟通与交流。

在文化意识方面，在中法系列交流活动中，学校以"书法"文化向法国学生传播中国文化，弘扬爱国自信的民族意识，同时也通过"绘画"文化引导学校学生通过城市图标的绘制探索，深入了解两国文化，表现了对于中外文化的理解和对优秀文化的赏识，是学生在新时代表现出的跨文化认识、态度和行为选择。"当法国蓝遇上锦外红"活动意在增强学生的家国情怀和人类命运共同体意识，提升文明素养和社会责任感。

在思维品质方面，学校组织该活动时，注重培养学生的理解、分析、比较、推断、批判、评价、创造等能力，从低阶思维提升至高阶思维。以本案例"同画一幅画"为例，学生从听从两校教师的讲解理解两国不同城市徽章的文化历史，再到分析比较两个城市徽章的不同，进行推断评价，最后运用自己的创造力对城市徽章进行再创造，结合美术学科的相关知识，制作自己的城市徽章。在这一过程中，通过两国学生间的合作谈论，锦外学生在过程中学会了怎样去发现问题、分析问题和解决问题，并且对事物作出了正确的价值判断。

在学习能力方面，学生通过活动，能够树立正确的外语学习目标，在活动中发现探索的乐趣，保持对于语言学习的兴趣，主动地参与语言实践活动。在"同写一个字"与"共画一幅画"的系列活动中，学生乐于交流、大胆尝试，学会和同学以及大洋彼岸的法国同学合作互助，自主探究，同时能够及时反思和评价学习进展，调整参与活动的方式，学会自我管理，提高学习效率，做到乐学善学。

3. 如何实施——当"法国蓝"遇上了"锦外红"

学校与法国欧坦市教育活动中心开展的系列活动，以项目形式开展，采用体验学习活动、探究性学习活动和欣赏性学习，让学生参与体验、实践探究和尝试创造，围绕语言、文化、艺术、综合实践等交流互鉴，拓宽学生国际视野，增强学生跨文化交流意识与能力。

交流前，老师培训学生语言、文明礼仪与学科技能，制定交流方案；交流中学生参与游戏式、情感式、操作设计式等体验活动和欣赏性学习活动；交流后，学生总结心得体会。

（三）主要成效

学校法语活动的成功举办，从多方面培养了学生的外语学科素养、人文交流素养，提高了学生的全球胜任力，同时，也为学校贯彻"语通世界　文润童心"的外语教学主张，从小培养学生国际视野和世界胸怀、人文素养和跨文化交流沟通能力以及语言运用能力提供了基础模板，为培养德智体美劳全面发展且具有国际视野的新时代青少年奠定了扎实基础。

1. "语言是一座桥梁"——培养学生的外语学科素养

成都市锦江外国语小学与法国勃艮第大区欧坦市教育活动中心举行的云端系列交流活动，使学生认识到了法语与汉语的异同，逐步形成语言意识，积累语言经验，进行有意义的沟通与交流；了解了中法两国的优秀文明成果，比较中外文化的异同，发展跨文化沟通交流能力，形成健康向上的审美情趣和正确的价值观；通过书法，加深了对中华文化的理解和认同，树立国际视野，坚定文化自信；通过中法线上交流，初步从多角度观察和认识世界、看待事物、有条理地表达观点；学生逐步发展了逻辑思维、辩证思维和创新思维，树立正确的外语学习目标、学习兴趣，主动参与语言实践活动；在中法学习中注意倾听、乐于交流、大胆尝试，同时学会自主探究、合作互助。

2. "互相理解、互相尊重"——增强学生的人文交流素养

在交流活动中，锦外学生理解并认同以人为本、开放平等、尊重包容、交流互鉴、合作共赢、秉持正确义利观和实现可持续发展的人文交流理念，通过对比两国不同城市文化，加深了学生对本民族文化的理解与热爱，开阔学生的视野，也增

加对世界不同国家和民族文化的认识和理解，形成正确的世界观、人生观和价值观，培养学生的国际意识、国际素养和基本的国际交流与合作能力。

3. "合作与学习"——提高学生的全球胜任力

学校与法国勃艮第大区欧坦市教育活动中心的学生，通过此系列活动，了解了世界多元的文化，具有多维的国际视野，提高学生批判性思维能力、沟通能力、合作能力，培养学生规则意识及全球意识，让学生具备尊重、了解、分析文化差异的能力，培养学生跨文化交际的能力。

（四）实施过程

本案例以中法文化交流为典型案例进行分析，意在通过中法两国文化交融，通过书法活动传递中华传统文化，同时通过城市标志绘画传递法国文化风情，双边交流进一步促进学生对于跨文化交流的认识。

文化是一座桥梁，而每一个活动正是桥梁的每一块砖。为了通过活动使中法学生对于两国文化更深层次的理解和认识，学校通过"书法"，将源远流长博大精深的中华文化通过书写一个个汉字，传递给了法国友好学校的学生；同时，通过"绘画"，将两国城市文化通过城市徽标传递给了锦外学生。在相互学习，相互交流的友好氛围中增进了学生对于两国文化的理解。

1. 书写同一个字——中法文化第一次交融

在全球一体化的背景下，为培养学生使用法语进行交际，初步具有跨文化交际能力，同时在了解他国文化的同时培养学生的文化自信，学校与法国勃艮第大区欧坦市教育活动中心结成友好学校，并定期进行云端文化交流。

（1）初识天府文化。

锦外学生代表用法语向法国的师生介绍成都的特色文化，如：大运会的吉祥物、美食、都江堰水利工程和天府"竹"文化，激起了法国友人对成都的兴趣。同学们还用法语亲切的问候，表达对美好未来的祝愿，增进了学校之间的友谊。

（2）共学感书香翰墨。

书法艺术是中国传统文化的瑰宝，更是华夏文明精髓的体现。锦外学生与法国学生在云端共同学习书法，走进中国传统文化的艺术殿堂，感受中华文化的魅力。

王小鹏老师向孩子们讲解汉字的起源、书写工具、坐姿和握笔的姿势，带着大家一起学写"天人合一"四个汉字。

法国的孩子们积极参与，对中国汉字文化产生了的浓厚兴趣，在老师的帮助下认认真真书写汉字，近距离感受到了中华文化的博大精深。

语通世界　文润童心
——小学"英语·多语种"课程建设

（3）谱写交流乐章。

笔尖传情，翰墨留香，云端共话叙友情。通过此次云端交流活动，锦外师生向法国师生展示了天府文化，传播了中国传统文化，增进了双方师生对中法两国文化的理解。希望在后续的一次次中外人文交流活动中，我们能共同怀抱包容、共生、互学的文化开放姿态，共谱文化交流的美妙乐章。

2. 同画一幅画——中法文化第二次交融

继中法云端书写活动后，学校再次举办中法友好学校交流活动。这一次，丰富精彩的法国文化将随着一个个城市徽章走进每一个锦外娃的心里。

（1）"艺"话期待，娓娓道来。

活动伊始，中法学生代表用中文和法语相互介绍自己，孩子们像老朋友一样亲切而热情地打招呼。

法国老师向孩子们介绍欧坦市的人文历史以及城市标识的含义，并教孩子们手绘欧坦市的标识。紧接着杨邻可老师向法方师生介绍成都的历史文化和城市标识——太阳神鸟的起源及寓意，并带着孩子们一起制作。

（2）"艺"述文化，向美而行。

通过本次线上手工制作课程，锦外孩子们用绘画的形式呈现了城市之美，艺术之美。这不仅拓宽了孩子们的国际视野，还展现了学校师生互学共生的开放姿态，锦外孩子们对世界多元文化有了更深入的理解。

跨文化交流活动是课堂学习的外延和提升，同学们通过认识、体验、发现、探索、操作等方式，丰富体验，开阔视野，发展对知识的综合运用能力和创新能力，提升语言应用能力、实践探究和交流合作等综合素养。

（五）案例评析

在全球化背景下，教育国际化已成为世界教育发展的重要特征和必然趋势。跨文化交流活动在培养学生的国际视野与意识，提高跨文化交流及沟通能力以及培养学生国际化人才中展现了重要作用。成都市锦江区外国语小学作为锦江区一所公立外国语学校，积极开展国际理解跨文化交流活动，通过线上线下形式多样的互动活动培养学生的家国情怀和国际视野。学校自建校以来已经多次成功开展此类国际交流活动，成为国际化工作的常态。

"当中国红遇上法国蓝"是锦外开展的中外交流之中法互动活动，由法国欧坦市教育活动中心和锦外承办。案例中的两次活动分别是"书写同一个字"和"同画一幅画"。书法是我国传统文化，书法也是锦外特色学科之一，在"书写同一个字"活动中，中法两国同学们用法语亲切的相互问候，锦外学生代表首先用法语向法国的师生介绍成都的特色文化，如：大运会的吉祥物、美食、都江堰水利工程和天府"竹"文化,激起了法国友人对成都和中国的兴趣,在培养学生法语学科素养的同时表达对美好未来的祝愿。学校书法老师王小鹏向孩子们讲解汉字的起源、书写工具、坐姿和握笔的姿势,带着大家一起学写"天人合一"四个汉字。活动增进了校际的友谊,也增加了中法儿童间的友谊。在"同画一幅画"活动中,法国老师向孩子们介绍欧坦市的人文历史以及城市标识的含义,并教孩子们手绘欧坦市的标识。紧接着杨邻可老师向法方师生介绍成都的历史文化和城市标识——太阳神鸟的起源及寓意,并带着孩子们一起制作。通过城市图标的绘制探索,深入了解两国文化,加深对于中外文化的理解和对优秀文化的鉴赏。

虽然是线上交流,但同学们却是零距离接触,在一系列的中法文化交流活动中,学生加深了对中华文化的理解和认同,拓宽了国际视野,增强了跨文化交流意识与能力,也为其他学校在开展国际理解教育方面提供了有益借鉴。

四、"萌趣熊猫"案例[①]

本案例主题为"萌趣熊猫",是成都市锦江外国语小学校与日本西武学园文理小学的人文交流活动,该主题属于第三学段"人与社会"范畴下"社会服务与人际沟通"主题群,涉及子主题内容"文化使者"。

春阳映入花蕊,春风摇动花枝,莺燕翩翩起舞。春,是一场遇见,是风遇见雨,是花遇见蝶,是阳光遇见笑脸。2024年3月14日下午,成都市锦江区外国语小学校与日本埼玉西武学园文理小学相聚云端,交流分享中国传统文化。

(一)背景介绍

成都市锦江外国语小学校与日本埼玉西武学园文理小学有友好交流的意愿。两校将以"线上+线下"交流的方式就"熊猫"这一主题,开展交流学习,丰富师生对熊猫的认识,增进两校师生相互理解,激发对中华优秀文化的理解,树立保护世界文化遗产——大熊猫的意识。

大熊猫是中国国宝,四川是大熊猫的故乡。大熊猫软萌可爱,蕴含温良和平团结之意;它黑白相间的外表也与道家阴阳之形相合;另外作为中国的国宝,大熊猫还包含着人与自然和谐相处之意。熊猫作为民族荣耀,已经深深融

[①] 该案例主要完成教师:刘建彬、杨邻可、周金梅。

入中国人的文化血脉。

成都周边有许多熊猫基地，如成都大熊猫繁育研究基地、都江堰熊猫乐园、雅安碧峰峡熊猫基地等。这些得天独厚的资源有利于我们开展人文交流活动。锦外学生和西武学园文理小学学生都很喜欢熊猫，愿意学习"熊猫"这一主题。大熊猫是"亲善大使"，也是一条心灵纽带，让日本师生感受到来自中国的善意，激荡起两校师生超越国界的情感共鸣。

基于学生学习需要和传播中华优秀文化，本活动整合成都周边熊猫基地的资源来设计，引导学生通过实践探究的方式了解大熊猫的知识和生活习性，讨论保护大熊猫的措施；学习与大熊猫有关的文创作品和舞蹈；走进熊猫基地，近距离观察大熊猫，倡导全人类保护大熊猫，丰富学生对大熊猫的认识，热爱中华优秀文化，树立保护世界文化遗产——大熊猫的意识。

（二）活动目的

学生了解大熊猫的基本概况。

（1）学生能够绘制熊猫的文创作品，理解成都文化，热爱成都。

（2）学生能够跳具有熊猫元素的舞蹈，提高艺术才能。

（3）学生能够通过研学了解大熊猫在成都的生存状态、中国保护大熊猫所做的努力，倡导全人类保护世界文化遗产——大熊猫。

（4）两校师生能够通过交流、合作等活动更好地了解对方，缔结友谊。

（三）活动内容

活动内容见表6-34。

表6-34 活动内容

版块	教师准备	学生活动	备注
版块一：探秘熊猫	教师设计学习任务单，设计观察、查阅和思考的问题，引导学生结合实际探究，做好学前准备	学生了解大熊猫的种类、栖息地、特征、饮食习惯、生长过程、生活习性等，丰富学生对国宝大熊猫的认识	线上交流

续表

版块	教师准备	学生活动	备注
版块二：童"画"熊猫	教师结合成都文化设计制作大熊猫文创作品内容、代表的含义、所需材料和制作方法	学生通过观察大熊猫的体态特征、面容等，在指定主题下绘制大熊猫的文创作品，如钥匙扣、T恤衫、手提包等，传播具有成都特色的熊猫文化	线上交流
版块三：舞动熊猫	教师根据大熊猫的行为习惯和成都文化，创编具有童趣的舞蹈，如《熊猫跳跳》《熊猫宝贝》等	学生学习熊猫舞蹈，提高学习兴趣和艺术才能，增进对天府文化的热爱和传承	线上交流
版块四：珍爱熊猫	教师设计熊猫研学手册，拟定参观最佳时间、路线、观察要点和思考的问题，引导学生呼吁全人类保护大熊猫	学生以小组为单位，去成都大熊猫繁育研究基地研学，完成研学任务：了解大熊猫生存状态、中国保护大熊猫所做的努力、分享研学收获、设计倡议书	线下交流

（四）具体活动方案

本次两校交流活动以"制作熊猫钥匙扣"的形式进行。

材料准备：热缩片（A4纸大小，半透明细磨0.2mm）、丙烯画笔、烤箱（热风枪）、打孔器、UV灯、小配件。

活动流程：（1）绘制图案，用A4纸大小热缩片的一半，在上面绘制熊猫绘画，制作材料有彩铅、丙烯、水粉、色粉。（2）裁剪打孔，用剪刀沿边缘剪下来，边缘大概3~8mm留白。如果是做钥匙扣或挂链，需要用打孔器打孔后再热缩。（3）高温热缩，把剪好的热缩片放进烤箱，调整温度（180°左右），烘烤30秒至1分钟后取出。（4）上胶风干，这一步可以省略，但上了UV胶水的热缩片会更加厚实有质感，遇水或者脏了也不受影响。（5）安装配件，可以大胆发挥现象，钥匙扣、胸针扣、耳坠耳钩、龙虾扣、波珠链、戒指托……各种配件都可以。除此之外，热缩片还可以拿来做立牌、冰箱贴、书签等活动总结，学生分享自己制作的作品、教师总结、师生合影留念。

（五）学习任务单设计

学习任务单设计见表 6-35。

表 6-35　学习任务单

学科	美术	年级	六年级
课题	\multicolumn{3}{c}{《童"画"熊猫》}
\multicolumn{4}{c}{学生信息}
学校	姓名	班级	学号
学习任务	\multicolumn{3}{l}{1. 画一画你了解到的熊猫是什么样的？ 2. 简单写一写制作热缩片熊猫钥匙扣的步骤，制作时需要注意什么？ 3. 将自己制作好的熊猫钥匙扣最得意之处介绍给小伙伴}

（六）案例评析

在这场富有活力的文化交流活动中，成都市锦江外国语小学校与日本埼玉西武学园文理小学联手打造了一个以"熊猫"为主题的跨文化学习盛宴。通过线上+线下交流，两校旨在深化师生对熊猫的认识，促进相互理解，激发对中华文化的热爱，同时树立起对世界文化遗产——大熊猫的保护意识。大熊猫作为中国国宝，不仅是四川的骄傲，更是具有丰富文化内涵的象征。活动背后蕴含着熊猫温和可亲的性格，与道家阴阳之形相合的外表，以及中国人与自然和谐相处的理念。这不仅是对大熊猫的赞美，更是对中华文化血脉的一次传承。成都周边的熊猫基地有着得天独厚的资源，为活动提供了丰富的实践探究机会。学生们都满怀热情地融入"熊猫"主题，展示了对大熊猫的浓厚兴趣。大熊猫成为中日两校师生共同的"亲善大使"，在这个文化交流中，带来了善意与情感的交融，超越国界的友谊在这里得以升华。活动设计巧妙地整合了熊猫基地的资源，通过实地走访、文创作品绘制、熊猫舞蹈学习等多个版块，让学生们全面了解大熊猫，同时培养了多元技能。在线上交流的过程中，学生们将通过探秘熊猫、童"画"熊猫、舞动熊猫等形式，增进对天府文化的热爱，为文化传承注入新的活力。

　　学生们充满好奇心和求知欲，积极参与各个版块的活动。在童"画"熊猫和舞动熊猫板块，学生们将展示自己的艺术天赋和创造力，同时通过活动感受到成都文化的独特魅力。整体而言，这个以"熊猫"为主题的文化交流活动既有深厚的文化内涵，又贴近学生的兴趣和生活，是一次富有创意和前瞻性的活动设计。学生们将在这个过程中，不仅深化对大熊猫及中华文化的认知，同时在跨文化交流中建立起更加紧密的友谊，为中日两国学子之间搭建了一座桥梁。

第七章 实践成效

通过实践，学生、教师和学校走向良性发展的轨道，师生在各级各类活动和比赛中取得了不少好成绩，这也证明了外语课程改革取得成功。伴随着课程改革的深度推进，师生素养发展、学校育人水平都迈上新的台阶。学生用实际行动落实了"学思结合、用创为本"的学生外语学习观，外语教师用自己的长期实践行动践行了学校外语教师"宽学　灵研　卓行"的专业发展观，学校为学生和教师的成长提供了平台，而学生、教师的成长同时也促进了学校的发展。

第一节 外语课程教学质量显著提高

在外语课程建设中，我们综合分析了学生、学校、社区和社会的需求，评估了课程资源，以确保满足各方面的需求。随着课程建设的深入，我们明确了办学理念和师生发展目标，按照"满足学生个性发展需要和社会对多样化人才需求"的功能定位开设外语课程，外语课程的总体目标已经明确并得以有效实施。我们确保了课程结构和门类符合国家规定，课程内容兼具多样性与选择性。课堂学习与综合实践活动构成课程的主轴，内容丰富、组合灵活、分类清晰，外语课程结构得到极大的优化。我们制订了详细的外语课程资源开发计划，开发了特色课程，形成了具有学校特色的外语课程体系。自教学改革以来，3—4年级学生可选修法语、德语、西班牙语，5—6年级学生可选修日语、俄语，课时分配严格遵守国家规定，周活动总量得到充分保障。

一、满足学生、学校、社区和社会发展需求

在当今全球化的背景下，小学英语教育已成为我国基础教育的重要组成部分。同时，随着我国社会经济的快速发展，多语种人才需求日益增长。小学阶段是学习语言的关键时期，学校"英语·多语种"课程的设置，不仅有助于提

高学生的英语水平，还满足了学生、学校、社区和社会发展等多方面的需求。以下从四个方面进行详细阐述。

（一）满足学生个性化发展需求

1. 提高学生综合素质

英语作为一门国际通用语言，学会英语意味着学生拥有了通往世界的钥匙。而多语种的学习，更是让学生具备了跨文化交际的能力，有助于培养学生的国际化视野。这些综合素质的提高，使学生在未来的学习、工作和生活中学有所用，实现自己的人生价值。

2. 培养学生自主学习能力

在课程学习过程中，学生需要通过自主探究、合作学习等方式，完成各项学习任务。这有助于培养学生独立思考、主动探究的学习习惯，为终身学习打下坚实基础。

（二）满足学校特色发展需求

1. 提升学校教学质量

通过和国外的学校建立"友好学校"，学习先进的教学理念和方法，学校不断创新教学模式，提高教学效果。同时，"英语·多语种"课程的设置使学校在课程体系上更具特色，有助于提升学校的知名度和竞争力。

2. 丰富学校课程体系

学校根据自身实际情况，开设了日、法、德等不同语种的课程，满足学生多样化的学习需求。此外，学校还通过开展国际交流项目，让学生有机会亲身体验不同国家的文化，拓宽视野。

（三）满足社区文化交流需求

1. 促进社区国际化发展

随着我国对外开放的不断深入，国际交流和合作日益增多。多语种人才的培养，有助于提高社区居民的国际交流能力，促进社区与世界各地的交流与合作，推动社区的国际化进程。

2. 丰富社区文化生活

学校还组织各类英语角、文化节等活动，让学生在参与中感受不同国家的文化。这不仅有助于提高学生的语言水平，还能让社区居民在活动中感受到文化的魅力，提升社区的文化氛围。

（四）满足社会人才需求

1. 培养适应时代发展的人才

在全球化背景下，多语种人才需求日益增长。学会英语和其他语种，使学生在未来的学习和工作中具有更大的竞争优势。

2. 提高我国的国际竞争力

多语种人才的培养，使我国在国际交流和合作中具备更大的优势。此外，多语种人才的涌现，还有助于推动我国的经济、科技、文化等领域的创新发展，提高国家的综合国力。

二、切实贴合学校外语课程目标定位

学校外语课程教学质量显著提高的关键，在于其精准切合学校外语课程目标定位。在课程建设中，我们深入分析学校背景和需求，明确办学理念和课程功能，确保满足学生个性发展和社会人才需求。同时，我们系统地制定了课程总目标、分目标和年段目标，确保了教学的连贯性和层次性。这些目标规范、合理、可行和有效，为教师提供了明确的教学指导，使得学生的学习成果得以有效达成。学校外语课程目标的精准定位，不仅提高了教学质量，更明确了学生外语学习方向，为他们的综合素质提升和未来职业生涯发展打下了坚实的基础。

（一）明晰学校办学理念和课程功能定位

学校办学理念——"情系中华魂，融汇四海心"是外语课程建设的灵魂，它决定了课程的发展方向和特色。在现代教育理念指导下，学校更加注重外语课程的工具性和人文性，旨在培养学生的跨文化交际能力和批判性思维。通过深入分析社会对多样化人才的需求和学生个性发展的需要，学校将外语课程的功能定位为"满足学生个性发展需要和社会对多样化人才需求"。这种清晰的办学理念和功能定位确保了外语课程的针对性和有效性。

1. 明晰学校办学理念

学校办学理念"情系中华魂，融汇四海心"不仅体现了对中华文化的深厚情感，还彰显了开放包容、融合世界的视野。根据这一理念，学校确定了"学思结合、用创为本"的学生外语学习观。这一学习观遵循"学习理解—应用实践—迁移创新"过程，强调学生不仅要在课堂上学习外语知识，更要培养跨文化交流的能力、批判性思维以及解决实际问题的创新能力。

同时，学校还确立了"宽学　灵研　卓行"的外语教师专业发展观。这一观念鼓励外语教师不断拓宽学术视野，灵活开展教学研究，并在实践中不断提升教学能力。根据学校办学理念"情系中华魂，融汇四海心"，外语课程教学质量得以显著提升。

2. 明晰课程功能定位

针对"满足学生个性发展需要和社会对多样化人才需求"的功能定位设计的外语课程旨在通过多元化的教学内容和方法，通过主题统整的"英语·多语种"话题式教学和体验式活动，激发学生的语言潜力，培养其跨文化交流能力。这种课程模式有效地满足了社会对多元化人才的需求，为社会输送了一批批具备国际竞争力的优秀人才。成都市教育对外交流中心主任李全对学校在多语种教育领域的实践给予肯定，并对学校形成可推广的多语种外语教育模式寄予厚望。四川师范大学的秦洁荣副教授在对学校课题"主题统整的小学'英语·多语种'课程综合化实施研究"的评价中写道："课题组通过研究，开展了主题统整的英语·多语种话题式教学、开展了主题统整的'英语·多语种'体验式活动促进了学校在人才培养理念创新各方面全面提升。"

3. 外语课程建设纳入学校课程建设范围

将外语课程建设纳入学校课程建设范围，是学校提升外语教育质量的重要举措，外语组围绕"如何培养学生核心素养"这个任务，对新课程标准的修订背景和意义、修订思路、主要变化和突破、实施重难点进行了详尽解读，按照目标整合各种教学资源，设计创新教学活动，依托语篇来培养学生的核心素养。结合学情对育人目标进行分解，围绕主题意义来设计活动，拓宽学生知识面，促进学生高阶思维发展。自这一举措实施以来，学校在外语教育领域取得了显著成效。外语课程如今已成为学校课程体系中不可或缺的一部分，它与其他学科相互融合，共同构建了一个全面、均衡的课程体系。这也极大地丰富了学校的课程资源，学生能根据兴趣和需求选择课程，满足个性化发展需求。

（二）科学设定课程目标

学校在明确课程总目标、细致划分分目标的基础上科学设定了年段目标。课程总目标指引教学方向，保证教学活动的整体性和连贯性，使教师的教学更集中，学生的学习更有方向性。分目标细化教学要求，使得每个教学单元或模块都有了明确的教学目的。这有助于教师组织教学内容，让学生了解学习重点。而年段目标的科学设定，则充分考虑了学生的年龄特征、认知发展水平和学科知识特点，确保各年级教学适应学生需求，既不会过于超前也不会滞后。

1. 设置规范、合理的课程总体目标

外语课程的总目标为探索小学"英语·多语种"课程综合化实施逻辑与方式、途径与策略。这一总体目标不仅为整个课程提供了清晰的方向,还确保了教学内容的深度与广度得以恰当地平衡。在此引导下,教师的教学更加有目的性和针对性,并能灵活调整教学策略,贴近学生的需求。同时,规范、合理的课程总体目标也激发了学生的学习动力,使其更加积极主动地参与到课堂学习中来。

2. 制定了指向明确的分目标

根据外语课程总目标我们制定了指向明确的分目标,为每个教学阶段提供了具体、可操作的指导。四川师范大学核心素养教育研究中心主任刘冲结合学校外语教育实践和学生学习特点,对课程总目标和学段目标进行校本化解读,并对"语通世界 文润童心"的外语教育观、"英语·多语种"小学外语课程观进行深度挖掘和解析,指导学校全面开展主题统整的"英语·多语种"话题式教学。以此为引领,教师能够针对每个分目标设计恰当的教学活动,使得教学更加精准、高效。同时,分目标的明确性也使得教学评估更加便捷,能够根据反馈及时调整教学策略。对于学生而言,指向明确的分目标使他们能够清晰地了解学习重点,提高学习效率,激发学习热情和主动性。

3. 明晰合理、可行的年段目标

确定外语课程总目标和分目标之后,学校又明晰了合理、可行的年段目标,这对外语课程质量的提升有显著的效果。年段目标不仅确保了教学的系统性和连贯性,还充分考虑了学生的年龄特征、认知发展水平以及学科知识结构,使得每个年级的教学都符合学生的实际需求。同时,年段目标的合理性和可行性也保证了教学工作的顺利开展,避免了教学目标过高或过低所带来的问题。学生们在这一目标的指导下进行学习,不仅能够掌握扎实的学科知识,还能够培养良好的学习习惯和思维能力。

三、优化外语课程结构

在外语课程实施过程中,学校从课程的结构和门类、是否符合学生和学校的发展需要以及修习方式和课时安排等方面全面优化了课程结构。通过八年多的实践,学校外语课程日渐成熟,初具特色,形成了"语通世界 文润童心"的外语教育主张以及"3+2+X"的外语课程体系。优化后的外语课程结构更加注重学习内容的多样性和选择性,促进了学科间的融合与交叉,为学生提供了更广阔的学习视野和更多的发展机会。学生的外语能力得到了全面提升，其跨文化沟通等方面展现了出色的表现。

（一）提炼课程基本特征

在持续地优化课程结构和门类的过程中，我们确定了符合外语课程的基本特征即学习内容的多样性和选择性。涉及的课程结构和门类严格符合国家规定，包括语言学习和跨文化交流活动两部分，注重语言学习的同时融入丰富的跨文化交流活动，有效提升学生的语言应用能力和跨文化素养。

课程内容丰富多样，既包括系统的课堂学习，也涵盖了各类综合实践活动。在每年的春季学期，学校根据不同年级的学习内容，设置了符合学生年龄、学力特点的游园闯关活动，用外语闯关，拿到印章和积分，进而兑换奖品。三五年级以"语"你相随，点亮未来为主题，设计了不同层次的英语小游戏，如"This is me!" "This is my body." "I can say!" "I can design my three meals!" "Animal World" "My birthday"等关卡。四六年级以"语"你相伴，缤纷世界为主题，设计了 colour world 缤纷世界，listen and do 听指令做动作，choose and answer 抽卡片回答问题，look and say 观察图片、look and find 看地图指路，sing an English song 演唱英语歌曲等丰富多样的体验活动。各关卡将创新性、学习性及趣味性相结合，在欢快的活动之中渗透了核心素养的培养。这种灵活的组合方式不仅满足了不同学生的学习需求，还激发了他们的学习兴趣和动力。在"四川省第十六届校园影视教育成果展示交流活动"中，学校多名学生参加《不同天空下的儿童节》《花木兰》《Animal Talent Show》三部外语戏剧排演并取得优异成绩。

（二）开发学校特色外语课程

在制定并稳步推进学校外语课程资源开发计划的过程中，学校取得了显著的成效。学校法语课例 Qu'est-ce que tu veux manger? 在锦江区进行外语课程展示，锦江区教研员石春蓉老师高度肯定了学校多语种外语校本课程和课堂教学建设成果：体现了新时代外语教育以"立德树人"为根本任务的宗旨，并结合学校实际，形成了校本课程和丰富的课程资源，措施和做法都值得借鉴与推广，同时也提出了小语种教学的新思路与方法，增进了区内外语教师对外语课程和课堂教学的理解。在课程评价方面，成都市教育对外交流中心闵菲副主任肯定了学校以班级和法语教师为研究样本来开展个案研究，建议还可以采用前测、后测等方式收集和分析数据，对比研究，解决实际问题，满足对学生核心素养的培养需求，突显交流育人在外语课程实施中的价值。

通过多种方式开发外语课程，挖掘学校传统特色，学校找到新的增长点，为外语教学的创新发展注入了新的活力。同时，学校初步形成了具有办学特色的外语课程系列，编写了一批具有学校特色的课程资源，这为教师的教学提供了有力的支持，也为学生的学习提供了更加广阔的平台。在成都市小学英语骨干教师培训活动中，骨干班的教师在学校领队老师的带领下参观学校校园环境如"一带一路"主题教育厅、学生多语种作品墙、多语种文化走廊和世界时间文化墙。学生志愿者队用英语向来宾介绍了学校的校园环境和自己的学习体会，他们自信流利的表达赢得了来访教师的赞扬。在与四川师范大学"国培计划"小学英语骨干教师交流活动中，外语组以三年级上册 Unit 5 Clothes 为例，优化教材资源，以 what，why，how 为主线分析单元目标和学习内容，设计新颖课时，重点突出，极大促进学生的思维发展，得到了"国培班"教师的高度认同。

（三）修习方式与课时安排

根据实际情况采取自主选修和必修的外语课程模式后，学校的外语课程质量得到改善。自主选修的外语课程模式和必修的合理的课时分配为学生的外语学习提供了有力的保障，自主选修让学生根据兴趣选择法语、德语、西班牙语（3—4 年级）或日语、俄语（5—6 年级），激发学生的学习热情和主动性。必修课时分配严格遵守国家规定，确保比例适切和活动总量，合理安排课程，为学生提供充足学习时间，促进其全面发展。

第二节 提高学生外语学习和跨文化交际能力

一、大幅提升学生外语学习和跨文化交际能力

外语课程要培养的学生核心素养包括语言能力、思维品质、文化意识和学习能力四个维度。开展外语综合实践活动就是要促进学生核心素养的培养。外语综合实践活动不同于一般的学科课程，具有跨学科性，且形式多样，引导学生通过"活动—探究—体验—感受—内化"的模式获得解决现实问题的真实经验，从而培养其实践能力，促进其核心素养养成。

学校积极开展外语综合实践活动，把外语学习从课本延伸到实际生活中去，让学生在实践中应用知识、自主地学习知识，通过这一过程扩大了学生的知识面，从而提高其外语素养、沟通合作、探究及解决问题的能力。这些活动

还提升了学生对不同文化的了解，拓宽了国际视野，培养了跨文化交际能力。

二、精心培养学生外语学习和跨文化交际能力

兴趣是最好的老师。首先，锦外采用多模式互动教学，注重学生参与课堂学习，运用教材、多媒体资源、游戏等开展有趣的课堂活动。其次，在课堂上学校也十分重视学生词汇、句型、语法等外语知识的学习和运用，让学生在体验外语的同时加深对外语的理解。最后，学校鼓励学生参加各级各类外语实践活动，如外语竞赛、外语展演等，为学生搭建外语展示平台，进一步提升学生的外语综合能力。

（一）提升学生外语综合素质

问卷数据显示38%的学生对外语学习有浓厚的兴趣，非常乐于合作，学习很有信心，58%的学生外语学习较有兴趣，乐于合作，学习有信心，4%的学生对外语学习缺乏兴趣和信心，不是很愿意合作；47%的学生能熟练地掌握规定的词汇，句型及语法知识，语音、语调标准，吐字清晰，在情景中能灵活运用语言材料进行交流，46%的学生能掌握规定的词汇，句型及语法知识，语音、语调基本正确，吐字清晰，在情景中能运用语言材料进行交流，7%的学生未能完全掌握规定的词汇、句型及语法知识，语音、语调不够标准，吐字欠清晰，在情景中不能正确运用语言材料进行交流；27%的学生积极参加各级各类外语竞赛和展示活动并获奖，38%的学生参加了各级各类外语竞赛和展示活动，35%的学生未参加外语竞赛和展示活动，见表7-1。学生调查问卷的良好数据说明学生的外语水平和跨文化交际能力有明显的提升，进一步体现了学校外语育人模式的先进性和优越性。

表7-1 学生外语综合素质评价表

评价内容	评价标准	非常符合	符合	不符合
情感与态度	学习有兴趣，乐于合作，学习有信心，能主动尝试应用所学过的外语	310	470	30
知识与技能	能掌握规定的词汇、句型及语法知识；语音、语调基本正确，吐字清晰；在情景中灵活运用语言材料进行交流	380	375	55
竞赛与活动	参加各级各类外语竞赛和展示活动	220	310	280

注：以五年级为例（全年级共18个班，每个班45人，共计810人）

（二）参加各级各类外语综合实践活动

1. 培养外语学习兴趣

结合小学生的认知特点和兴趣点，精心策划并录制符合小学生年龄特点和性格的外语节目。通过这些艺术形式在校园内营造一种良好的外语学习氛围，培养学生学习外语的兴趣。

（1）录制迎接"北京冬奥会""成都大运会"多语种视频。

日语、德语、法语兴趣小组学生参加北京冬奥会倒计时1年宣传视频录制，传递锦外师生对北京冬奥会的祝福。在集体朝会开展迎大运主题宣传活动，学生用英语、日语、德语、法语和中文表达对世界大学生运动员的欢迎和对成都大运会的期待，营造了良好的外语学习氛围。

（2）学校"六一"儿童节节目会演。

针对不同文化风俗，围绕国际性儿童节日创编情景剧《不同天空下的儿童节》。学生装扮成英国、日本、德国、俄罗斯、法国、西班牙、泰国的小朋友向全校师生介绍各国庆祝儿童节的方式与风俗，用多语种表达对儿童节的期待和喜悦，培养了学生尊重文化差异的意识，拓宽了师生的国际视野。

2. 提高外语表达能力

学生综合运用语言能力的形成有赖于大量真实有效的外语语言实践和运用练习。通过科学合理的设计和开展有效的语言实践运用活动，让学生在真实的语言实践运用活动中，内化语言知识，发展语言技能，提高外语表达能力。

（1）开展"用英语讲好中国故事"主题活动。

每学期初在全校范围内开展"用英语讲好中国故事"主题活动，学习并讲述中国童谣、名人和成语故事，培养学生用外语讲好中国故事的意识和能力。值得一提的是学校三年级学生参加成都市"讲好中国爱国主义故事"活动，荣获特等奖。

（2）参加成都市锦江区"校园新春音乐会"小语种主持。

学校学生多次担任锦江区"校园新春音乐会"小语种主持人，锻炼和培养了学生语言表达和沟通合作能力，增强了学生的自信心。

（3）推进高校合作。

学校与四川师范大学外国语学院合作，引进"中外人文交流项目"和"多语种外语学习项目"，组织学生参与多语种外语学习和文化体验。两校老师依据小学外语学习的特点，群策群力，设计学生多语种递进式学习内容，激发学生学习兴趣，丰富文化体验，帮助学生学习、理解和鉴赏中外优秀文化，培养家国情怀，坚定文化自信。

在一至二年级设计"国际理解教育项目",开展"1+1+1",即"英美国家文化+第二外语文化+中华文化宣讲"探究学习,学生学习其他国家人文地理,拓宽国际视野,增强对中华文化的热爱。在三至六年级设计"中外人文交流专题项目",开展"3+1+X",即"三门外国文化+一次中华文化宣讲+模拟联合国"的探究学习,学生学习日本、美国、英国、法国、葡萄牙和俄罗斯语言文化,学生在与外国留学生的交流互动中了解地道的外国语言文化,增强传递中华文化的意识与能力。

面对全校学生外语基础不一,兴趣各异的特点,学校从三年级开始实施多语种外语学习项目。构建了启蒙学习、专题学习、系统学习和探究学习四种学习方式。启蒙学习面向三四年级学生,引入"大教授"教授日、俄、法语,激发学生对外语及多元文化的兴趣。专题学习是选拔并组织三至六年级具有多语种外语学习意愿的学生,深入学习中外人文交流课程,开阔国际视野,增进国际理解。系统学习是指在五六年级开设德语、日语、西班牙语,每周一节课系统学习语言、文化知识、会话练习和文化对比等内容,掌握基本的日常交际礼仪与用语,对目的语文化有较为全面的了解。探究学习组织兴趣强、能力强的学生参与国际赛事、语言情景表演等活动,增强学生的自信心和表达能力,为全校学生营造浓郁的外语学习氛围。

3. 促进学生的综合发展

(1) 参加全国小使者展示。

组织学生排演并参加教育部中外人文交流中心组织的全国小使者展示,学校的舞蹈、合唱、戏剧和经典诵读展示都成功晋级总决赛。此活动提升了学生的自信心,培养了学生语言表达能力、艺术才能以及文化意识。

(2) 四川省校园影视教育成果展评。

通过师生的共同努力,学校排演的外语短剧《武松打虎》《记忆面包》《花木兰》《Animal Talents Show》《不同天空下的儿童节》在四川省影视教育成果展中获得好成绩。

通过参加音乐、艺术、舞台表演、语言表演等活动,能提高学生的语言表达力、肢体表现力;能培养学生敏锐的观察力、反应力与超强的模仿力;还能激发学生丰富的想象力与创造力,提升学生对艺术的感受和运用能力,从而提升学生的综合能力。

4. 培养学生跨文化交际能力

(1) 与法国友好学校线上交流。

2022年5月和6月，学校与法国欧坦市教育活动中心分别围绕书法与中华文化、城市标志与文化内涵两大主题等开展线上交流活动。通过云端交流，学校师生向法国师生介绍了天府文化，成都的历史文化和城市标识——"太阳神鸟"的起源及寓意，传播了中国传统文化。法国师生分享了欧坦市的地理位置，城市标识的含义和人文历史，两国的孩子们不仅被彼此深厚的人文底蕴吸引，而且还受到了浓厚的艺术熏陶，增进了双方师生对中法两国文化的理解。

(2) 参与波兰驻成都领事馆活动。

2022年10月30日，学校师生参加与波兰驻成都领事馆合作的《穆鲁兹笔下的莱姆怪物图志》科幻插画艺术展开幕仪式。在活动中，学生不仅朗诵了波兰作家莱姆的作品，还与波兰总领事和副大使进行了深入的问答交流，了解到了更多波兰的历史、地理、教育等方面的信息。此次活动拓宽了学生的国际视野，提升了他们的跨文化交流技能，并激发了他们用外语传播中华文化的热情。通过亲身体验和互动交流，学生们加深了对中外文化的理解，培养了他们全球公民意识。

三、充分展示学生外语学习和跨文化交际能力

学生们积极报名参加校内外各级各类竞赛，通过竞赛提高了外语学习和跨文化交际能力，并且取得了令人瞩目的成绩，获得了家长和社会的高度认可。表7-2为学生参加各级各类比赛获奖情况。

表7-2 学生比赛获奖情况

比赛项目	获奖情况
第一届"中外人文交流小使者"戏剧展示活动	二等奖
第一届"中外人文交流小使者"舞蹈展示活动	一等奖
第一届"中外人文交流小使者"合唱展示活动	二等奖
2022年冬奥会和冬残奥会"共迎未来"中外青少年人文交流活动暨第二届"中外人文交流小使者"全国总展示活动	二等奖
作品《武松打虎》参加四川省第十五届校园影视教育成果展示交流活动	影视教学类一等奖

续表

比赛项目	获奖情况
作品《花木兰》参加四川省第十六届校园影视教育成果展示交流活动	影视教学（课本剧）类二等奖
作品《Animal Talent Show》参加四川省第十六届校园影视教育成果展示交流活动	影视教学（课本剧）类三等奖
作品《不同天空下的儿童节》参加四川省第十六届校园影视教育成果展示交流活动	校园综艺类优秀奖
作品《记忆面包》参加四川省第十七届校园影视教育成果展示交流活动	校园综艺类三等奖
2022年成都市"用英语讲好中国故事"爱国主义主题展示活动	韩曜羽同学荣获小学学段特等奖
四川省首届中小学生"用英语讲好中国故事"爱国主义主题展示活动	韩曜羽同学荣获小学低段一等奖
2023年成都市中小学师生"用外语讲好中国故事"爱国主义主题展示活动	李若伊同学荣获小学组二等奖

第三节　提高教师外语教育教学能力

学校秉持"宽学　灵研　卓行"的专业发展理念，推动外语教师深化对提升学生核心素养的教学认识，并加强对"融·和"课程理念的理解。教师们在专业成长中勤奋学习，将理论与实践融合，追求务实创新，致力于教学研究，并将研究成果转化为教学实践，促进教育科学的发展。通过一系列项目的实施，教师的各项能力得到显著提升，增强了教育教学竞争力，推动了学校教育工作的科学发展，更好地服务于学生，助力学生核心素质的提升。为了调查外语教师专业能力是否得到提升，学校设计了相关的调查问卷，问卷内容主要涉及教师的学习能力、研究创新能力、教学能力和评价能力四个方面。学校发放教师调查问卷28份，有效问卷28份，有效率100%；学生调查问卷821份，有效问卷816份，有效率99.39%。由于涉及内容面广，学校从每个方面选取三至六个有针对性的内容进行问卷问题设计，调查结果显示如下。

一、促进外语教师学习能力

学校外语教师参与专业发展活动的机会逐年增多，从有限的参与名额到现在的全员覆盖，教师得以参与各种级别的教研和培训。外语教师专业发展的途径也更加多元化，从之前的学习资源单一、途径单一到现在丰富的校内外资源库、多样态的活动方式。学习方式也更加多元，包括专家指导和自我探索等多种形式。问卷数据显示93.38%的学生都能在外语课堂上保持注意力集中，4.41%的学生要视情况而定，2.21%的学生在外语课堂上不能长时间保持注意力的集中；95.71%的学生能积极反馈教师的各类课堂活动，3.31%的学生要根据活动的类型而定，0.98%的学生对任何活动都不感兴趣；所有外语教师都认为通过学习自己的教学能力得到提升，92.86%的外语教师都获得过各级各类荣誉，89.29%的外语教师都参与过各级各类课题至少一次，见表7-3。这些积极的反馈表明，教师参与的各种学习活动已取得显著成效，形成了"学—教—学"的良性循环，激励着教师持续追求专业成长。

表7-3 外语教师学习能力调查表

体现外语教师学习能力	学生 符合	学生 不一定	学生 不符合	教师 符合	教师 不一定	教师 不符合
在外语课堂上能长时间维持专注，学习效果良好	762	36	18			
对于外语教师设计的课堂活动能主动积极参与并反馈	781	27	8			
教学能力不断增强				28	0	0
获得各级荣誉				26	0	2
参与各级课题（至少一个）				25	0	3

常生龙提到在教师成长需要关注的三个方面：个体、团队与研修中说到"教师是成长中的个体，应该始终走在自我发展的道路上""发展从来就是每个人自己的事情""教师是不断发展的人，教师是学习者。在自身成长的过程中，教师最要关注的是自己的生命，因为教育本身就是教师生命的存在方式，是教师实现自身生命的意义和价值的过程"[1]。由此不难看出，教师要想实现专业

---

[1] 常生龙. 教师成长需要关注的三个方面[J]. 新班主任，2017（09）：68-69.

化首先要成为一个"学习者",只有拥有终身"学习者"的心态才是自我发展道路上的不竭动力。

十年的学习、探索过程中,学校明确了外语学习的总目标,对核心素养进行了校本化解读,细化了学段素养目标,构建起基于主题统整的课程结构,梳理了基于主题统整下的"英语·多语种"课程的话题序列等系列工作。在这些工作中,外语教师持续不断地开展灵活多样的综合性学习,利用各种渠道获取学习资源,不断更新自己的知识和技能,并注重将学习与实践相结合,以便更好地满足学生的需求,通过教学实践不断检验和完善自己的教学方法和技能。

二、促进外语教师跨学科教学能力

通过拓宽自己的知识面、参与校本课程的开发、参与跨学科的在职培训、跨学科听课和构建、实施跨学科课程等方式,外语教师的跨学科教育教学能力不断提高。数据显示,从开校至今外语教师课程设计中有意识涉及跨学科内容的人数占比89.29%,近年来所有外语教师都坚持每学期跨学科听课或参与跨学科培训不少于3次,46.43%的老师都参与到了学校国际理解跨学科校本课程的开发中,有50%的教师都就跨学科主题进行过教案设计比赛/公开课/论文发表等工作,见表7-4。这些数据表明,外语教师在拓宽自己知识面的同时也将这些知识合理地运用到教育教学中,并取得了一些成绩。

表7-4 外语教师跨学科教学能力调查表

体现外语教师跨学科教学能力	符合	不一定	不符合
跨学科听课至少3次/半学期 或参加跨学科培训不少于3次	28	0	0
课程设计中有意识涉及跨学科内容	25	3	0
参与国际理解跨学科课程开发	13	9	6
就跨学科主题进行过教案设计 /公开课/论文发表等工作	14	14	0

在构建主题统整的外语课程体系时,学校坚持以促进学生全面发展为目标,在人与自我、人与社会、人与自然三大范畴中,选取相应的主题和子主题。以主题意义为统领,依据学段特点和子主题内涵,整合与重组英语和其他语种中的相关话题构建学习单元,整体规划育人蓝图,培养学生核心素养。每个学段设计六个子主题,每个子主题有与之对应的话题,从而以主题为统领,

话题为依托，融合语言知识、文化知识、语言技能和学习策略等要素形成课程内容，打破学科之间的壁垒，如图7-1所示。

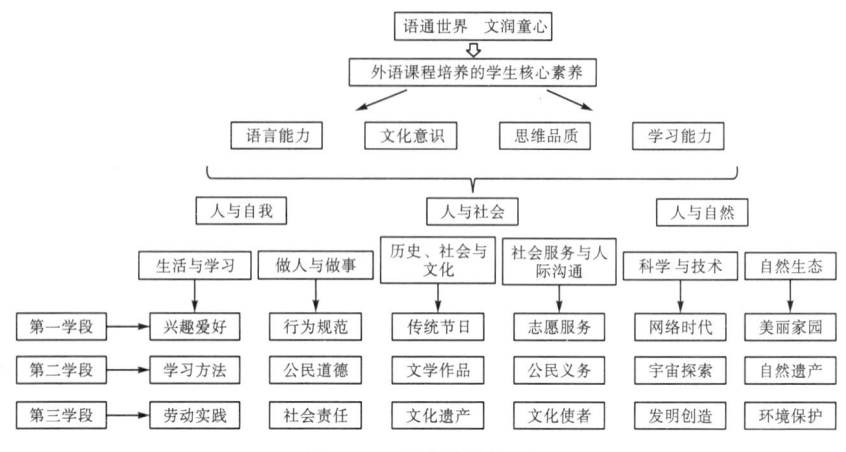

图7-1 外语课程结构

与此同时，学校依据小学外语课程的核心素养目标和《义务教育课程方案和课程标准（2022年版）》的主题，结合学校特色学科活动和德育活动，细化了各学段子主题与话题内容，并构建了相关话题序列。学校也实施了主题统整的"英语·多语种"话题式教学和体验式活动，通过上述一系列的跨学科课程内容的建设，外语教师经历了从初学到精进的过程，显著提升了跨学科综合能力，包括学科交叉、资源整合、教学策略创新及学生综合评价等方面。

学校教师唐茜在《核心素养导向下的小学英语跨学科主题教学研究》一文中详细论述了跨学科主题教学实施策略。唐茜老师指出："在进行小学英语跨学科主题教学时，要抓住英语教学与其他学科教学的不同特点，即英语学科本身即通过语言学习掌握综合性的知识内容，提倡参与体验式学习方式，充分利用这一特点与多学科融合，共建基于核心素养培养的跨学科整合课程。"由此从以下五个方面进行研究，助力跨学科整合课程的有效实施："主题整合，多学科联动、充分借助信息技术手段，提高课堂效率、丰富情景创设，激发学生学习兴趣、前置学习和展示学习相结合、构建多元评价体系，促进学生发展。"学校结合学校实际，采用"英语+学科"的方式来开展，围绕"竹""水""茶""川菜"等主题设计单元教学与探究活动，涵盖英语语言技能、学科知识、讨论任务、任务完成和交流展示，旨在促进学生全学科发展和综合能力提升。以"竹"元素为例，"竹"是中华文化的典型代表和特色课程，此课程融入英语、音乐、科学、语文、美术学科知识，按照五个课时教学，培养学生全学科发展和综合能力见表 7-5。

表 7-5 "夏日绵长 好'竹'意"主题教学内容

课时教学目标	话题	教学目标	学科
第一课时	自然之"竹"	学生了解竹的种类、颜色、分布、生长习性等	英语+科学
第二课时	文化之"竹"	学生学习有关竹的诗歌、童谣,体会竹的精神品质	英语+语文/音乐
第三课时	器用之"竹"	学生学习了解竹的用途与竹制品	英语+科学/劳动
第四课时	艺术之"竹"	学生制作"竹"的纪念品	英语+美术
第五课时	交流之"竹"	学生向参观学校的国际友人介绍竹的知识	英语+科学/语文/劳动/美术

三、提升外语教师综合评价能力

通过外语教学评价培训,学校采纳先进的评价理念,摒弃了传统的测验中心评价模式,转而设计出符合学生心理发展规律的多维课堂评价模式。这种模式能够及时反馈学生学习情况,发现并解决问题。在课题研究中构建的多维度教学评价模式,让教师认识到评价是与教学、学习相辅相成的有机整体。经过实践、反思和调整,每位外语教师的综合评价能力都有了显著提升。

问卷结果显示所有教师都参加过专项或主题活动至少 3 次,85.71%的教师都能及时反馈学生的学习情况并了解学生学习外语的需求,75%的教师就此问题和专家或其他学校同行进行过交流讨论,见表 7-6。这些数据表明教师通过一系列的专业培训和学习已明白评价在教学中的重要性,在课堂上也从有意识地评价反馈逐步过渡到将反馈融于教学活动中,逐步向"教—学—评"一体化教学模式过渡。

表 7-6 外语教师教学评价能力调查表

体现外语教师教学评价能力	符合	不一定	不符合
参与外语教学评价的专项讲座或主题活动至少 3 次	28	0	0
了解学生学习外语的需求,能及时反馈学生学习效果	24	2	2
与同行或专家就评价问题进行过交流讨论,有自己的理解	21	0	6

学校教师张琴针对核心素养背景下小学多语种"教—学—评"一体化建构提出了自己的观点。她认为：要实现小学多语种"教—学—评"一体化建构要通过以下三个步骤来实现，即"基于核心素养，确立多元化的教学目标；基于核心素养，确立多样化的教学内容；基于核心素养，构建多维度的教学评价"。她在其论文《核心素养背景下小学多语种"教—学—评"一体化建构》中详细论述了如何基于核心素养，构建多维度的教学评价，为学校的外语教学科学评价工作做出了巨大的贡献。她在林敦来提出的"教学评价的重心要从更关注学习段评价（assessment of learning）转到更关注学习性评价（assessment for learning）和学习化评级（assessment as learning）"的基础上构建了符合我校学情的多维度教学评价模式，即综合化的评价内容、多元化的评价主体、多样化的评价方法、多维度的评价目标。[①]

综合化的评价内容是指核心素养下的小学多语种教学评价既要重视知识与技能，也要关注知识以外的综合素质。在多语种课程实施时，可围绕外语学科素养、人文交流素养、全球胜任力进行评价内容的设计。侧重于理解和运用语言知识与技能，人文交流素养评估学生对不同文化行为的理解，全球胜任力则评价学生的独立思考能力和国际视野。

多元化评价主体则指要从单一的教师评价转向教师、学生、家长共同参与的多元评价。以日语课堂学习情况评价表为例，不同评价主体反馈多方面的信息，共同促进学生的全面发展，见表7-7。学生不仅是学习的主体，也逐渐成为评价的主体。学生评价可采用个人评价和小组评价相结合。个人评价可使学生加深对自己学习情况的了解，及时调整状态；小组评价有助于学生在查漏补缺之外，加深合作、关心他人的品质。

表7-7 学生日语课堂学习情况评价

指标描述	学生自评	同伴互评	家长评价	教师评价
1. 能体会到日语学习的乐趣				
2. 敢于开口，表达中不怕出错误				
3. 乐于感知并积极尝试使用日语				
4. 积极参与各种课堂学习活动				

---

① 张琴. 核心素养背景下小学多语种"教—学—评"一体化建构[J]. 时代教育. 行知纵横，2022（12）：27-30.

续表

指标描述	学生自评	同伴互评	家长评价	教师评价
5. 在小组活动中能与其他同学积极配合与合作				
6. 乐于参与各种日语实践活动				
7. 遇到困难时能大胆求助				
8. 能借助图片、图像、手势听懂简单的话语和录音材料				
9. 能在口头表达中做到发音清楚，语调基本达意				
10. 能认读所学词语和句子				
11. 能就熟悉的个人和家庭情况进行简短对话				
12. 能运用一些最常用的日常用语（如问候、告别、致谢、道歉等）				
13. 能借助图片读懂简单的对话或者故事，并养成按意群阅读的习惯				
14. 知道日本地理位置、首都、国旗、典型的饮食名称、国家标志物和重要节假日				
15. 乐于接触日本文化，增强祖国意识				
16. 在学习和日常交际中，能初步注意到中日文化的异同				

评价等级说明：A 为优秀　B 为良好　C 为合格　D 为待合格

多样化的评价方法是指以核心素养为导向的小学多语种课堂教学形成性评价可采用多种形式，如访谈、观察、自我评价表、互评表、情感态度评价表、家长监督与反馈等。除此之外，教学质性评价还可以采用"档案袋""成长记录册"等，记录学生点滴的学习过程及表现，帮助学生发现身上的闪光点和不足之处。教师也可以根据这些记录进行教学反思，并对教学进行及时调整。

多维度的评价目标要求以生为本，根据学生学习水平、能力的差异，设计出不同层次的评价目标。对学困生给予鼓励和表扬，对中等生使用激励和指导性话语，对优生提出更高要求，采用竞争性评价，促使他们不断进步。这种分层评价方法尊重学生的个体差异，使不同层次的学生都能在各自的起点和水平上得到相应的发展。

四、促进外语教师研究创新能力

在外语课程建设和研究过程中，外语教师的研究创新能力不断增强。通过多样化的研究活动，如小专题、课题、论文书写、国培市培课例展示、讲座交流、种子学校示范课例研究等各项研究活动，学校发现以项目组形式推动教师研究最为有效。结合教育发展动态与学校办学理念，学校组建了五个项目组，专注于外语课程、英语戏剧、高阶思维能力培养、国际理解教育和多语种学习等领域。

外语课程研究与开发项目组致力于设计线上线下外教课堂，传授专业知识，提升学生口语能力；策划和举办"锦外杯"英语口语大赛，组织学生参加北京外国语大学全国青少年阅读之星风采大赛，给学生搭建展示的平台。基于英语学科核心素养，探索外语课堂教学改革，促进学生语言能力、思维和情感体验的深度发展。

英语戏剧课程研究与开发项目组使用《丽声英语绘本剧》，在四年级开展戏剧课程研究，探索大班教学中如何排演。通过研究学校找到排演的四个步骤：（1）故事学习，理解故事内容。（2）各小组分角色学习台词、语音、语调和动作。（3）再分组分角色排演，教师指导动作与表情。（4）小组表演，同伴评价。通过世界经典的诗歌、童谣等学习，培养学生的英语阅读能力，增强学生的沟通与表达能力，同时建立起学生的自信心和同理心。

培养学生英语高阶思维能力研究项目组则开展了"指向小学中段学生英语高阶思维能力培养的递进式阅读教学活动研究"。通过一线教师的研究与实践，学校认为培养学生英语高阶思维能力的途径是：教师根据语篇特点设计语篇理解类活动、语篇巩固类活动、话题拓展类活动、生活应用类活动，辅之思维可视图，引导学生运用语言结构和思维导图参与学习，解决问题，发展语言技能，促进学生思维从基础认知到高级认知的转变。

国际理解教育研究项目组制定了《锦外国际理解教育实施方案》，在每学期开学第一课开展认识世界和中西文化对比的主题学习活动，培养学生平等、开放、尊重、宽容等国际理解的品质。项目组制定了游学指南，举办学生国（境）外游学分享会，促进学生对世界各地不同文化风俗和历史地理的了解；接待了瑞典格瑞梅斯塔、英国奥斯汀法尔思公学和中国香港仁德天主教小学师生代表，在实际交流中培养学生文明礼仪、沟通协调能力和多元文化理解能力；融入国际化元素，设计校园文化如"童眼看世界""一带一路"主题教育厅等，营造浓郁的国际化校园氛围。

多语种外语学习项目组梳理总结了日语、德语、法语、俄语等开设经验，完善课程纲要，形成课程实施方案，以多语种外语学习项目成功申报了教育部中外人文交流特色学校建设项目。学校与四川师范大学外国语学院合作，采取必修加选修的方式进行多语种课程学习，其中学习内容重文化知识，学习过程重体验探究，学习评价重激励兴趣。通过多种语言的学习，培养学生外语学习习惯，增强学生对多种文化的理解，拓宽学生国际视野，坚定中华文化自信。

在这些项目研究活动中，教师发现教学中存在的问题，从而激发自己的研究兴趣和创新欲望、寻找解决问题的方法和途径。这些综合化的活动极大地提高了教师的研究和创新能力，真正做到了灵研。

问卷数据显示，全体教师的科研意识不断提高，92.86%的教师都参与到各类课题活动中或发表过论文，除两个新进教师外所有教师都进行过至少3次相关主题培训，且有82.14%的教师参与过的各类研究都获得了各级荣誉，见表7-8。

表7-8　外语教师研究创新能力调查表

体现外语教师研究创新能力	符合	不一定	不符合
科研意识不断提高	28	0	0
进行过论文发表/参与课题等活动	26	0	2
参与各级关于教师研究的主题培训至少3次	26	0	2
研究成果获得各级荣誉	23	0	5

学校教师朱冬蕊在参与学校与法国欧坦市教育活动中心开展的系列活动中发现"法国蓝"和"锦外红"的融合共生之处，进行创新设计，形成特色案例"汇融中法文化　缔结友谊之花——当'法国蓝'遇上了'锦外红'"。该案例以国际理解教育研究项目形式开展，立足于培养学科核心素养及人才的综合核心素养，采用体验学习活动、探究性学习活动和欣赏性学习，围绕语言、文化、艺术、综合实践等交流互鉴，拓宽学生国际视野，增强学生跨文化交流意识与能力。

教师在各种教育教学活动中获得的一系列荣誉，见表7-9。

表 7－9 教师获得的荣誉

作者	获奖等级	作品类型＋名称
张琴　廖霞　蒲红豆	区级三等奖	小专题《思维导图在提升小学高段英语阅读能力的实践研究》
苟媛媛　刘建彬　杨庆	区级三等奖	小专题《培养中段学生高阶思维能力的递进式阅读教学活动研究》
刘建彬　贺泽虹　李琦	市级微型课题优秀奖	小专题《培养小学生国际交流能力的CGPT活动策略研究》
张琴	市级一等奖	论文《核心素养背景下小学多语种"教—学—评"一体化建构》
唐茜	市级二等奖	论文《核心素养导向下的小学英语跨学科主题教学研究》
陈桑妮	市级二等奖	案例《六年级上册五单元〈Famous People〉Lesson5 英语教案》
朱冬蕊	市级一等奖	论文《基于新课标大单元教学视域下的学生主体实践——以人教版（新起点）二年级英语上册 My Friend 主题为例》
王岚婷	市级一等奖	论文《基于主题意义探究的小学英语阅读教学实践》
肖小杰	市级二等奖	论文《〈义务教育英语课程标准（2022年版）〉的主要变化》
蒲红豆	《教育家》杂志	论文《信息技术支持下小学高段德语翻转课堂教学模式初探究》
赵明明　张薇佳　贺泽虹	市级一等奖	作业设计 人教版（一年级起）三年级下 Unit 5 Clothes
廖霞　张琴　刘建彬	市级二等奖	精品课 人教版（一年级起）二年级上 Unit 3 My Fiends Lesson 2
何婧　刘建彬　黄艳	指导奖	"用英语讲好中国故事"爱国主义主题展示活动获得成都市特等奖，四川省一等奖
刘建彬　唐茜　陈桑妮　苟媛媛	课例展示优秀奖	教师参与成都市小学英语"国培""市培"课例展示、讲座
刘建彬　陈桑妮　刘润琪等	指导奖	指导学生排演的外语短剧《武松打虎》《记忆面包》《花木兰》《Animal Talents Show》《不同天空下的儿童节》在全国小使者展示、四川省影视教育成果展中获得好成绩

续表

作者	获奖等级	作品类型+名称
陈桑妮 蒲红豆	指导奖	组织学生参与锦江区"校园新春音乐会"小语种主持，教师获得优秀教师指导奖
何婧	指导奖	"用英语讲好中国故事"爱国主义主题展示活动获得成都市二等奖
秦思铭	市级一等奖	课例《Unit 5 Have a Great Trip（Lesson 2）》
姚丹	市级一等奖	课例《地球"发烧"了》
刘建彬	中外青少年人文交流成果案例汇编	《主题统整的"英语·多语种"话题式学习实践探索》
朱冬蕊	中外青少年人文交流成果案例汇编	《当"法国蓝"遇上"锦外红"——融汇中法文化，缔结友谊之花》
陈桑妮	中外青少年人文交流成果案例汇编	《文化意识视角下小学日语教学中的中国文化融入研究》

第四节　进一步丰富学校外语教育特色

一、学校外语教育特色初见成效

（一）提炼出外语教育主张

作为以"外国语"命名的公立小学，学校秉承"情系中华魂，融汇四海心"的理念，结合外语教育特色和国际化教育趋势，构建了外语课程体系。通过"多语种外语学习项目"的实践，学校提炼出了"语通世界　文润童心"的教育主张。这一理念强调语言不仅是文化载体，也是塑造学生语言能力、思维和行为习惯的关键。学生通过语言学习，接触和理解多元文化，培养内心的包容、进取和爱国情怀，进而形成自尊、自信、自强的品格。

（二）不断完善多语种校本课程体系

依据实践经验，学校从课内和课外两个角度出发来设计学习内容。课内注重语言和文化知识的学习，以及文化对比，培养基础语言技能，让学生体验学习乐趣，理解多元文化，拓宽国际视野。课外是外语学习的实践与外延，以与外国留学生和国际友人的语言交流实践活动为主，给学生创造真实的交流互动机会，培养学生良好的文明礼仪和沟通能力。同时，学校与四川师范大学外国语学院合作，共同制订日语、西班牙语、德语必修课课程纲要和六种多语种选修课课程计划，做好课程学习的顶层设计。

（三）跨学科主题学习推动外语特色发展

跨学科主题学习是立足学科的主动跨界。立足学科，让学生拥有系统而扎实的学科知识与方法；主动跨界，让学生能够破除分科课程带来的视界窄化、思维僵化。学校以主题性课程、"学科+"课程、项目式学习的方式来推进跨学科教学探索。以"Try+成'竹'在胸"为例，英语和美术教师共同设计教学目标、内容和方法，构建新的学习单元，帮助学生整合知识，提升思维能力。让学生既具备学科课程的系统知识，又能拥有综合应用多学科知识来解决复杂问题的机会。

二、学校外语教育特色形成良好社会影响力

（一）课程展示活动形成区域辐射力

学校一直创新举措，优化课程实施方式，提高课堂教学和综合实践活动的质效。学校承办了"锦江区小学外语特色课程和课堂教学"展示活动，呈现法语课堂、日语戏剧和多语种课程建设专题汇报，与专家和区内同行深度研讨多语种课程建设和实施的策略，为区域多语种外语教育发展提供了良好示范。

（二）分享交流课程建设经验形成办学特色

在课程建设中，学校不断总结与反思，形成项目特色。2020年文芳校长在教育部中外人文交流中心调研会上，汇报"多语种外语学习"项目。学校黄艳副校长和刘建彬副主任分别在2022年成都市中外人文交流推进会上和锦江区教育国际化工作会上介绍学校中外人文交流工作，分享学校外语课程建设经验，受到高度评价。

"多语种外语学习项目"不仅丰富了学生的学习体验，也为他们的成长提供了广阔平台，得到了家长的支持和认可。学校通过这一项目，实现了从外语教学到外语教育的转变，形成了鲜明特色，并在中外人文交流方面取得了显著成效，赢得了教育界的广泛赞誉。与此同时，学校也获得了多项荣誉，见表7-10。

表 7-10　学校获得的荣誉

获得荣誉时间	获得荣誉情况
2020 年	四川师范大学外国语学院实践基地学校
2020 年	外语组被评为"成都市锦江区十佳教研组"
2021 年	承办锦江区小学外语特色课程和课例研讨会，展示法语课例和日语短剧，获得好评
2020 年	文芳校长在教育部中外人文交流中心调研会上，汇报"多语种外语学习"项目
2022 年	学校副校长和分管教育国际化工作副主任分别在成都市中外人文交流推进会上和锦江区教育国际化工作会上介绍学校中外人文交流工作，获得领导、专家和同行的好评
2020 至 2023 年	接待四川师范大学"国培计划"小学英语教师跟岗研修团队 3 批次，展示学校外语教育成果，得到专家、领导和同行的好评
2022 年	与法国欧坦市教育活动中心开展线上交流，展示学校外语教育成果，得到好评

三、学校外语教育特色的持续影响

（一）发展成为教育部中外人文交流特色项目建设计划学校

作为以"外国语"命名的公立小学，学校始终致力于提升办学品质。外语课程不仅教授语言知识和技能，还在情感态度、学习策略、文化意识和思维发展等方面发挥着重要作用，同时外语教育在促进教育国际化中具有独特价值。学校不仅注重英语教学，更通过外语教育推动教育国际化，以此展现"外国语小学"的特色。经过多年实践，学校确立了"以教育国际化助推学校品质发展"的目标，强调培养学生的家国情怀和国际视野。

学校"国家基础课程、外语特色课程、多元体验课程"的课程体系，致力于夯实学生知识基础、丰富学生学习体验、形成学校办学特色。近年来，伴随着课程的实施，取得良好的教学效果。比如，系列化的多元体验课程，丰富了学生的校园生活，让学生喜爱校园生活；外语特色课程的初步探索也为学校孕育项目特色提供了宝贵的前期经验。

基于以上，学校成功申报为教育部中外人文交流特色项目建设计划学校。

（二）发展成为教育部英语新课试验项目锦江试验区种子学校

同时，学校还发展成了"教育部英语新课试验项目锦江试验区种子学校"。

学校陈桑妮、荀媛媛、刘建彬、唐茜、唐悦芹老师作为种子教师，参与英语单元整体教学设计和英语跨学科主题学习活动设计项目研究，提升了对英语新课标的认识和理论实践应用能力，学校设计项目式学习——"'竹'够精彩　我是'世园会'竹文化宣传小使者"得到全国知名小学英语教学专家和同行们的一致好评，彰显了学校外国语办学特色。

后　记

　　随着经济全球化深入推进，我国综合国力及国际地位不断提高，越来越走近世界舞台中央，对掌握多门外语、知晓国际规则的高素质外语人才的需求日益剧增。特别是"一带一路"倡议背景下，既懂英语又熟练掌握沿线国家语言的人才更为稀缺。因此，多语种教育的重要性凸显，在小学阶段为培养高素质外语人才打下基础势在必行。人文交流合作是"一带一路"倡议的重要内容，是构建人类命运共同体的支柱和基础。人文交流具有育人功能，特别有助于从小培养学生的国际视野和世界胸怀、人文素养和跨文化交流沟通能力，以及语言应用能力。中小学教育承担着人才培养、科学研究、社会服务、跨文化交流的重要职能，在此背景下，成都市锦江区外国语小学校于2020年结合学校办学特色以"多语种外语学习项目"成功申报为教育部中外人文交流特色项目建设计划学校，旨在通过多样的语言学习，培养学生人文素养、国际理解和外语应用能力。

　　多语种教育是素质教育的重要组成部分，《义务教育英语（日语、俄语）课程标准（2022年版）》提出：通过学习外语，培养学生语言能力、文化意识、思维品质、学习能力等核心素养。结合国家"一带一路"倡议、人文交流背景和新一轮教育改革需要，学校以"教师行动""行政推动""专家带动""高校联动""友校互动"五大策略，推进"多语种外语学习项目"和课题研究在全校范围内开展，取得了丰硕的成果。本书提出了"语通世界　文润童心"的外语教育观，提出了"融·和"的外语课程观，提出了主题统整的外语教学观，落实了"学思结合、用创为本"的学生外语学习观，提出了"宽学　灵研　卓行"的外语教师专业发展观。操作成果方面，构建了主题统整的课程体系，梳理了基于主题统整的"英语·多语种"课程的话题序列，开展了主题统整的"英语·多语种"话题式教学，开展了主题统整的"英语·多语种"体验式活动，初步形成了"教—学—评"一体的评价体系。通过"多语种外语学习项目"的研究与实践，学生、教师和学校走向良性发展的轨道，师生素养发展、学校育人水平都迈上新的台阶。学生在活动中实践探究，拓宽了国际视野，发展了语言能力，增强了对中外优秀文化的理解能力，提高了使用所学知识和技能解决生活实际问题的能力、跨文化沟通交流意识和能力；外语组教师增进了对中外人文交流理念、多语种外语学习项目、新课程标准的认识，掌握了具体的课题研究方法，提高了外语课程建设和课题研究能力；提升了学校外语课程质量，逐步形成了外语办学特色，得到了家长的广泛认可和好评，得到上级主管部门、合作单位和专家的肯定与赞誉，提升了学校社会影响力和美誉度。

本书从历史回顾、建设背景、理论探索、课程设计、教学实践、典型案例、实践成效七个方面呈现小学"英语·多语种"课程建设情况，记录了成都市锦江区外国语小学校十年来外语教育的发展历程，总结提炼了学校外语教育的成功经验与做法，希望能对广大外语教育工作者有所启发和帮助。在本书完成过程中，团队成员不辞辛劳，为写好本书竭力虔心，字斟句酌，夜以继日，最大限度将"英语·多语种"课程建设与外语教育发展历程和成果展现出来。团队成员在编写、编辑、设计、创作等方面不断总结经验，形成了独特的风格。学校自2013年创办以来，一直致力于多语种与外语教学的研究。十多年来，多语种与外语教学研究从未间断，一直有条不紊地贯穿在每一位教师的教学中，顺应社会与学校发展，不断变革与创新。团队成员一边忙于日常教育教学工作，一边利用业余时间忙于本书的编写，尽管工作负担加重，但大家以强烈的责任感、崇高的敬业精神，确保了本书的顺利完稿。

本书是在"大学—小学"教师共同体协同培养和培训框架下，依托成都市锦江区外国语小学校刘建彬主持的教育部中外人文交流中心2021年中外人文交流特色学校建设计划课题"主题统整的小学'英语·多语种'课程综合化实施研究"（CD091）和四川师范大学刘冲主持的教育部2020年人文社会科学研究项目"'大学—小学'教师共同体协同培养小学卓越教师的机制研究"（20XJC880004）而完成的。四川师范大学核心素养教育研究中心刘冲，成都市锦江区外国语小学校文芳、刘建彬、黄艳等二十多位老师一起组成研究共同体，依托"英语·多语种"课程实践和课题研究，坚持学、思、研、创相结合，采取政策学习、理论阐释、课例研修、专题论坛、成果提炼等多种方式，经过近三年探索与实践，终于形成此书。

全书由四川师范大学核心素养教育研究中心刘冲整体构思策划，设计本书主题和章节框架，提出各章结构逻辑、撰写思路、内容体系和成稿要求。刘冲、文芳、刘建彬、黄艳在书稿的初稿、修改稿和定稿等各阶段进行了全文审读，并通过口头或书面提出各部分内容改进意见，且切实参与到各章内容的撰写与审定过程中，最后由刘冲对全书做了修订和最后统稿。参与全书各部分撰稿的教师包括：引言，刘冲；第一章"历程回顾"，唐悦芹、李晓娇、刘建彬、杨明菁、文芳；第二章"建设背景"，赵明明、王岚婷、张琴、刘冲；第三章"理论探索"，陈桑妮、陈定江、张薇佳、卢馨怡、刘冲；第四章"课程设计"，刘建彬、黄艳、李颜、刘冲；第五章"教学实践"，刘建彬、唐茜、苟媛媛、朱冬蕊；第六章"典型案例"，肖小杰、杨庆、陈桑妮、黄艳；第七章"实践成效"，蒲红豆、陈定江、贺泽虹、文芳；后记，文芳、刘冲。四川师范大学教育科学学院硕士研究生周海童、文思涵、都烩灵、李心芮分别参与了部分章节的修订工作。

在课程建设实践、课题研究及成果提炼过程中，成都教育人文交流中心原主任李全、副主任闵菲、发展研究科副科长张伟亮，成都市锦江区教育局外信科科长宋欣，成都市锦江区教育科学研究院原副院长贺慧，教研员石春蓉、熊羿，以及四川师范大学外国语学院副院长秦洁荣、上海外国语大学跨文化研究中心主任张红玲等专家提供了多种形式的指导和支持。

本书不仅可作为小学外语课程建设的参考资料，也可作为小学教育、英语等专业领域本科生，以及课程与教学论、小学教育、学科教学论（英语）等专业方向研究生的课程教学研究资料或分析案例。成书过程中，我们得到了四川大学出版社梁胜老师的倾心指导和热情帮助，在此表示诚挚谢意！我们也深知，书中难免有不妥乃至谬误之处，敬请同仁不吝赐教。

文芳　刘冲

2024年6月6日